EMOCIONES PARA LA VIDA

Enric Corbera

EMOCIONES PARA LA VIDA

El camino hacia tu bienestar

Grijalbo

Primera edición: septiembre de 2018
Primera impresión en Estados Unidos: abril de 2019

Travessera de Gràcia, 47-49. 08021 Barcelona

Diseño de la cubierta: Penguin Random House Grupo Editorial / Meritxell Mateu
Ilustración de la cubierta: Thinkstock

Printed in USA - Impreso en Estados Unidos

ISBN: 978-84-16895-86-1
Depósito legal: B-10960-2018

Maquetación: gama, sl

D O 9 5 8 6 1

Penguin
Random House
Grupo Editorial

ÍNDICE

INTRODUCCIÓN

El día que la abuela tuvo que cuidar por primera vez a su nieto, su hijo le dijo: «Mamá, si el niño llora, le cantas la canción de la vaca lechera y verás cómo se queda tranquilo. Hemos probado con muchas canciones y la única con la que se calma es con esta». Le pareció curioso y extraño a la vez. Al cabo de un instante, la abuela recordó que esa misma canción era la que su padre le cantaba de pequeña cuando lloraba o estaba nerviosa.

Esta historia real me la contó una buena amiga. Sabe lo mucho que me interesa el estudio de la herencia de los comportamientos y de los estados emocionales. He tenido la oportunidad, a lo largo de mi vida, de conocer infinidad de historias personales que reflejan la influencia que ejercen las experiencias de nuestros familiares. Muchos de los estados emocionales que vivimos no parecen tener una explicación lógica. Solo cobran un significado para nosotros cuando los percibimos desde una óptica transgeneracional.

Recuerdo el caso de una señora que me contó que estaba triste desde que tenía uso de razón. Le pregunté por el estado emocional de su madre cuando ella estaba en su vientre; le expliqué que las emociones que siente la madre durante la gestación son experimentadas directamente por el feto, hasta el punto de que marcan las emociones de este. La señora recordó entonces que su madre, durante el embarazo, estaba muy preocupada por su propia madre. Esta se encontraba gravemente enferma y murió poco después del parto. Durante varios días, la recién nacida permaneció en brazos de su madre, que estaba muy triste y no paraba de llorar.

Los momentos y las situaciones dolorosas se guardan en nuestra memoria inconsciente y se reactivan cuando se dan unas condiciones parecidas. Al terminar nuestra conversación, la señora me dijo: «Ahora comprendo por qué lloré tanto cuando nació mi hija. No lloraba por su nacimiento, estaba reviviendo el mío». De repente se sintió aliviada. Se dio cuenta de que en lo más profundo de su ser ocurría algo que le era ajeno. Cuando lo comprendió, pudo «soltarlo».

Es posible que alguien se muestre un tanto escéptico después de conocer los relatos anteriores. Pero estoy seguro de que, a muchas personas, estas dos historias les harán pensar en momentos muy precisos y concretos de su vida. Este libro pretende dar algunas respuestas que permitan comprender por qué solemos sentirnos como nos sentimos, por qué tendemos a comportarnos de un modo determinado y por qué repetimos el mismo tipo de relaciones personales una y otra vez. Estas y otras cuestiones tienen su raíz en el lado oculto de nuestra mente: el inconsciente. Conocer su origen y comprenderlo facilita que podamos gestionar dichos aspectos a voluntad.

Con este libro también quiero dar otra visión de lo que llamamos «realidad». Esta nueva percepción abre la mente a nuevas formas de interactuar y de relacionarse con todo lo que nos rodea, con la finalidad de liberarla de las emociones que surgen de una incoherencia emocional. Los sentimientos de culpabilidad se recolocarán a otro nivel. Comprenderás que estos se alimentan de hacer aquello que no quieres hacer, pero que te sientes obligado a realizar.

Prestar atención a nuestras incoherencias nos permitirá ser más asertivos. Nos sentiremos más tranquilos cuando expresemos nuestras opiniones y cuando queramos decir «no» porque es lo que realmente queremos decir. Este libro tiene por objetivo llevarte a un estado emocional de bienestar contigo mismo o contigo misma.

Espero que lo disfrutes.

ENRIC CORBERA

CAPÍTULO I

¿PARA QUÉ SIRVEN LAS EMOCIONES?

Las emociones no son buenas ni malas.
Son la energía para actuar.

....

El objetivo es comprender que las emociones son fundamentales para poder adaptarnos a las diversas situaciones de nuestra vida. Son el hilo conductor de unos programas inconscientes —información— acumulados en nuestra psique que se reflejan en nuestra vida.

....

Si afirmo que todos los seres vivos sienten o experimentan emociones (no que piensan), probablemente muchos dirán que esto no es posible. Otros quizá digan que sienten o experimentan emociones pero que, probablemente, sea de una forma muy distinta a cómo lo hacemos los seres humanos.

Las emociones son innatas a todos los seres vivos y desempeñan unas funciones muy claras según el ser vivo que las exprese; como sucede, por ejemplo, con el miedo y el asco. En un orden superior, las emociones son auténticos motores motivadores. Nos empujan a la acción, muchas veces sin razonamientos previos. Por otro lado, nos permiten comunicarnos. Incluso, en el caso de la comunicación no-verbal, esta nos dice mucho más de nuestro interlocutor que la palabra misma. Las emociones se expresan primero en nuestro cuerpo y luego les damos un sentido y una salida en las relaciones sociales.

Podemos afirmar que los animales piensan, aunque no como nosotros. Sin embargo, los sentimientos y las emociones nos son comunes, pues son tan antiguos como la propia evolución. Todos los seres vivos, al igual que nosotros, responden al ambiente a través del sentir. El hambre, el miedo, las penurias, entre otras necesidades y sentimientos, nos hacen actuar. La supervivencia es una fuerza que mueve a todo ser vivo. Es más, si nuestras necesidades no son satisfechas o no podemos satisfacerlas, nos impulsan a ciertos estados de ánimo que condicionan nuestra conducta. Por lo que, a modo de resumen, podemos decir que las emociones son la fuerza motriz que nos impele a actuar.

Cuántas veces nos hemos puesto de mal humor y hemos dado respuestas fuera de tono si la comida no está a cierta hora, por ejemplo, o si estamos estresados porque perdemos un avión. Nuestra corporalidad cambia, podemos notar cómo nos tensamos. Son respuestas fisiológicas ante una situación estresante que nuestro cerebro percibe como un peligro. Este nos prepara para atacar o para huir, según cómo percibamos la situación. En ese momento, nuestras necesidades básicas quedan suspendidas.

Nuestras respuestas emocionales, lo que sentimos, son automáticas. No requieren de ninguna capacidad de procesamiento cognitivo. Se trata de respuestas que son producto de la evolución. Si tenemos hambre y comemos, nos relajamos. Si estamos estresados por una preocupación, sea esta real o no, se nos quita el hambre, nuestros cuerpos se tensan y nuestro sistema nervioso autónomo se prepara para lo que pueda suceder. Todo el mundo ha oído o expresado en algún momento la siguiente frase: «Solo de pensarlo se me ponen los pelos de punta». Cuando pensamos algo que nos produce miedo, se dispara la respuesta emocional: el pelo se eriza, aparece la carne de gallina, el frío recorre la espalda. Es una suerte que eso ocurra porque nos permite anticipar una respuesta.

Cuanto más fuerte es una emoción, con mayor fuerza se graba en la memoria. Si ese recuerdo llega a alterar el equilibrio emocional, puede aparecer el síndrome postraumático. Este es un gran recurso que la naturaleza ha desarrollado para grabar en nuestra memoria sucesos de gran estrés. Estudiar y observar las emociones en el ámbito donde se manifiestan nos permite indagar qué información se almacena en nuestro inconsciente, gracias a la capacidad de adaptación que todo ser vivo tiene y que forma parte del bagaje para la supervivencia.

Las personas que son capaces de anticipar la respuesta a una emoción están mejor preparadas para tomar decisiones sin equivocarse. Es lo que pretendo con esta obra: mostrar el camino para lograr el bienestar emocional; y eso se consigue aprendiendo a gestionar nuestras emociones, lo cual nos permitirá, además, evitar situaciones de las que tengamos que arrepentirnos más adelante.

Estoy viendo un documental sobre serpientes. El investigador está intentando coger una para poder hacer sus anotaciones y ponerle un chip. Cuando la coge, comenta que la serpiente acaba de cazar —como se aprecia a simple vista— y que, en estas ocasiones, cuando las serpientes se sienten atrapadas, regurgitan su comida porque no es el momento de digerir nada. Su vida instintiva le dice que está en peligro. En otro documental, en el que se enseña cómo encontrar serpientes que se han instalado en jardines o en el interior de las casas, explican que las serpientes, al ser atrapadas, defecan. Estos ejemplos nos aclaran que, cuando se trata de sobrevivir, hay funciones que se paralizan para facilitar la huida.

El ser humano es mucho más complejo, pero sus instintos básicos de supervivencia siguen actuando. Si observas que has dejado de tener apetito, por ejemplo, analiza si ha sucedido algo en tu vida que pueda afectar a tu sistema digestivo. Nunca olvides que la gran diferencia del ser humano con respecto a la mayoría de los seres del reino animal es nuestra poderosa capacidad de imaginación. Por lo tanto, el peligro al que me refiero puede ser real, pero en casi todos los casos es virtual, es decir, imaginario.

Algunos sentimientos y emociones que compartimos todos los seres vivos son la preocupación y la decepción; también experimentamos desprecio, sabemos consolar, tenemos paciencia, nos deprimimos, sentimos vergüenza y vivimos el duelo, la ternura, la lujuria, la compasión y el altruismo.

Quizá piensas que exagero. Pues bien, mi sorpresa fue enorme cuando estaba viendo un documental sobre una pareja de lagartos que vive en el desierto. La hembra iba delante y, en su camino, se interponía una carretera. Cuando empezó a cruzarla, pasó un automóvil y la atropelló. No podía dar crédito a lo que ocurrió después: el macho se quedó a su lado mientras la lamía y la acariciaba con su lomo, hasta que él también murió.

Para la reflexión:

> Hay una emoción que nos hace diferentes
> del resto de los seres vivos: el odio.

El odio es un deseo de destruir lo que crees que te produce infelicidad. Sentir odio es autodestructivo. Solamente te perjudica a ti. Los demás seres vivos no odian, ellos atacan, huyen, matan, se defienden, protegen, cuidan, pero no odian. Una vez pasado el estrés emocional, siguen con sus vidas.

— LAS PLANTAS TAMBIÉN SIENTEN Y PIENSAN —

Se ha repetido en infinidad de ocasiones que las plantas también sienten. Lo que nunca llegué a imaginar es que las plantas tomaran decisiones, que avisaran a sus congéneres de la llegada de una plaga o de una infección de bacterias u hongos. O que se apoyaran, se comunicaran y fueran capaces de generar sustancias para protegerse de sus depredadores. Las plantas duermen, tienen los mismos cinco sentidos que nosotros y utilizan parámetros físicos y químicos que los animales desconocen. También perciben campos como el eléctrico o el magnético, a diferencia de la mayoría de los seres del reino animal. Tienen una importante vida social e incluso cuidan de sus hijos. A este respecto, el doctor Stefano Mancuso afirma con rotundidad: «No hay diferencia entre la inteligencia de los animales y la de las plantas».

Todos los seres vivos tienen la capacidad de adaptación, todos los seres vivos han de solucionar problemas; si no, la evolución los hace desaparecer. La inteligencia es una propiedad innata que todos los seres vivos necesitan tener para sobrevivir. Esta inteligencia debe tener algún tipo de percepción, y quizá en esto resida el quid de la cuestión. La percepción es la clave, el catalizador, para activar las respuestas emocionales, cuya finalidad es la adaptación.

El doctor Mancuso afirma:

> La vida social de las plantas es muy activa. Como no pueden moverse, tienen que tejer unas relaciones sociales útiles con las plantas vecinas. Hablamos de colaboración o avisos de amenazas. Por ejemplo, hablando de los hijos, se ha visto que les proporcionan cuidados muy largos en el tiempo. Si imaginamos una semilla que cae en un bosque, que puede ser un lugar muy oscuro, antes de que pueda crecer y llegar a la luz del sol para hacer la fotosíntesis puede pasar un período de diez a veinte años, en los que la planta necesita cuidados, porque no tiene autonomía, y esos cuidados se los proporcionan las plantas de su mismo clan que están cerca, a través de las raíces, hasta que pueda hacerlo por sí misma.

Sentimientos, pensamientos y emociones, todo ello conforma una unidad de acción. Sin ellos es imposible actuar, tomar decisiones, relacionarse; en definitiva, es imposible vivir. La emoción es consustancial a la experiencia, y esta, en el ser humano, viene predeterminada por la percepción.

— SENTIR CON LA BARRIGA —

Los neurólogos han hallado que el estómago también es capaz de recordar, ponerse nervioso y dominar a su colega más noble, el cerebro. Hace cuatro mil quinientos años, los eruditos egipcios situaban en la parte más prosaica de nuestro organismo, con sus intestinos inquietos y pestilentes, la sede de nuestras emociones. La medicina tradicional china asocia a cada órgano una emoción y asegura que, presionando ciertos puntos energéticos, pueden alterarse sentimientos y emociones.

Se han encontrado en nuestros intestinos unos cien millones de neuronas. Esto explicaría por qué muchas veces, cuando vivimos ciertas situaciones importantes, sentimos unas sensaciones extrañas en nuestro estómago. Como, por ejemplo, las famosas «mariposas» cuando nos enamoramos o cuando nos sentimos conectados con alguien.

Existen estudios, como los del doctor Michael Gershon en su obra *The Second Brain*, que demuestran la importancia de la alimentación para remediar no solamente la salud física, sino también la salud mental. Mantener unos intestinos sanos, con las enzimas adecuadas y un equilibrio de probióticos y prebióticos que permitan tener un tracto intestinal en perfectas condiciones, es fundamental, pues en ellos se generan neurotransmisores muy importantes para el equilibrio emocional.

Hoy se sabe que la serotonina es el principal neurotransmisor que regula las emociones, seguido de la dopamina, y que el 95 por ciento de la serotonina y el 50 por ciento de la dopamina que circulan por el cuerpo se originan en los intestinos. Por tanto, no es nada descabellado pensar que este «cerebro intestinal» influye en los pensamientos y en las conductas.

Como podemos ver, nuestra biología está totalmente conectada gracias al sistema nervioso, y este responde a nuestros estados emocionales. Los sentimientos y las emociones son fundamentales en todos los ámbitos de la vida. Sirven para avisarnos de peligros, para que nos sintamos seguros, para saciar nuestros apetitos corporales; en definitiva, para sobrevivir.

Recuerdo que una persona me contaba que, cuando sufría estreñimiento, se entristecía profundamente. Indagamos qué problema emocional se escondía detrás de este estreñimiento que, curiosamente, solo aparecía en ciertos ambientes emocionales. Era evidente que no se trataba de un problema estrictamente fisiológico, sino que había un componente emocional importante que se manifestaba en ciertas situaciones. Tomó conciencia de que el ambiente estresante tenía que ver con emociones relacionadas con la ira y la cólera, con la toma de decisiones urgentes en las que era muy importante evitar pérdidas económicas.

— EMOCIONES Y SENTIMIENTOS —

Una pregunta que puede surgir, y de hecho mucha gente se la hace, es la siguiente: ¿qué es primero, los sentimientos, las emociones o los pensamientos?

Para poder responder correctamente a esta pregunta, tendremos que dejar muy clara la diferencia entre sentimientos y emociones: mientras los sentimientos son procesados por nuestra mente, las emociones son viscerales, es decir, yo no decido tener rabia en una situación y tristeza en otra. La rabia y la tristeza son conceptos que intentan cualificar un estado emocional. Los animales experimentan los mismos estados emocionales, pero ellos no saben si tienen rabia o tristeza. Una gacela está comiendo tranquilamente en la pradera, de repente es atacada por un depredador y la emoción —que nosotros llamaríamos «miedo»— la empuja a salir corriendo. Instantes más tarde, cuando ya se ha zafado del ataque, se la ve comiendo con sus congéneres y moviendo el rabo como si nada. Como afirma el doctor Damásio, «las emociones pertenecen al cuerpo, y los sentimientos, a la mente, pero van totalmente ligados»; y los sentimientos son la expresión de unas creencias inconscientes que determinan mi percepción del mundo y, por lo tanto, mi interacción emocional.

La razón está sustentada por varios niveles neuronales, desde la corteza prefrontal hasta el hipotálamo y el tallo cerebral. Cuando experimentamos una sensación física frente a una situación que puede ser estresante, esta no necesita ningún soporte neurológico, puesto que es procesada por el sistema límbico, el cual se expresa al instante en nuestra corporalidad. Cuando le ponemos nombre a esta sensación física, la convertimos en un sentimiento y para ello utilizamos la razón. El ser humano tiene la capacidad de observar sus estados emocionales, y, si esta observación se canaliza correctamente, puede encontrar los programas inconscientes que guarda en su psique y que le empujan a adoptar ciertas reacciones frente a eventos muy concretos: le permite encontrar esta historia oculta que condiciona su vida.

Así lo resume el doctor Damásio:

> Sentir nuestros estados emocionales, que es lo mismo que ser conscientes de las emociones y sentimientos, nos ofrece la posibilidad de observar la historia particular —la historia que nos explicamos— de nuestras interacciones con el ambiente.

Las emociones vendrían primero; los sentimientos y los pensamientos, después. Seguro que muchos no estarán de acuerdo con esta afirmación. Quizá no recuerdan cómo muchas veces quieren poner freno a lo que nuestra mente nos muestra constantemente. Ciertas personas quieren detener su mente, quieren «dejar de pensar», lo que demuestra que el pensamiento no está básicamente controlado por la mente. Es una respuesta a estímulos emocionales. Si estás triste, tendrás cierta corriente de pensamientos ligados a experiencias poco agradables que hayas vivido con anterioridad. Tu mente evocará imágenes de momentos que ya has vivido y experimentarás emociones y sentimientos asociados a ellas. Tu mente seguirá y no parará mientras le prestes atención. De nada sirve luchar contra esos pensamientos, la mente vive de prestarles atención y de darle vueltas a la situación, buscando una salida que nunca se encuentra. Por el contrario, si experimentas emociones alegres, estas te llevarán a evocar recuerdos asociados a esas emociones, y así sucesivamente con todo tipo de emociones.

Un ejemplo de cuando manda el pensamiento, sería la resolución de un problema: «Si hoy es domingo, ¿qué día fue hace dos días?». En este caso, solamente tengo que utilizar la razón. Mientras que el sentimiento es una explicación cognitiva a una sensación corporal.

Nuestra mente siempre está alerta para responder con inmediatez a cualquier necesidad. La parte de la mente que desarrolla esta función es la mente inconsciente o subconsciente. Te ayuda a reaccionar frente a una situación de peligro. Si percibes la presencia de una serpiente, darás un salto. No mirarás a la serpiente y luego pensarás «tengo que dar un brinco». La mente subconsciente no analiza, sencillamente actúa. Una señora a la que le dan asco las cucarachas y se encuentra una en el baño lo más probable será que grite. Todos sabemos, y ella también, que la cucaracha no se la va a comer, ni va a picarle, ni nada que se le parezca. Es una reacción visceral asentada en una memoria atávica —la memoria de nuestros antepasados, que se transmite por medio de la genética— de miedo y de asco, y otra potencial de contaminación y enfermedad. En el inconsciente colectivo, estos animales activan la memoria de que son nocivos para la salud.

Nuestro primer cerebro fue el intestinal, tal como se afirma en un artículo publicado en *New Scientist*. Dicho sistema nervioso entérico (SNE) es, en realidad, el sistema nervioso original, que se desarrolló con los primeros vertebrados «hace más de quinientos millones de años y que desde siempre fue responsable de los "instintos" frente a las amenazas ambientales».

Durante años, cuando alguien tenía problemas de úlceras o dolor crónico sin causas específicas, se le enviaba al psicólogo o al psiquiatra. De alguna forma, ya se estaba intuyendo que su dolencia tenía que ver con el cerebro. Ahora sabemos que, si bien es una cuestión emocional, el origen está en este segundo cerebro.

Sea como sea, está claro que la comunicación entre los dos cerebros es una autopista en dos sentidos, con diez veces más tráfico hacia arriba que hacia abajo. Además, el «segundo cerebro» es la única parte del cuerpo capaz de rechazar una orden que llega de la cabeza. De ahí que las «mariposas» que usted percibe sean, ciertamente, sensaciones producidas en el estómago, donde sabemos que se expresan muchas emociones, con el permiso del pretencioso cerebro de la cabeza.

Y en este segundo cerebro tenemos que prestar mucha atención a los habitantes de nuestros intestinos, las bacterias, que están estrechamente relacionados con las emociones. Hoy en día, científicos de la Universidad de California en Los Ángeles (UCLA) confirman el nexo entre la microbiota y la estructura cerebral: «Las reacciones emocionales están vinculadas con las bacterias intestinales». En esa misma universidad se está investigando la correlación de tipos de bacterias y estados emocionales, y se ha llegado a la conclusión de que, según las bacterias que predominen, las reacciones emocionales ante imágenes emocionales negativas son de ansiedad, angustia e irritabilidad.

Todo lo expuesto hasta ahora demuestra que la parte que recibe en primer lugar los impactos ambientales es el cerebro intestinal, llamado también «segundo cerebro». Las emociones vendrían a ser los mensajeros, cuya función sería activar los órganos correspondientes que liberarían las sustancias endógenas necesarias para que podamos realizar funciones conductuales y cognitivas.

Emociones primarias y secundarias

Tenemos dos tipos de emociones o, mejor dicho, tenemos dos vías de expresión de nuestras emociones: la vía secundaria y la vía primaria. Ambas utilizan el mismo camino neurológico, no hay especificidad ninguna en nuestra biología. Pero, entonces, ¿dónde está la diferencia?

Las emociones secundarias serían las que estarían relacionadas con las funciones cognitivas; son las emociones con las que nos explicamos y razonamos aquello que percibimos con nuestros sentidos. Vendrían a ser las emociones con las que revestimos nuestras historias, las que nos explicamos a nosotros mismos.

Las emociones primarias son viscerales. Las sentimos originalmente, no tienen explicación y son las que muchas veces ocultamos en nuestro inconsciente. Tratamos de reprimirlas y, sobre todo, tratamos de explicarlas, tapándolas con las emociones secundarias. Pero, más tarde o más temprano, las emociones reprimidas —las primarias— acabarán por expresarse en nuestra corporalidad para que les prestemos atención.

Quizá alguien se pregunte cómo reconocerlas. Me temo que no existe una clasificación para identificarlas; dependerá fundamentalmente de la persona, de su percepción y de su memoria atávica.

Tanto los pensamientos como los sentimientos están sustentados por las emociones secundarias. Son las emociones que soportan «mi historia», la que me explico constantemente. Aun así, dándoles una explicación, no me siento liberado, falta algo más. Hay que tomar conciencia, indagar qué hay detrás, saber qué ocultan mis justificaciones y explicaciones sobre lo que estoy experimentando. Aquí me sitúo en la emoción secundaria, la que expongo socialmente y me explico constantemente, hasta el punto de que «mi historia» acaba convirtiéndose, para mí, en cierta.

La libertad emocional estriba precisamente en esta comprensión, en saber que mi historia está sustentada por creencias y memorias de mis progenitores, y la historia de estos, en las de los suyos. Las emociones hay que liberarlas, sentirlas, comprenderlas. Sabemos que las emociones tienen un sentido biológico de adaptación, nos permiten sobrevivir, pero el inconsciente del ser humano no diferencia entre una situación de peligro real y una situación de peligro imaginado. Por ello, nos podemos explicar historias con el fin de ocultar emociones que no nos permitimos expresar por muchas razones, especialmente por motivos culturales.

La salud emocional está estrechamente relacionada con nuestra capacidad de saber prestar atención a nuestras señales fisiológicas, que son la expresión de las emociones primarias y, a su vez, tienen una relación directa con la percepción del entorno. Estas emociones primarias son el soporte de una información que ha sido almacenada en mi inconsciente, información heredada de mis ancestros, de la etapa de gestación en la que percibimos el estado emocional de nuestra madre, y de la etapa que hemos vivido hasta los seis o siete años. Toda esta información conforma los filtros con los que percibimos el mundo exterior.

Las emociones básicas

Existen muchas clasificaciones de las emociones. El doctor Paul Ekman ha profundizado en las emociones básicas y, en gran parte, ha detallado sus investigaciones en su obra *El rostro de las emociones.*

Para Ekman, las emociones básicas son: ira, asco, miedo, alegría, tristeza y sorpresa. Estas emociones, esencialmente, son necesidades biológicas no satisfechas y, tal como vengo diciendo, se pueden expresar en dos vías, la primaria y la secundaria. La gran diferencia entre una y otra vía es que, cuando nuestras emociones se expresan en la vía primaria, lo hacen visceralmente, no interviene la razón para nada. Cuando analizo mis emociones —sensaciones físicas— y les doy una explicación, entonces estoy en la vía secundaria. Las emociones que se expresan en esta segunda vía son las que me permiten sostener mi historia y las que justifican lo que yo estoy sintiendo en mi corporalidad.

La hipótesis de partida, según Ekman, es la siguiente:

> Probablemente las estrategias de la razón humana no se desarrollaron ni en la evolución ni en ningún individuo aislado, sin la fuerza que encauza los mecanismos de la regulación biológica, de los que la emoción y el sentimiento son expresiones notables.
>
> Cuando aprendemos a tener miedo de algo, se crean asimismo nuevas conexiones entre un determinado grupo de células cerebrales, formando una reunión de células. Parece ser que dichas reuniones de células, que contienen el recuerdo del desencadenante aprendido, son unos registros fisiológicos permanentes de lo aprendido. Conforman lo que yo llamo base de datos de alerta emocional. Sin embargo, es posible aprender a interrumpir la comunicación entre las reuniones de células y el comportamiento emocional. El desencadenante pone en funcionamiento la reunión de células, pero la conexión entre ellas y nuestro comportamiento emocional puede cortarse, al menos durante un tiempo...

Y Ekman añade:

> También podemos aprender a cortar la conexión entre el desencadenante y las reuniones de células de manera que, aunque la emoción no se dispare, la reunión de células se conserve, la base de datos no se borre y continúe existiendo la posibilidad de conectarla de nuevo al desencadenante, con lo que nuestra capacidad de respuesta seguirá manteniéndose. En determina-

> das circunstancias, cuando estemos bajo un tipo concreto de presión, el desencadenante volverá a activarse, conectados a la reunión de células, y la respuesta emocional surgirá de nuevo.

Con todo ello se puede concluir que las emociones tienen una función biológica de adaptación, y que se sustentan con un soporte neurológico que les permite activarse en diferentes ambientes. Lo que tenemos que entender es que el inconsciente no diferencia entre el peligro real y el imaginado. Para ilustrar mejor lo que acabo de exponer, pondré un ejemplo de una experiencia que viví cuando me encontraba en unas montañas, a una altura de unos tres mil metros. Soplaba un viento muy fuerte que me impedía llegar a un refugio que estaba a unas decenas de metros. La dificultad era enorme, pues el viento no me dejaba avanzar y, además, no podía respirar bien. Al día siguiente, mientras estaba haciendo una excursión, suave y tranquila, de repente empezó a soplar un viento ligero y observé que me estaba alterando, mi corazón latía con más fuerza y me costaba respirar. Mi inconsciente guardaba la memoria de lo que me había sucedido anteriormente, cuando pasé mucho estrés. El inconsciente se activó al más mínimo síntoma de peligro y reprodujo la ansiedad. Pero como tomé conciencia del para qué me estaba ocurriendo esto, automáticamente mi ansiedad se redujo.

Aprender a tomar el control consiste en tener conciencia de para qué se me activa esta respuesta fisiológica y comprender que tiene una función adaptativa cuya finalidad es preservar tu vida, tu supervivencia. Nuestro inconsciente no valora la intensidad del viento, aunque sí recoge todos los aspectos que los sentidos captan para ser guardados en la memoria y actuar con prontitud ante el más mínimo estímulo. Cuando cambia nuestra percepción sobre la sensación y la emoción que estamos experimentando, dichos aspectos pierden intensidad, y en muchos casos la conexión neurológica se reestructura. A esto le llamo «reescribir la historia». Detallo más adelante todo este proceso, para su mayor comprensión.

Ahora nos basta con reconocer la importancia de las emociones para la supervivencia, y comprender que, tras un impacto emocional, no hay un razonamiento sino una expresión biológica, que más tarde puede pasar a convertirse en un sentimiento y un pensamiento para darle una explicación. Esta explicación no me va a liberar de repetir la experiencia y su impacto. Puede crearme un condicionamiento aversivo, que uno no llega a comprender. Conseguir que nuestra mente experimente otras emociones frente a la misma situación es el reto que asumí junto con mis colaboradores.

Emociones heredadas

Cuando hablo de emociones heredadas me refiero a emociones que se desencadenan en situaciones concretas y bajo unas circunstancias estresantes, en las que uno no tiene ningún control y no sabe ni comprende por qué se expresan. Sencillamente sucede. Y, además, otros miembros de la familia no tienen el mismo problema o expresan otras emociones. ¿Qué podríamos pensar, por ejemplo, si conociéramos a una joven que tiene un miedo visceral a los gatos pese a que nunca ningún gato le ha hecho daño? Una explicación plausible sería que quizá esta memoria de aversión a los gatos sea una memoria atávica, una memoria heredada de alguien de su clan.

Sobre esta misma cuestión, pero refiriéndose a las rosas, reflexionó René Descartes en su libro *Pasiones del Alma*. Siguiendo a Descartes, tendríamos que preguntarle a la madre de esa joven a la que nos referíamos si tuvo algún problema con un gato. Para comprender este razonamiento es necesario tener en cuenta que no solo heredamos lo que hasta ahora se conocía como «herencia genética». Hoy en día ya se ha demostrado que heredamos también los problemas emocionales y estresantes de nuestros ancestros, no solo lo que comieron o bebieron, sino incluso los traumas, los sufrimientos y los secretos. En resumen, los grandes impactos emocionales que recibieron nuestros abuelos y nuestros padres. A la ciencia que estudia esto se le llama epigenética.

La epigenética —más allá de la genética— asegura que, si hay situaciones donde algún miembro del clan ha temido por su vida, este estrés se guardará y se transmitirá a la siguiente generación para prevenir a los descendientes de cualquier peligro para la existencia.

La supervivencia es un objetivo fundamental, y sobrevivir se convierte en un impulso irracional, no tiene tiempo para elucubraciones, ni de aprender mediante prueba y error. Es un sí o sí. Porque, si no, la única alternativa es la muerte. Según la doctora Rachel Yehuda:

> La epigenética proporciona un mecanismo para adaptaciones a corto plazo. [...] No podemos esperar a la evolución. La idea es transmitir información, que el inconsciente considera crítica, por experiencias pasadas, transmitirlas a las siguientes generaciones, para que, de alguna forma, estén avisadas y/o actúen en consecuencia. Hay que actuar rápido.

Mi propuesta es una toma de conciencia. Comprender que posees una información que no tiene sentido para ti, pero también entender que, si en vez de un gato hubiera sido una serpiente venenosa, esa misma información ya tendría su razón de ser. Como sabemos, el inconsciente es irracional, no analiza entre un gato y una serpiente venenosa, solamente guarda información de algún tipo de trauma.

Varios estudios, como los llevados a cabo en la Universidad McGill de Montreal, en Canadá, demuestran la importancia de la epigenética. Los investigadores aseguran que, si un antecesor tuvo un problema grave con algún tipo de medicación, algún nieto podría manifestar alergia a ese medicamento como mecanismo de defensa. Esto es así porque para la memoria del inconsciente —que no razona—, dicho medicamento es mortal. Toda experiencia que ponga en peligro la vida de forma real, o simplemente por el hecho de que se haya percibido con miedo a perder la vida, queda guardada y se transmite a nuestros descendientes.

Esto es fácil de comprender. Imaginemos una situación de peligro. Por ejemplo, que estás viajando con tu coche de madrugada. En el camino encuentras unos obstáculos que son peligrosos para los conductores, y sabes que tus hijos pasarán por el mismo sitio dentro de una hora. ¿Qué es lo primero que te viene a la mente? Ante esta pregunta, creo que hay pocas dudas: «¡¡Tengo que llamarlos!!, debo avisarles de alguna manera para que vayan con cuidado». Así es como el inconsciente guarda la información para las futuras generaciones.

Nuestro inconsciente guarda la información que nos puede ser útil, sea la que sea. Por ello, si bien prevenir los peligros es muy importante, guardar la memoria de situaciones o experiencias positivas también lo es. Recuerdo una situación en la que unos amigos estaban en el coto de Doñana, en Cádiz. El guarda que los acompañaba durante la visita hizo la siguiente observación: «Estoy viendo cómo una cierva está comiendo los frutos de aquel arbusto. Esto quiere decir que viene un verano caluroso». A la pregunta de cómo lo sabía, él respondió: «Estos frutos tienen propiedades anticonceptivas; si los come evita tener descendencia. Esto lo vemos cada verano caluroso, las hembras tienen pocas crías o no tienen ninguna». ¿De dónde sale esta información? Obviamente, del inconsciente del clan. Hay que prevenir el esfuerzo y el sufrimiento de parir y criar un cervatillo, si la probabilidad de que viva es muy escasa o nula. Existe una memoria en el inconsciente biológico que conserva la información relevante para la supervivencia. Es importante saber dónde hay comida, dónde hay agua y, sobre todo, cuáles son los peligros potenciales y cómo evitarlos.

Podemos heredar respuestas emocionales programadas por el inconsciente del clan o simplemente por el inconsciente de nuestra madre. Si, cuando estábamos en su vientre, nuestra madre experimentó una emoción muy fuerte frente a una situación como, por ejemplo, de pérdida de un ser querido, puede darse la posibilidad de que llevemos impresa en nuestra memoria una emoción como la tristeza. De este modo, esa emoción se nos podría manifestar en muchas situaciones, sin que haya motivos aparentes para experimentarla.

Sin emoción no hay recuerdo, no hay impresión neuronal. La emoción es la que nos permite experimentar la vida de una forma plena. Sin emoción no hay empatía, se hace difícil compartir. La emoción fortalece los lazos del clan, es vital para la supervivencia. Los padres de todas las especies cuidan a sus descendientes. Se nos ha dicho que las emociones forman parte de la evolución, así se llega a la evidencia de que aprender a gestionar nuestras emociones también es una manera de sobrevivir. Que nuestros descendientes hereden estas informaciones, incluidas las emociones, permite que tengan más capacidad de sobrevivir. Este es el objetivo fundamental de la existencia, sobrevivir y transmitir la información útil a nuestros descendientes.

Reflexionemos acerca de lo que venimos diciendo:

- Las emociones tienen un sentido biológico de adaptación.
- Podríamos definir las emociones primarias como «emociones viscerales». Son las que sentimos originalmente, no tienen explicación racional.
- Las emociones secundarias son las que nos sirven para explicar y razonar aquello que percibimos con nuestros sentidos.
- Los pensamientos y los sentimientos están sustentados por las emociones secundarias.
- Cuando cambio mi percepción, cambio mis emociones, y a esto le llamamos «reescribir la historia».
- Nuestro inconsciente guarda la información que nos puede ser útil, sea la que sea.
- Sin emoción no hay recuerdo, no hay impacto neuronal.

— LAS CREENCIAS Y LAS EMOCIONES —

¿No te has preguntado muchas veces por qué no encuentras explicación a cómo te sientes en diferentes momentos?

Las emociones y los sentimientos están sostenidos por creencias profundamente arraigadas en nuestra personalidad. Por tanto, puede considerarse que la creencia precede a la emoción, y esta, al pensamiento y a la acción.

Las creencias son sistemas socializados de conceptos que organizan la percepción del mundo. No podemos hablar de las creencias si no hablamos previamente de los conceptos. Estos determinan nuestra realidad, son añadiduras que ha puesto nuestra cultura. Estos conceptos se alimentan de las creencias y nos hacen vivir un estado al que llamo «estado de hipnosis».

En resumen, las creencias conforman nuestra forma de ver y de entender el mundo, y ello determina la percepción que cada uno de nosotros tenemos de él. Esta percepción activa mis diferentes estados emocionales y eso se hace de una forma automática o inconsciente.

El origen de nuestras creencias

La forma de percibir nuestras experiencias viene determinada por tres factores:

- el inconsciente colectivo;
- el inconsciente familiar;
- las primeras experiencias de vida en el útero de la madre hasta, aproximadamente, los seis años.

La cultura, con sus prejuicios y tabús, conforma una sociedad que se mueve por sus creencias. La socialización es un programa evolutivo que garantiza la supervivencia. Hay tribus africanas cuyo mayor castigo es el destierro. Cuando alguien es desterrado por haber cometido un delito contra el bienestar común, su vida no va más allá de un par de semanas. Hasta ese punto las creencias conforman nuestra vida.

El inconsciente colectivo es una parte, la más grande, de nuestra psique. En él se guardan todas las informaciones que van desde las más personales hasta las que compartimos con todo el mundo, pasando, por supuesto, por las informaciones familiares.

El inconsciente colectivo no depende de la experiencia personal. Contiene una serie de predisposiciones y potencialidades para experimentar y responder al mundo, de la misma manera que lo hacían los antepasados de la especie. Estas predisposiciones que hereda el ser humano se expresarán y desarrollarán de distintas maneras según el contexto y las experiencias que le toque vivir a cada individuo.

En el inconsciente colectivo ha quedado bien grabado que estar fuera del grupo, fuera del clan, significa una muerte segura. Los miembros del clan se comportan de acuerdo con lo que espera de ellos el grupo. Cada miembro tiene su función y así lo heredan sus hijos. La socialización es un proceso evolutivo que garantiza la supervivencia. Por eso prevalece el bien colectivo frente al individual.

El bien colectivo se proyecta en el inconsciente de la familia, cuyos miembros pueden intervenir y opinar en las situaciones particulares. Es entonces cuando un miembro del clan puede «romper» las leyes tácitas y provocar una auténtica revolución. Ante un cambio de valores y de actitudes de un miembro del clan familiar, el resto se opone y puede llegar a decir cosas como: «Si sigues por este camino, considérate fuera de la familia». Es como si estuvieras muerto o muerta. Como podemos ver, este comportamiento es ancestral y tiene fuertes raíces evolutivas; para liberarse de ellas se requiere una actitud firme, un cuestionamiento de creencias y un cambio de valores.

Un ejemplo histórico y muy contundente de ese tipo de ruptura, que incluso fue llevado a la gran pantalla, es el del casamiento de una joven inglesa (Ruth Williams) con el futuro rey (Seretse Khama) de Botswana, entonces protectorado del Imperio británico. Ambos jóvenes recibieron fortísimas presiones del gobierno británico, de países extranjeros y del tío del futuro rey —el regente del país— para evitar su matrimonio. Pero su determinación y su amor rompieron todas las resistencias y, sobre todo, las creencias que parecían inamovibles.

Como dice el doctor Bruce H. Lipton, «tus creencias actúan como filtros de una cámara, cambiando la forma en la que ves el mundo. Y tu biología se adapta a esas creencias. Cuando reconozcamos de una vez por todas que nuestras creencias son así de poderosas, estaremos en posesión de la llave de la libertad».

Un aspecto muy relevante de cómo almacena la información el inconsciente es el simbolismo. Es el recurso que emplea la mente para explicar algo. Pero el simbolismo también nos bloquea para profundizar en el inconsciente, pues él los emplea para expresar traumas o conflictos emocionales ocultos. Y, sobre todo, el inconsciente es totalmente irracional; por muchas explicaciones racionales que nos demos, el inconsciente nunca las procesa de este modo. Es más, las explicaciones que nos damos son uno de los principales bloqueos para poder acceder a la información inconsciente.

Veamos un ejemplo, muy impresionante y sobre todo aclaratorio, de cómo guarda el inconsciente la información, y lo hace sin interponer juicio alguno. Porque el inconsciente no tiene capacidad para juzgar. Él es inocente, solo guarda la información estresante; en este caso concreto, la del clan familiar.

Motivo de consulta

Un joven vino a mi consulta con un diagnóstico de epicondilitis de codo; es decir, una inflamación de los tendones de los músculos que se insertan en el epicóndilo (una especie de protuberancia).

Escenario

Cuando empezamos la indagación, le pedí que me indicase qué clase de estrés diario, o casi diario, había estado viviendo unos días antes o, como máximo, unas semanas antes de que se produjera el síntoma.

Mi cliente me respondió que todo había empezado hacía unos tres meses. Le pedí que me describiera cuál era la situación –la escena– estresante, el ambiente emocional. Me contó que estaba casado y que tenía una hija de tres años y añadió: «Mi mujer cada día se enfada conmigo porque no saco a la niña a pasear». Detalló que llegaba a casa a media tarde y se ocupaba de sus cosas. Aunque recalcó que le prestaba atención a su hija y muchas veces jugaba con ella.

Le pregunté por qué no la sacaba a pasear, aunque vi un exceso en la insistencia de su esposa, día sí y día también, en lo mismo.

Mi cliente me contestó que no lo sabía, pero había algo que le hacía estar en casa con la niña. Aquí comprendí que había una creencia oculta, una acción a la que el cliente no podía o no sabía darle una explicación.

Resonancia

Se trata de buscar la información de los ancestros más directos, abuelos y padres.

Le pedí que me explicara lo que pasó con sus abuelos maternos y/o paternos, en relación a las hijas. Al hacerle esta pregunta, mi cliente se estremeció, bajó la cabeza y me contó: «Mi padre y mi abuelo paterno abusaron de sus respectivas hijas». No dijo nada más, sencillamente porque no pudo.

Aquí vemos cómo se manifiesta la información inconsciente, la que le lleva a realizar acciones que no acaba de comprender.

Toma de conciencia

El sentido simbólico del codo es agarrar, sostener. Cuando coges a un niño –en este caso a una niña–, la agarras pasando el brazo por debajo de las nalgas. Para el inconsciente de mi cliente –que lleva el dolor y la carga familiar de abuso–, no puede o no debe tocar a la niña, y sobre todo no la debe sacar de casa, pues se averiguó que los abusos se realizaban fuera del hogar familiar.

Recapitulación: reflexión final

Como podemos ver, mi cliente reparó lo que habían hecho los hombres del clan y, además, vimos que esta información también la traía la esposa de mi cliente, que había sufrido abusos de su propio padre. Como veremos más adelante, la información no solo no se pierde, sino que busca situaciones –informaciones– afines para poder expresarse y dar respuestas diferentes a los traumas vividos por los respectivos clanes familiares.

Para terminar de comprender lo que quiero decir, hay que tener muy claro que mi inconsciente no diferencia si yo cojo un saco de patatas o a una niña. Lo que es importante para él es la emoción, el estrés con el que realizo la acción, la información asociada a mi inconsciente con relación a unos actos que han sido estresantes para la familia.

Por muy sofisticado y perfecto que sea el funcionamiento de nuestro cuerpo, somos algo más que el resultado de una serie de reacciones bioquímicas. Las emociones son parte del equipo básico con el que nacemos y nos van a permitir adaptarnos al entorno y a reaccionar frente al mundo. A través de ellas aprendemos a conectar con los hechos y a través de los hechos conectamos con una emoción que ya está ahí. Por eso, no podemos aprender a emocionarnos, a estar tristes o alegres. Lo que sí se puede regular es el grado en el que las emociones se expresan. Y eso tiene que ver con el entorno en el que hemos crecido, está directamente relacionado con los valores y las creencias implícitas de la educación que hemos «respirado». Es posible que hayamos nacido en una familia en la que la expresión de la rabia esté mal considerada y hemos aprendido a reprimirla; sin embargo, eso no quiere decir que no la sintamos. La emoción guardada encontrará su manera de expresarse en el cuerpo.

Cuando nos pasa algo, cuando vivimos una experiencia, bien sea por un impacto o por una situación acumulativa, experimentamos emociones que son automáticas y a las que no prestamos la debida atención. Estas emociones generan sentimientos, y estas, pensamientos. Conocer nuestra forma de pensar, distinguir nuestros sentimientos y ser conscientes de nuestras emociones es fundamental para el equilibrio de nuestro sistema, fundamental para vivir de forma coherente y en armonía.

— EMOCIONES ACUMULADAS —

¿Realmente se pueden acumular las emociones?

La respuesta a esta pregunta requiere una aclaración. Pero vayamos por partes. En primer lugar, cuando una persona vive situaciones que le desbordan, se siente carente de recursos y empieza a «tragar» los estados emocionales que experimenta en todas ellas. Siente rabia en un momento determinado, alegría después, o tristeza más tarde. Su *psique* pugna por liberar y expresar todas estas emociones, pero la propia persona se lo impide. En este caso, la autoindagación permite observar cada emoción y lo que se esconde detrás de ella. Es una observación objetiva, sin justificación alguna, que evita buscar la causa en el exterior.

Por otra parte, la persona que acumula emociones presenta ciertas características de personalidad que debe sacar a la luz si realmente quiere liberarse de tanta toxicidad emocional. Acostumbra a no expresar sus verdaderos sentimientos y emociones debido a un miedo inconsciente a la no aceptación social. También puede ser que se refugie en esas emociones y se comporte de una forma totalmente intransigente: se encierra en la percepción que tiene de sí misma y en sus propios razonamientos para justificarla, piensa que sufre una presión social y se siente relegada o excluida de la sociedad o simplemente de algún proyecto.

Cuando una persona se encuentra en ese estado emocional, sus reacciones suelen ser desproporcionadas y muchas veces quedan fuera de contexto: tiene respuestas explosivas o cambios de carácter ambivalente porque vive en una especie de montaña rusa emocional. También muestra nerviosismo e impaciencia, que son dos rasgos característicos de una persona insegura y que espera la aceptación de los demás. Suele vivir atrapada en su verdad, espera que los demás cambien y mantiene relaciones adictivas que no le aportan ni paz ni tranquilidad emocional. Se sobrecarga constantemente de las mismas emociones; acostumbra a estar triste, por ejemplo, y se mantiene en esta emoción, que puede convertirse en un estado emocional crónico. Siempre está en el cómo, cuándo y de qué manera, pues para ella la solución se encuentra siempre en el exterior. Le cuesta salirse de su paradigma, de su verdad, pues carece de perspectiva, se muestra inflexible e intolerante. En definitiva, pensar de otra manera le supondría un auténtico vértigo emocional.

Las emociones, como iremos viendo, no son buenas ni malas; todas y cada una de ellas, si somos capaces de darles salida y observarlas, nos hablarán mucho de nosotros y nos darán información de los conflictos que subyacen detrás. De esta forma seremos capaces de quitar presión emocional a las situaciones que, hasta ahora, vivíamos de una manera desproporcionada, fuera de lugar y de contexto.

Inmediatamente después, tomaremos conciencia de la falta de respeto que nos tenemos y de lo que proyectamos en los demás.

Entre toda esta vorágine de sentimientos y emociones, siempre se halla, a menudo muy escondido, un sentimiento muy tóxico y muy manipulador: la culpabilidad. Este es un sentimiento incorporado a nuestra cultura por un proceso de introyección, y es una forma de «cuadricular» a las personas y, sobre todo, de hacer que piensen que están en deuda, porque con la culpabilidad se pretende manipularlas, redireccionar sus pensamientos y sentimientos, y esto a su vez activa el círculo o bucle de dicha intoxicación emocional. Esta acumulación de emociones nos mantiene atrapados en un estado emocional del que queremos salir. Más adelante hablaré extensamente de este sentimiento y de la emoción que lo sostiene, de la cual se deriva el miedo, que a su vez condiciona de una manera alarmante y enfermiza nuestras conductas.

Como dice el personaje de Sócrates en la película *El guerrero pacífico*: «Saca la basura de tu mente, suelta las emociones que te inmovilizan».

A modo de recapitulación, debemos tener en cuenta que:

- Tu «cuna emocional» ha marcado tu percepción y, por ende, cómo te expresas emocionalmente. La autoindagación de tus emociones te ayudará a entrar en otros estados emocionales, permitiendo librarte de situaciones que intoxican tu vida.
- Tus creencias determinan tu percepción, y esta determina tu respuesta emocional, tus sentimientos y tus pensamientos. Un buen hábito de salud mental es cuestionar tus valores y tus creencias, procurando vivir en ellos, pero sin dogmatizarlos, pues de hacerlo condicionan tu manera de vivir y coartan tu libertad emocional.
- Llevar nuestra conciencia a la comprensión de hasta qué punto estamos condicionados es un camino que nos enseña a gestionar nuestros estados emocionales, y esto, a su vez, es una condición indispensable para poder cambiarlos. No se trata de un cambio conductual asentado en la voluntad: es un cambio espontáneo,

fruto de una transformación de conciencia de lo que antes considerábamos como nuestra realidad.

- Una persona no suele ser consciente de todos los patrones de pensamiento, y a menudo solo puede hacerlos conscientes observando sus emociones. Observar no únicamente el pensamiento sino también la emoción nos permite encontrar esta creencia oculta que nos mantiene en el conflicto y que afecta a nuestra biología y a nuestro estado general de salud.
- Aprenderás a conocerte a través de tus percepciones y de tus proyecciones. Tomarás conciencia de que crees lo que ves, que crees en tus proyecciones. Aprenderás a invertir tu pensamiento, de tal modo que estas proyecciones te enseñaran la información que guarda tu inconsciente. De esta manera, empezará tu transformación emocional, el cambio que tanto anhelas.

• RECORDEMOS •

- Las emociones son innatas, su función más importante es la adaptación para poder sobrevivir.
- Las emociones pertenecen al cuerpo, y los sentimientos, a la mente, pero van totalmente ligados.
- Cuando el cerebro se hace consciente del efecto de la emoción en el cuerpo, tenemos un sentimiento. La primera misión de las emociones es proteger a la especie.
- Existe un sistema de creencias que nos dice que hay muchas cosas perjudiciales para nosotros. Lo son para nosotros porque así lo dice nuestra mente; no existe tal cosa en el mundo real.
- No te esfuerces en cambiar. El cambio no es un acto de fuerza de voluntad. Obsérvate y tomarás conciencia de que tienes un sistema de creencias que fueron implementadas y que luchan entre sí intentando hacer una clasificación de cuáles son las mejores.
- Hay una lucha de creencias, llamadas las creencias irreconciliables, que influyen en nuestro organismo y acaban reflejando alteraciones en el cuerpo.
- Saca la basura de tu mente, suelta las emociones que te inmovilizan.
- Toda emoción guardada encontrará su manera de expresarse en el cuerpo.
- Aprende a observarte sin juicio alguno. Comprende que tus percepciones son pura interpretación. Te sentirás más libre.
- Aprenderás a conocerte a través de tus percepciones y de tus proyecciones. Tomarás conciencia de que crees lo que ves, que crees en tus proyecciones. Entonces empezará tu transformación, al cambiar o trascender tus creencias.

CAPÍTULO II

EL AMBIENTE EMOCIONAL

Tú eres dueño de tu destino.

....

Empieza a tomar conciencia de que fuiste criado, gestado, en un ambiente que condiciona tu inteligencia emocional y tu capacidad de superar dificultades, pero no olvides que lo que fue escrito puede volver a ser reescrito. Aquí empieza el camino de tu liberación emocional.

....

La ciencia viene demostrando en los últimos años la importancia que tienen las emociones en todos los ámbitos de nuestra vida, hasta el punto de que estas pueden, de hecho, marcar nuestras futuras vidas. Me refiero no solamente a las emociones que experimentamos cuando estamos en el vientre de nuestra madre, sino incluso antes de ser concebidos. Estamos ante un nuevo paradigma que supone una gran responsabilidad para todos los padres y los que quieran serlo. Hoy en día, aún no se da la relevancia correspondiente a los estados emocionales que viven nuestros padres antes, durante y después del parto.

La correcta gestión de las emociones se ha convertido en una necesidad. Enseñar a nuestros hijos a gestionar sus estados emocionales, y que los adultos comprendan para qué experimentan ciertas emociones ante determinadas circunstancias, se convierte en una necesidad capital para mejorar nuestro estado de ánimo y nuestro posterior estado de salud. En este capítulo vamos a estudiar y a tomar conciencia de la importancia de estos estados emocionales, vamos a aprender cómo gestionarlos y a dar los primeros pasos para poder trascenderlos y no ser esclavos de ellos.

— EL AMBIENTE EMOCIONAL —

No se pondera lo suficiente, en todos los medios sociales, la importancia que tiene el ambiente familiar en el que crecemos. Nuestra sociedad vive inmersa en graves problemas en el ámbito de la educación, donde a los maestros se les exige, muchas veces, lo que los padres no hacemos en casa. Por otro lado, vemos que los padres cuestionan a los profesores y salen en defensa de sus hijos cuando les suspenden o les riñen.

Pertenecí a una sociedad en la que todo era «ordeno y mando», el castigo corporal era muy común, los padres estaban en un segundo plano y los maestros eran una autoridad casi indiscutible. Hoy en día vivimos en una sociedad tan inestable, en la que hay adolescentes que dejan los estudios porque no se sienten motivados.

Veamos un ejemplo. Estoy frente a un joven de diecinueve años con problemas de ansiedad y en los estudios.

Motivo de la consulta

Antes de empezar, él me deja muy claro de que su principal preocupación son las discusiones de sus padres.

Su consulta se centra en: suspende muy a menudo, sus padres le riñen, le sermonean y le castigan sin salir con sus amigos por un período de varias semanas.

Escenario en la escuela

Le pregunto qué pasa en la escuela. Él me contesta que nadie estudia. Sigo preguntándole qué hacen o dicen los profesores o tutores. Su respuesta es el resumen de lo que vengo diciendo: «Nos sermonean que hay que estudiar para el día de mañana y todas esas tonterías».

Hace poco decidió dejar de estudiar, a solo unos meses de terminar el bachillerato. En su casa esto supuso un gran disgusto, generó un gran estrés. Con la «excusa» de la enfermedad, ha decidido apartar los libros.

Escenario en casa

Le hago una retahíla de preguntas relacionadas con el ambiente emocional que ha vivido en casa desde que recuerda; qué es lo que más le estresa y, sobre todo, por qué no tiene una comunicación con sus padres. ¿Qué es lo que le impide relacionarse con ellos? ¿Qué es lo que más le molesta de ellos, y por qué cree que no se puede confiar en ellos?

Su respuesta no pudo ser más lapidaria: «¿Cómo puedes confiar en alguien que, desde que recuerdo, se pasa el día discutiendo? ¿Cómo puedo confiar si mi padre llega tarde cada semana, o cada quince días, borracho a casa? Mi madre se lo recrimina una y otra vez, y no pasa nada. Año tras año viendo lo mismo, y luego que ellos te discurseen, que te digan cuáles son tus obligaciones».

Le pregunto qué siente ante esta situación. «Siento mucha vergüenza, me noto la cabeza muy pesada. Tengo ganas de gritarles, de decirles si no les da vergüenza, de decirle a mi madre que por qué aguanta esta situación y a mi padre recriminarle el malestar que crea en casa y que aprenda a beber. Me callo, no digo nada, ¿para qué?», reflexiona él.

Resonancia

El padre de su madre era un alcohólico y maltrataba a su mujer, la abuela del joven. Su madre repite la historia de la abuela: aguanta, aguanta y no hace nada.

Toma de conciencia

No quiere hablar, sus malas notas son una manera de «castigar» a sus padres. No se comunica, no habla, no grita. Arde en deseos de marcharse de casa, pero no puede, primero porque es muy joven y segundo porque siente que no puede abandonar a su madre.

Comprende que su madre no se separa de su padre porque las mujeres del clan sufrieron varios abandonos y que tiene que expresar sus sentimientos a sus padres con respeto, pero, sobre todo, con asertividad.

— CUANDO LOS DEBERES SUPERAN LOS DERECHOS —

Hemos pasado de una sociedad en la que todo eran deberes y pocos derechos, a una sociedad en la que los derechos priman sobre los deberes. Somos una sociedad desequilibrada. Hemos creado una sociedad de *plug and play*, donde lo que yo quiero tengo que conseguirlo ya, porque, si no, nace la frustración y la desidia.

Uno de los graves errores que cometemos los padres es la permisividad, la complacencia, la sobreprotección.

En la otra cara de la moneda tenemos a aquellos niños que, desde pequeños, conviven con la violencia en sus casas, las adicciones de sus padres, la desidia, el abandono, la desnutrición, la carencia de educación. Niños que se convierten en presas fáciles para caer en la prostitución, la delincuencia; niños sin ningún derecho, a los que les roban sus vidas.

Estoy en Medellín (Colombia), ciudad donde existe un gran desajuste social. Aquí encontramos unos barrios marginales, donde las más mínimas condiciones de habitabilidad brillan por su ausencia. No hay agua potable, por lo que las familias deben comprarla cada día a las mafias de turno. La comida es un bien muy escaso: si desayunas, es un éxito. No hay electricidad. La pobreza inunda el barrio, se respira tristeza, se presiente el peligro, la vida es el mayor bien y sobrevivir, en el más amplio sentido de la palabra, es una lucha diaria. En estos barrios de Medellín las pendientes de las calles son demenciales y ni siquiera pueden circular vehículos.

Conmigo está la doctora Nathalia, que lidera un proyecto de educación para los niños y niñas que quieren aprender. Se les ofrece comida, sueños, un atisbo de esperanza. Estoy con algunos de estos niños —concretamente con un niño y seis niñas— y me quedo sorprendido por su educación: hablan sin estridencias, respetan sus turnos cuando se les pregunta. Observo que son muy inteligentes, algunos tienen un coeficiente intelectual muy superior al normal. Nathalia me comenta las resistencias que tenían al principio sus familias porque temían que se tratara de un engaño y que lo que buscaban era extirparles los órganos.

Vivimos en nuestras sociedades esta paradoja, este contrasentido: familias con unos ingresos económicos altos, en las que muchas veces vemos a niños prepotentes, malcriados, que no valoran su propia vida, poniéndola en riesgo con conductas adictivas. Niños cuya crianza está en manos extrañas, pues sus padres están muy ocupados en sus quehaceres y su vida social. Y, en esa misma sociedad, otras familias no pueden ofrecerles a sus hijos lo mínimo, como es la comida. Son familias desestructuradas, con padres ausentes, alcohólicos, maltratadores. Las madres se sienten atrapadas, desesperadas y sin salida, y su único objetivo es vivir el día a día. Son madres que viven todo tipo de vejaciones, que no tienen dónde ir, que sufren por sus hijos, unos hijos llenos de miedo, rodeados de un ambiente que es caldo de cultivo para unas vidas de miseria y sin futuro.

Nos quejamos, siempre nos quejamos y evitamos llevar a cabo un acto de plena responsabilidad y asumir que quizá seamos los adultos los que creamos el ambiente, con sus valores, con las obligaciones, con los derechos y deberes pertinentes a cada edad y a cada situación. Muchas veces no cumplimos con nuestros deberes como padres y ofrecemos a nuestros hijos unos comportamientos que ellos copian, que imprimen en su inconsciente y que, más tarde, van a repetir cuando sean adultos, si no lo hacen antes. O todo lo contario, mimamos tanto a nuestros hijos que les enseñamos a ser demandantes, exigentes, inestables emocionalmente, lábiles a la frustración. Les educamos en unos estados mentales que predisponen a conductas agresivas e intolerantes con aquellos que les parecen más débiles o que no pertenecen a su clase social. A menudo oigo respuestas muy espurias: «Es que mis hijos me han salido así». O también: «A quién habrá salido este niño»; como si esto no fuera con los padres, como si no tuvieran nada que ver con esos comportamientos.

— LA CUNA EMOCIONAL: EL ÚTERO —

Hasta ahora se consideraba o, mejor dicho, se sabía que el alcohol, el tabaco y la mala alimentación afectaban al bebé en su desarrollo físico y cognitivo. Hoy en día, la ciencia nos está demostrando que los estados emocionales que experimenta la madre durante la gestación afectan de una forma casi radical al niño, son efectos que inciden en todos los órdenes —el físico, el cognitivo y el conductual— y le predisponen a padecer ciertos síntomas físicos.

En un artículo titulado «Emociones desde el útero», escrito por Cristina Sáez, leo:

> Jorge no deja de llorar. Sus padres, primerizos, están desesperados. Y muy nerviosos. Lo han probado todo. O al menos todo lo que se les ocurre: que si cogerlo, abrazarlo, intentar darle de mamar. La enfermera entra en la habitación del hospital en que están y trata de tranquilizarlos: «Está todo bien. Hay niños más inquietos que otros», les dice. Pero eso no acalla al pequeño.
>
> El embarazo de Marta, la mamá de Jorge, tampoco ha sido fácil. Al poco de quedarse en estado, se enteró de que su empresa estaba a punto de cerrar e iba a quedarse sin trabajo. Así que se ha pasado los nueve meses en reuniones sindicales, negociaciones y haciendo números en casa. A veces, le entraban ataques de ansiedad e incluso le costaba respirar.
>
> *La Vanguardia*, 9 de mayo de 2012

Sigo leyendo en el mismo artículo:

> ... una madre depresiva, ansiosa o estresada puede influir en el coeficiente intelectual de su hijo y predisponerlo para que tenga más riesgos de padecer problemas tales como la hiperactividad o el síndrome de déficit de atención.

Vengo enseñando, desde hace años, la importancia de cuidar el estado emocional de las mamás, sobre todo, de cuidar el ambiente emocional en el que se mueve la gestante durante este período, que podemos considerar crucial.

Fijémonos bien en que pongo el acento en el estado emocional. Este lo conforma el núcleo familiar central, que es la relación entre la pareja y los hijos (si los hay). Muchas veces esta unidad familiar se ve sometida a presiones del núcleo familiar envolvente que, con buenas intenciones, incide de alguna forma en el equilibrio emocional de la pareja. Insistiré más adelante en esta temática tan importante para el buen funcionamiento de la pareja y de sus hijos, pues considero que este es el punto de inflexión, el yunque, donde se pueden resolver todos los problemas.

Desarrollar una inteligencia emocional es de vital importancia para el buen desarrollo de la familia y sobre todo de los hijos.

Estando en Marruecos, mientras visitaba la maravillosa ciudad de Marrakech, un guía nos ofreció un tour turístico con un trasfondo de salud integral y holística. Nos enseñó dónde se encontraban las tiendas que venden hierbas y productos tradicionales para la salud, y nos explicó cómo actúan algunos chamanes y curanderos de la zona. Cuando estaba finalizando la visita turística, el guía nos dijo:

> Lo que más nos importa es el ambiente en el que viven nuestras mujeres, procuramos que no se alteren, evitamos explicarles problemas, evitamos que tengan preocupaciones. Esto lo hace-

> mos porque sabemos la importancia que tiene el bienestar emocional de la madre cuando está en el período de gestación. Esto influye mucho en nuestros hijos.

La doctora Carey realizó una serie de estudios sobre la hambruna invernal que sufrió Holanda en la Segunda Guerra Mundial. Fue un período de gran privación donde la gente se comía los bulbos de los tulipanes o la sangre de los animales. Veintidós mil personas murieron de inanición debido al bloqueo que impusieron los nazis. En el libro *La revolución epigenética*, la doctora Carey describe un ejemplo que ilustra perfectamente el mecanismo epigenético: ya se había realizado el desembarco de Normandía, pero el ejército nazi seguía ocupando buena parte de los Países Bajos; en esos momentos, el nivel de hambruna ya era importante, pero la situación se agudizó entre noviembre de 1944 y mediados de 1945. Además, se agravó por unas condiciones climáticas de frío extremo en Europa occidental.

Uno de los primeros aspectos que se han estudiado fue el efecto que provocó el hambre en el peso de los bebés que nacieron en este período. Si una madre había estado bien alimentada en el momento de la concepción y desnutrida solo durante los últimos meses del embarazo, el hijo tenía muchas posibilidades de nacer pequeño. Por el contrario, si el período de desnutrición se produjo durante los tres primeros meses y luego se había alimentado bien, el hijo tenía muchas posibilidades de nacer con un peso normal.

Los epidemiólogos pudieron estudiar a estos grupos de niños durante décadas y lo que descubrieron fue realmente sorprendente: los niños que habían nacido pequeños siguieron siendo pequeños toda la vida. Los otros niños, cuyas madres habían sufrido desnutrición en los tres primeros meses de vida, tenían un índice de obesidad superior a lo normal.

Atención, esto puede complicarse más o, mejor dicho, puede ser más interesante. Estudios recientes afirman que los estados emocionales de los padres, incluso antes de la concepción, afectan al sistema nervioso del bebé.

> Cuando nace el bebé, la experiencia emocional materna conforma la mitad de la personalidad del individuo.
>
> NESSA CAREY

> Las experiencias de los padres, incluso antes de concebir, influyen marcadamente tanto en la estructura como en la función del sistema nervioso de las generaciones posteriores.
>
> BRIAN DIAS y KERRY RESSLER

Por ello, en mi trabajo indago profundamente sobre el ambiente emocional en el que vivió la persona que viene a mi consulta. El estado emocional de una mamá, cuando está gestando influye mucho en los posibles traumas y adaptaciones del niño cuando este se va desarrollando. Así lo vivió una amiga mía que sufría un grave problema de estreñimiento. Indagando, supo que, durante su gestación, su progenitora vivió la muerte de su madre, por lo que en ese período pasó el duelo de su abuela. La pregunta es: ¿por qué este estrés afectaba a sus intestinos?

No hay una respuesta lineal, aunque muchos autores la buscan. El inconsciente es muy simbólico y está estrechamente relacionado con el inconsciente familiar, con sus valores y sus creencias, en definitiva, con su forma de percibir y vivir la vida. Una misma circunstancia afecta de forma desigual, lo importante es tomar conciencia del estrés que se vivió en un momento determinado, en este caso tan crucial, como es la época de gestación.

También hay que tener en cuenta que este sentido simbólico se halla estrechamente relacionado con el sentido biológico. Una pregunta que cabría hacerse en el caso expuesto sería: ¿qué sentido tiene el estreñimiento? Mi amiga tomó conciencia de que una madre es el arquetipo del alimento, y que la mamá de mi amiga tenía una gran resistencia emocional a dejar ir a su madre, sencillamente quería retenerla. No intentemos dar una explicación racional a este argumento, pues, como ya he dicho, el inconsciente establece sus propias conexiones y relaciones, que están muy lejos de un razonamiento deductivo.

— LAS EMOCIONES DE LOS PADRES —

Las relaciones que tengan nuestros padres, antes, durante y después de la concepción, resultan claves en el desarrollo psico-emocional del niño y encierran posibles semillas de futuros problemas físicos. Cuando investigamos las historias familiares, «lo no dicho», los secretos o la «ropa sucia», encontramos respuestas a nuestras propias historias familiares. Es entonces cuando comprendemos por qué nos ocurren ciertas cosas y tenemos cierto tipo de relaciones.

> No es lícito suponer que ninguna generación es capaz de ocultar a la que le sigue sus procesos anímicos de mayor sustantividad.
>
> SIGMUND FREUD

Lo que encontramos más frecuentemente cuando investigamos las historias familiares ocultas son los abusos emocionales y los abandonos. Estos últimos, normalmente los realiza el padre. Cuando ocurren, la esposa muchas veces encuentra en el niño su soporte emocional. Aquí entramos en el terreno del abuso, pues al niño le queda grabado en su inconsciente el hecho de haber tenido que alimentar a su mamá. Ya de adulto, se siente obligado a cuidar de su madre, aun a costa de su libertad emocional, de vivir su propia vida. Es una vida secuestrada emocionalmente.

Como dice el biólogo Bruce H. Lipton: «Nuestros padres no se dan cuenta de que lo que dicen y lo que hacen se graba de forma continua en la mente inconsciente de los niños».

El abuso emocional de los padres —fundamentalmente de la madre— es una verdadera calamidad ecológica, sobre todo por la invisibilidad con la que se produce. Una madre que abandona a sus hijos marca; una madre que ocupa con sus inquietudes todo el espacio emocional de sus hijos cuando menos crea confusión en sus hijos y los desequilibra emocionalmente.

Un padre que abandona a los suyos crea unas circunstancias destructivas en el seno de una familia que, por memoria atávica, debe cuidar y proteger. Un clan sin cabeza está en peligro. La madre tiene que asumir grandes retos, puede estar viviendo vacíos emocionales y sintiéndose sobrecargada de responsabilidad en el cuidado y la educación de sus hijos. Ella está haciendo lo que puede y lo que sabe. Además, ella también posee una memoria de su clan y muchas veces repite las historias de las madres de este.

Cuántas veces no habré visto esta situación en mi consulta: una mujer, ahora ya madre, que ha tenido a un padre alcohólico y a una madre que no ha podido o no ha sabido salir de esta situación. Estas mujeres se casan con un hombre que tiene el mismo problema, por no decir la misma información en su inconsciente. Estos hombres acostumbran a ser hijos de matrimonios en los que el padre ha estado ausente física o emocionalmente, y por tanto son hombres sobreprotegidos por sus madres, tal como explicaba antes, hombres emocionalmente inmaduros, hombres muy lábiles a la frustración.

También se da el caso de mujeres que han sufrido el desamparo de sus madres y que han proyectado en sus hijas el rechazo de ser mujer. Se han alimentado con los estados emocionales de sus madres, que vivían situaciones de infidelidades o de abusos o sentían asco con todo lo referente a la sexualidad y a los hombres. Esa información la heredan las hijas, que viven un rechazo inconsciente y buscan desesperadamente el «amor de mamá», que nunca encontrarán. Aquí nacen muchas adicciones emocionales, como veremos más adelante.

¿Qué hay detrás de una mujer sumisa?, nos preguntamos muchas veces. Se trata de una mujer que no lucha, que no se enfrenta a la adversidad, una persona desconectada de sí misma. ¿De dónde procede esta información? Siempre debemos investigar el ambiente emocional: no lo que pasó, sino lo que se vivió emocionalmente. En qué ambiente se desarrolló, qué ocurría con su padre y su madre, cuáles eran sus silencios, «lo no dicho», sus secretos ocultos.

Recuerdo el caso de una amiga mía que estaba a punto de casarse. Dudaba mucho si debía dar este paso y tomó conciencia de que no se quería casar. Como ocurre en numerosas ocasiones, siempre consultamos con la persona inapropiada, en este caso una amiga que le dijo: «¿Quién no se quiere casar, tu niña interior o la mujer?». Siempre encontramos a alguien que nos proyecta su sombra inconsciente. Mi amiga no se escuchó, se casó y a los pocos meses su marido le dijo: «Ahora voy a salir, no me preguntes dónde voy. Esto será así desde hoy». Pocos meses después, a mi amiga le diagnosticaron un cáncer de mama. El factor emocional, con una gran carga estresante, se correlaciona con las enfermedades, tal como nos lo enseña el doctor Boukaran en su libro *El poder anticáncer de las emociones*. La enfermedad del cáncer es una lacra y, como ya se sabe, hay varios factores que pueden desencadenarla, tales como los genéticos o los epigenéticos, además de las cargas emocionales heredadas de ancestros que han vivido situaciones parecidas. Los estados emocionales pueden tener un gran impacto, un gran estrés que resuene en nuestra psique, y provocar grandes desórdenes físicos. Obviamente, esta enfermedad es multifactorial, pero cada vez más se está demostrando la importancia de las emociones y la necesidad de aprender a gestionarlas en situaciones de estrés.

El doctor Pere Gascón afirma que «el estrés emocional crónico puede poner en marcha el proceso que inicia un cáncer» (*El Periódico*, 18 de julio de 2017, en una entrevista de Àngels Gallardo). Nos habla de que las emociones y la forma de gestionarlas puede conducir a un estado de estrés crónico, de tal manera que se produce una inflamación en el organismo que pone en riesgo la salud del individuo.

Escuchar las emociones, saber prestarles atención,
evitar eludirlas nos permite indagar qué hay detrás de ellas,
nos permite liberarnos de traumas que hemos heredado
de nuestros padres. Nos indican el camino para poder
resolver el problema que proyectamos en nuestro día a día.

— EL ESTRÉS DIARIO —

Cuando hablo del estrés diario me refiero a una circunstancia que ocurre comúnmente; por ejemplo, el caso de unos padres que discuten prácticamente cada día. Ella le recrimina a él que casi siempre llega tarde a casa y que, cuando lo hace, solamente se ocupa de sus cosas, olvidándose de las necesidades familiares y de los hijos. Es un ejemplo muy común en mis consultas. A estos padres se les cataloga como «padres ausentes». Hay que tener en cuenta que el concepto de «padre ausente» no es un juicio del inconsciente, porque significa que este padre puede estar en la cárcel, en el bar o, sencillamente, en casa sentado en el sofá y viendo la televisión. Es un padre que no se involucra emocionalmente en los quehaceres y necesidades de los hijos y, por tanto, la atención emocional brilla por su ausencia. Es un padre que va a la suya, es proveedor, pero poco más.

Siempre evito y enseño a evitar la proyección de la culpabilidad. Desde hace tiempo utilizo el concepto de «resonancia». La manida frase «Dios los crea y ellos se juntan» vendría a ser el ejemplo perfecto de lo que expongo, donde se aprecia que las personas llevamos informaciones que nos atraen o nos repulsan. Cuando investigamos acerca de cómo era el padre de la mujer que vive esta ausencia emocional, casi siempre comprobamos que esta repite los patrones de conducta de su madre. La mujer que consulta está viviendo el estrés diario que vivió su madre; es un aprendizaje inconsciente, una información que se acabará expresando tarde o temprano en su vida.

Veamos algunos ejemplos de madres e hijas que viven esta situación, bastante común en muchos países, sobre todo de habla hispana, que conozco muy bien, después de todos mis años viajando por los países de América Latina.

Motivo de consulta

Es por un problema de insomnio. En el desarrollo del ejemplo, el lector entenderá el porqué del insomnio, el sentido biológico que tiene. Es una demostración de cómo el inconsciente biológico se adapta al ambiente, sea este real o virtual.

Escenario

La mujer que me consulta comenta que siempre ha vivido con su madre, la cual se pasa la vida recogiendo perros y gatos de la calle y, de paso, también lleva a personas que viven en la calle a su casa para cuidarlas y atenderlas.

Escenario actual

Mi consultante se ocupa de su madre y de los animales, y es testigo de las discusiones de sus padres, que siempre son por el mismo motivo: la obsesión por el cuidado de los animales. Es un ambiente muy estresante para ella, sobre todo porque se siente «obligada» a cuidarlos.

Resonancia

La abuela de la consultante, la madre de su madre, es una mujer que no se ocupa de sus hijos, solamente está pendiente de su marido, pues este siempre tiene «líos de faldas». Su obsesión es que su marido no se vaya de casa, cosa que aparentemente consigue, aunque emocionalmente él está del todo ausente.

En este ambiente emocional, el aprendizaje es, como mínimo, doble:

- No confiar en los hombres, algo que mi consultante cumple a la perfección pues no tiene pareja ni mantiene ninguna relación.
- Una gran carencia de cuidados maternales, que extrapola cuidando a su madre y a toda la familia anexa.

Toma de conciencia

La mujer comprende su programación y hasta qué punto sus conductas son como una especie de hipnosis. Su insomnio es consecuencia de un estado de alerta constante, de no dormir para, de esta manera, poder vigilarlos a todos.

Recapitulación

Podemos ver hasta qué punto la información de nuestros padres y abuelos no se pierde. El exceso es, en este caso, una falta de cuidados de los hijos. Para el inconsciente, los gatos, los perros, los padres son lo mismo que hijos. Estos, obviamente, son simbólicos. Hay un miedo profundo al abandono, y este se transforma en «no abandonar». Para el inconsciente, que yo abandone o sea abandonado es lo mismo, pues él no es dual.

Motivo de consulta

Mujer que tiene un problema de útero desde hace tiempo.

Escenario

Vive con sus dos hijos, que son de diferentes padres. Se queja de que su pareja actual es como otro hijo. Este abusa de su hija con tocamientos y ella, pese a saberlo, sigue con la relación.

Reflexión

Muchas veces, antes de avanzar en la consulta, hago pequeñas reflexiones a mi clienta, sin esperar ninguna respuesta por parte de él o de ella. ¿Cómo es posible que una madre que sabe esto no actúe? Ante esta pregunta, no sabe qué contestar. Todo son justificaciones. Le saco de su aturdimiento con una explicación: está viviendo un estado de hipnosis, provocado por una programación inconsciente muy dura.

Siguiendo la investigación, hay que encontrar los ambientes emocionales estresantes. Son los programas que heredamos en edades tempranas y, como hemos visto, pueden marcar nuestra vida.

Escenario cuando era niña

Comprendemos que su madre no le dio nunca afectividad. Ella nació de un matrimonio que no se quería. La madre de nuestra consultante sufrió la violación dentro del matrimonio. Nuestra consultante siempre vivió en un ambiente de gran carencia afectiva y de cierto rechazo por parte de su madre. Este estrés diario y constante ha conformado su personalidad y su conducta.

Toma de conciencia

Tiene miedo al abandono, a la soledad. Ella está programada, condicionada al miedo por abandono, fruto de una gran carencia afectiva. La experiencia me ha demostrado que una persona con esta cualidad acostumbra a emparejarse con otra persona con la polaridad complementaria, tal como sucede en este caso, en el que su pareja fue muy sobreprotegida por su madre. Son dos excesos, en los cuales se manifiesta una inmadurez emocional que hace que se desarrollen conductas con poco sentido común.

Reflexión final

Conociendo el simbolismo y el sentido biológico de cualquier síntoma, entendemos el por qué esta mujer viene a nuestra consulta. Hemos comprendido su estado emocional y, sobre todo, su manifestación física: la extirpación del útero. Es una solución del inconsciente biológico; si no hay útero, no hay hijos y estos no están en peligro. Nunca olvidemos que el inconsciente no razona, es muy simplista y pragmático –por así decirlo– en sus soluciones.

Para terminar con los ejemplos, veamos uno muy trivial que demuestra que no hacen falta grandes ambientes estresantes para comprender los automatismos que guían nuestras vidas y condicionan nuestras relaciones.

Estoy impartiendo un seminario en Ciudad de México, concretamente estoy explicando la importancia de tomar conciencia de lo programados que estamos, de la hipnosis que nos condiciona, como consecuencia de aprendizajes inconscientes cuando éramos pequeños.

Le pregunto a una señora:

¿Qué es lo que más te molesta de tu marido?
«No soporto que cada día, a las siete de la mañana, tenga que despertarlo y decirle todo lo que tiene que hacer. Siempre se termina levantando cuando nos vamos de casa mi hija y yo.»

¿Qué decía tu madre en relación a tu padre?
«Mi madre me decía: "A tu padre siempre tengo que decirle lo que tiene que hacer".»

Toma de conciencia y comprensión
Es una letanía constante, diaria, que se incrusta a modo de hipnosis en la mente de la niña. La consultante aprende este comportamiento, lo integra –lo que vivimos en edades tempranas se convierte en una semilla– y sencillamente lo repetimos. Es una conducta aprendida.

— UN DIÁLOGO ABIERTO CON LOS PADRES —

A estas alturas, muchas personas se preguntarán qué hay que hacer, cómo actuar, si seguir igual o intentar introducir algún cambio. Podemos estar inmersos en un mar de dudas. No hay una respuesta concreta a esta y a otras preguntas, ni tampoco soluciones para todos los gustos. Las respuestas pueden ser muchas y variadas. Ante el mismo problema, la solución no es «café para todos» o «tómense la pastilla roja». Cada persona es un mundo; cada ambiente, una experiencia, y cada clan tiene sus informaciones y sus necesidades. Lo que le puede ir bien a uno no quiere decir que te vaya bien a ti. Dar consejos es inútil, porque el consejo que das es una proyección. Esto quiere decir que, en realidad, es el consejo que tú necesitas. Hay que huir de los consejos, hay que aprender a indagar, a escucharse, a investigar tu infancia, el ambiente emocional que viviste en tu casa.

Debemos observar objetivamente, sin condenación, con una mente que comprenda que tus padres son lo que son y no sabían más. Que ellos también llevan la información heredada de su ambiente, y que tú tienes la oportunidad de reparar lo que ellos no pudieron o no supieron hacer.

Hablar con la madre, con el padre, aunque no hablen entre ellos. Establecer un diálogo abierto, lleno de comprensión, de calidad. Ellos, muy probablemente, se resistirán a hacerlo porque hay mucho dolor y culpabilidad en el inconsciente. Prefieren olvidar, pero esto no es posible. Hay que insistir, con una mente sin prisas, una mente que sabe que todo tiene su tiempo, sus procesos emocionales. Al final, se produce una liberación cuando se comprende para qué los largos silencios, las noches en vela, los sentimientos de ineptitud, de no valer nada, de no saber ejercer de padre o madre.

Liberándose el hijo y la hija, liberan así a sus padres. Los hijos se sienten libres de vivir sus vidas y los padres se quedan en paz. Los hijos experimentan un sentimiento de perdón porque no hay nada que perdonar, se manifiesta en ellos una mente inundada de comprensión, que sabe que no debe y no le deben nada, una mente que prosigue su vida sin mirar atrás.

Así es como debería ser el diálogo con nuestros padres, con una actitud en la que los juicios estuvieran ausentes, una actitud de no posicionamiento, de respeto a tus propios sentimientos y emociones. Llegamos a ese punto cuando comprendemos que hemos heredado una información que se manifiesta en nuestras vidas y que podemos trascender, gracias a que la sacamos a la luz de la conciencia. No queremos cambiar a nadie porque esto no es posible. La tranquilidad de la mente y la paz interior no dependen de ello. Esta mente ya no actúa por obligación, como cuando se hallaba atrapada por el famoso recurso justificativo, por los «tengo que», los «debo». Ahora es una mente sin ataduras emocionales, que respeta y que actúa libremente cuando así lo siente.

— MAMÁ, DIME QUÉ PASÓ —

Cuando alguien se da cuenta de que repite relaciones, o experiencias, cuando se siente atrapado en situaciones recurrentes y siente en su ser que su vida no tiene salida, tiene un recurso que le permitirá respirar, que le aportará tranquilidad de espíritu. Me refiero a hablar con su madre. Ella es la puerta de este bloqueo emocional. Ella, sus vivencias, sus emociones y sus sentimientos han sido transferidos a nuestra psique, antes, durante y después de la gestación, como mínimo hasta los tres años.

Nuestra madre es el prisma en el que converge la información condensada de su familia que se deposita en nuestra mente inconsciente. No nacemos como si fuéramos una cinta de grabación en blanco, lo hacemos cargados de las neurosis y los traumas de nuestras familias. Tenemos que preguntarle a nuestra madre cómo estaba en el momento de nuestra concepción, qué relación tenía con nuestro padre. Pedirle que nos diga sinceramente si fuimos buscados, deseados, o fue un «error», un «no es el momento». Que nos describa el ambiente emocional estresante que había en la familia y las relaciones que envolvían al núcleo familiar.

Motivo de consulta

Viene a mi consulta una joven con un problema de alergia y rinitis crónica. Quiere saber qué información lleva en su inconsciente, que le hace evitar repetidamente cualquier compromiso con las chicas que va conociendo.

Escenario en el que se manifiesta el síntoma

El síntoma se manifiesta a los once años. «Vivo con papá, mamá y una hermana de quince años. Mi padre trabaja y llega a las nueve de la noche. Mamá trabaja hasta las cuatro de la tarde. Mi padre es cariñoso con nosotras y nosotras no queremos que nos toque (estrés). Mi madre es todo lo contrario, en raras ocasiones es cariñosa.»

Hay que dejar claro que los cariños de papá son precisamente de este rol, o sea de padre.

Ambiente emocional en la gestación

El ambiente emocional de papá y mamá se fundamenta en que ella no quería tener relaciones con él.

Resonancias

¿De dónde procede esta información?

Su hermana tiene muchos novios. Ella, ninguno; dice que mantiene relaciones con una chica, pero que no se considera lesbiana. La abuela materna tuvo siete hijos y el abuelo trabajaba en una fundición. La relación entre ellos era nula; la abuela se sentía utilizada y además «el abuelo olía fatal».

La relación con la hermana es de enfrentamiento constante. No se da cuenta de que llevan la misma información y la expresan de forma complementaria: su hermana tiene relaciones con quien le apetece; ella no tiene ni ha tenido nunca relaciones con hombres. Declara una relación con una mujer, sin que ella se considere lesbiana. Se insultan. La primera le dice a su hermana «monja» y esta le responde «tú, puta».

Toma de conciencia

El rechazo a papá –a los hombres– no es suyo sino de su madre y de la abuela. El sentido simbólico de la nariz es «no querer oler a machos». La nariz tiene un simbolismo, en muchas situaciones, de sexualidad. Recordemos que los animales, cuando se encuentran, se huelen el sexo para saber si la hembra es receptiva o no.

— ¿RECUERDAS LOS ABRAZOS DE MAMÁ Y DE PAPÁ? —

Yo no los recuerdo; tuve que hacer una hipnosis profunda para saber cuándo mi madre me abrazó la última vez. La hipnosis me llevó a cuando tenía un año y empezaba a andar. Ella me cogió en brazos y me felicitó, seguidamente me entregó a mi padre. Fue una experiencia brutal, «real» diría yo. La psique guarda todos los recuerdos, absolutamente todos. Estos conforman y dirigen nuestra vida.

También recuerdo la incomodidad que sentía cuando alguien me mostraba su cariño. Era un niño rebelde, arisco. Siempre estaba peleándome con el primero que me contradecía. Me castigaban y varias veces fui expulsado del colegio. Me costó recibir un abrazo. Cuando veía a la gente que se abrazaba por todo o por cualquier cosa, sentía asco y, como mínimo, rechazo.

Mostrar cariño y aceptar el que me ofrecían fue toda una proeza. Cuando alguien decía que me quería, yo manifestaba un rechazo inmediato. Llegaron los años cruciales, los quince años, los dieciséis. Mi corazón latía a otro ritmo cuando estaba con una chica de mi misma edad. Un día, me atreví a cogerle la mano —fue mi primer contacto de cariño— y, de repente, en un cruce, vi el coche de mi padre. Él me miró, yo le miré, seguí agarrado a la mano de la chica, no la solté. Cuando llegué a casa, me riñó, pero no entraré en detalles. Aquel día sentí que había dejado de ser mi padre.

Ahora, de adulto, sé que había superado la castración de mi madre y el permiso de mi padre. A este proceso se le llama «el viaje del héroe», es el proceso de individuación que tan claramente nos explicó Carl G. Jung y su amigo Erich Neumann, y que veremos a lo largo de este libro.

Años más tarde, comprendí que nuestra madre no nos deseaba. Ella creía que los hijos los mandaba Dios y tenía que cuidarlos. En una de mis conferencias, al terminar se me acercó una señora —me recordó inmediatamente a mi madre— y me dijo: «Hola, Enric, soy una sobrina de tu madre. Tienes razón cuando dices que sientes que tu madre no te quiso. Yo te cuidé los dos primeros años de tu vida. Ella siempre estaba ocupada, no sé muy bien en qué. Eras un niño precioso y estabas solo. Venía cada día a tu casa, te sacaba a pasear por el parque del pueblo. Tu conferencia me ha dado paz; desde entonces y, de esto hace más de sesenta años, tenía un gran resentimiento contra tu madre. Espero y deseo que ahora que sabes la verdad, te quedes en paz».

Después de esta experiencia, algo se tranquilizó en mi interior. No era una elucubración mía, era un hecho real. La vida me dio un hijo que nos abrazaba a todas horas. Un día me dijo: «Papá, yo te doy todos los abrazos que tu padre no te dio. Él no sabía darlos, pero sí que te quería». Cuando siento que mis fuerzas flaquean, cuando las circunstancias de la vida me llevan a una situación de agobio, siempre tengo el recurso del abrazo de mi hijo.

La vida es generosa cuando estás en paz. Cuando comprendes que tus padres no supieron o no pudieron hacerlo mejor, esta los sustituye, y, hoy en día, gracias al trabajo que hago, recibo cientos, por no decir miles de abrazos. Si tus padres no te abrazan, entonces la solución es muy simple: ¡¡¡abrázalos tú!!!

• RECORDEMOS •

- No olvides preguntar a tus padres cuál fue el estrés —el ambiente— que vivieron cuando estaban gestándote.
- Mamá, papá, cuidad vuestro estado emocional durante la gestación de vuestros hijos y en sus primeros años.
- Libérate de los juicios que has hecho o haces sobre tus padres. Ellos tuvieron y mamaron su ambiente emocional.
- Observa tus emociones, no las justifiques, ellas son el camino.
- Nunca olvides que, en tu dependencia emocional, hay una demanda.
- La psique guarda todos los recuerdos, absolutamente todos.
- Comprender es un paso, el gran paso para tu bienestar.
- La comprensión se fundamenta en:
  - Una mente que no quiere cambiar a nadie, sabedora de que esto no es posible.
  - Una mente que sabe que no debe nada y no le deben nada.
- La vida es generosa cuando estás en paz.

CAPÍTULO III

HERENCIAS EMOCIONALES: UN CASTIGO O UNA OPORTUNIDAD

Lo importante no es vivir, sino vivir dando sentido a tu vida.

....

La relación de mis padres, su relación con los suyos, sus estados emocionales, son el marco urgente de autoindagación para poder hacer frente a la vida cuando llegue el momento de mi emancipación.

....

En este capítulo voy abordar una de las claves que condicionan nuestra vida, por no decir «la clave», debido a su importancia, más que relevante, en nuestras futuras relaciones interpersonales. Es el ansiado momento de tomar decisiones, de gestionar nuestras dificultades, en definitiva, el proceso de individuación, que se manifiesta en toda la naturaleza y que coincide con el cambio hormonal.

Para llevar a cabo un proceso de individuación sin traumas sería preciso que: si desde joven uno aprende a observar al «yo sufridor», empieza a darse cuenta de que sus reacciones emocionales tienen un sentido y que están condicionadas por los estados emocionales de los padres. Observar estas reacciones sin enjuiciarlas y observarse a uno mismo te lleva a un estado de quietud mental, a huir del victimismo y a ser responsable, haciendo lo que debas hacer sin resentimientos y con una mente libre de culpas.

Como ya hemos visto anteriormente, los estados emocionales de nuestra madre y de nuestro padre condicionan nuestros estados emocionales desde antes de la gestación, y, por supuesto, en el vientre materno. Nuestros padres, a su vez, expresan en su relación los aprendizajes de sus respectivos entornos familiares. Lo espectacular de todo ello es que estas energías —informaciones— se complementan de una forma maravillosa y, cuando menos, sorprendente, por su precisión.

Los padres, sobre todo las madres, deben ser conscientes de lo importante que es su equilibrio emocional en la educación de sus hijos, y deben hacer un frente común. En las madres pongo mayor énfasis por un hecho evidente, pues llevan a sus hijos en su vientre durante la gestación. Ni que decir tiene que el estado emocional de una mamá está influenciado por el del papá. Por ello, este, en unos momentos tan importantes y críticos, debe procurar que la mamá se sienta bien cuidada y respaldada. Tomar conciencia de la importancia de cuidar los futuros estados emocionales de nuestros hijos, especialmente en esta etapa de gestación y en los primeros años de vida, es uno de los mayores regalos que podremos darles.

— LA RELACIÓN CON LA MADRE —

En este apartado pretendo dilucidar los tipos de vínculos emocionales que podemos crear con nuestra madre y comprender cuáles son y cómo se expresan en nuestras vidas. De este modo, aprenderemos a gestionarlos y encontraremos un equilibrio emocional que nos permita establecer una relación sana y coherente con ella. Conviene tener presente que, cuando nuestra madre estaba en el vientre de la suya, allí también se engendraban sus ovocitos, uno de los cuales será el artífice de nuestra vida.

Todos hemos estado, si no han surgido problemas, nueve meses en el vientre de nuestra madre. Mamá y yo somos uno. Lo que siente mamá nos afecta y puede condicionar nuestra vida. Pero hay que tomar conciencia de que no solamente heredamos los estados emocionales de mamá, sino que también heredamos los de nuestra abuela. Esta información se manifiesta en las vidas de los hijos, sobre todo de las hijas y de los nietos. Hay un conocimiento ancestral, que cree que la raza —la estirpe— la da la mujer.

Un período fundamental que afecta a nuestra estructura emocional es el que va desde el nacimiento hasta los seis o siete años. En este período todo lo que el niño ve, vive y oye va conformando su personalidad. Los padres no son lo suficientemente conscientes de cómo van transmitiendo comportamientos, actitudes, recursos emocionales y capacidades frente a los diferentes avatares de la vida.

Un ejercicio de autoindagación sería recordar —como ya vengo puntualizando— el ambiente emocional que se vivió en casa durante este período de tiempo.

En muchas culturas, la educación y el cuidado de los niños en los primeros años de vida se deja en manos de las abuelas. Normalmente, los padres tienen que trabajar, lo hacen duramente, en condiciones precarias y muchas veces con grandes esfuerzos. En casos más extremos, algún hijo es entregado a una tía, o a algún familiar. Este hijo acostumbra a no ver a sus padres durante años, y, cuando se reúnen, el niño se encuentra totalmente desubicado en todos los aspectos.

Motivo de la consulta

Una señora expone su preocupación en mi consulta: «No soporto que me griten, ni oír grito alguno. No soporto a mi marido, porque me grita y me recrimina todo lo que hago».

Escenario cuando era pequeña

La entregan a su abuela materna desde los primeros meses de vida. Su abuela vive en un lugar apartado, en medio del campo, lejos de vecinos y lejos de cualquier lugar. Tiene una edad avanzada, habla poco, se ocupa del huerto y del los animales de la granja. La niña la sigue por todas partes y hace lo que ve.

Mi consultante va creciendo y con ello aprendiendo los quehaceres propios del lugar donde vive. Un día –cuando la niña tenía siete años– su mamá la vino a buscar. Esto le afectó profundamente, en realidad le provocó un shock emocional porque no sabía quién era aquella señora, y, aunque le habían dicho que era su madre, esto aún la angustiaba más.

Escenario con su mamá

La convivencia con su madre hizo que su ambiente cambiara porque esta gritaba a todas horas y discutía con su padre casi a diario.

Le pregunté a mi consultante cómo había vivido esa nueva situación, y ella respondió: «Me sentía aturdida, no sabía qué hacer, cómo comportarme. No hablaba casi nada».

Me doy cuenta desde el primer momento de que la consultante habla muy lentamente, como pensándose sus palabras, como si las repasase una y otra vez antes de decirlas. Su voz es un susurro pausado y lento, y tengo que hacer esfuerzos para no decirle «venga, habla, por favor».

Escenario actual

Como explica desde un principio, su marido le grita y le recrimina todo lo que hace. Ella mantiene su relación y no sabe por qué.

Escenario de su marido (espejo)

Le pregunto por el ambiente en el que vivió su marido. «Mi marido ha vivido en un ambiente de discusiones continuas entre sus padres. Le gritaban y le castigan por todo», me cuenta con un semblante sereno. Observo cómo su mente, su comprensión, se abre, y le hago una observación: «Ahora que ya empiezas a tomar conciencia de vuestros ambientes emocionales de pequeños, te darás cuenta de que se complementan. ¿Qué te parece? ¿Para qué crees que estáis juntos?».

Toma de conciencia

La señora tiene la certeza de que hay un sentido, un para qué de su historia. No comprende cómo puede aguantar la situación conflictiva y el gran estrés que vive a diario con su pareja. «Dejo de hablar con él cuando me grita», me dice con una sonrisa que denota su toma de conciencia, la comprensión de que su silencio es su refugio.

Entiende que su marido lleva la misma información y él la expresa con la polaridad complementaria de ella; frente a su silencio, él grita. Es lo que ha aprendido desde pequeño. También comprende que ella siempre ha vivido en el silencio, y que no sabe gestionar la situación de estrés.

El lenguaje corporal de la señora es muy claro: baja la cabeza, piensa sus palabras, observa sus pensamientos, y al rato me mira a los ojos con un semblante sereno: «Estamos juntos, mi marido y yo, porque ambos estamos en posturas extremas como fruto de nuestra "hipnosis" en las edades tempranas. Estamos juntos –me repite–, para tener una oportunidad de acercarnos, para aprender el uno del otro. Él, para aprender de mí a ser más dulce y más suave; yo, para ser más asertiva y para que cuando convenga dé un grito, si cabe. En vez de castigarle con no hablarle durante semanas, pues no consigo arreglar nada, salvo provocarnos sufrimiento y dolor, lo que tengo que hacer es hablar y valorarme más». Termina así su reflexión, con una leve sonrisa. Este es el estado de comprensión por el que abogo.

Recapitulación y reflexión final

Las experiencias son oportunidades de trascender profundos conflictos emocionales. Repetimos las experiencias que están impresas en nuestro inconsciente. Estas son complementarias, es decir, lo que entenderíamos por contrarias, pero en realidad es la misma información con polaridad diferente. No se trata de separarse, sino de comprender y, entonces, elegir quién quieres ser en esta situación. Por eso la reflexión de este capítulo es: castigo u oportunidad. Son dos opciones de vida.

La experiencia que vivirás será según la conciencia con la que elijas vivirla. Siempre tienes el poder de elegir. Esto será fácil con una mente en estado de comprensión.

El ambiente emocional de la mamá

Si hay un ambiente emocional que nos afecta directamente a todos es el ambiente en el que nuestra mamá vivió cuando estábamos en su vientre.

Veamos algunos escenarios comunes:

1. Papá está ausente. Cuando me refiero a la característica «ausente», hay que entender las siguientes posibilidades: papá ha fallecido, está trabajando hasta muy tarde, está con los amigotes en el bar hasta altas horas de la noche, está en la cárcel, está en casa haciendo sus cosas. Todas ellas y algunas más el inconsciente las vive de una manera muy simple: «papá no está» porque el inconsciente no tiene la capacidad de juzgar, simplemente recibe la emoción.

Una de las muchas consecuencias de esta ausencia es que la mamá se siente sola, abandonada, vive estados emocionales de tristeza, de separación, etc., que nutren al bebé que lleva en sus entrañas. Cuando nace el bebé, la madre, que vive en esta situación emocional, proyecta sus carencias afectivas sobre el hijo o la hija. Cabe la posibilidad —mi experiencia me lo ha mostrado con creces— que, si el bebé es niño, la madre lo sobreproteja, y, si es niña, proyecte en ella su frustración de mujer. Esto puede provocar ciertas adicciones emocionales, ciertas dependencias que crean sufrimiento y afectan a las relaciones de estos hijos con sus futuras parejas.

Cuando este bebé se hace adulto y establece una relación, vemos muchas veces que se repiten situaciones y relaciones, que son repeticiones de los estados emocionales maternos, tal como vengo diciendo.

Un joven, después de manifestar en mi consulta que consumía y vendía estupefacientes, me contó: «Mi madre siempre me decía que, si por ella fuera, me encerraría en un armario lleno de algodones y no me dejaría salir. Mi padre era alcohólico, llegaba siempre tarde a casa hecho un asco; mi madre aguantó esta situación mucho tiempo. Hoy puedo comprender que ella se volcó en mí. Yo era quien daba sentido a su vida, su soporte emocional; fui muy sobreprotegido. Mis relaciones eran y son siempre las mismas: mujeres que se comportan más como madres que como pareja. Ahora también comprendo a mi hermana, que es menor que yo, porque vive con un hombre que se parece mucho a nuestro padre. La maltrata, llega borracho a casa, y ella aguanta y aguanta. Nuestra madre no nos trataba igual, ella era como el segundo plato, yo, siempre el primero».

2. Mamá está ausente. Es un escenario que se repite con asiduidad en mis consultas. Son madres que hacen de madre de sus madres. Su prioridad es atender a su madre, cuyos rasgos tienen que ver muchas veces con lo explicado en el punto anterior: hijas con gran carencia afectiva, condicionadas por la relación con su madre. Su atención está más supeditada a buscar el afecto de mamá que una relación de cariño auténtica. Su obligación se manifiesta en estados emocionales alterados. Pierden el sentido de la responsabilidad, no tienen criterio para entrever cuándo se las necesita de verdad y cuándo le demandan atención. La madre les sigue proyectando su carencia afectiva con una conducta y un comportamiento de control y de demanda constantes.

Este comportamiento crea conflictos continuos en el ambiente del matrimonio. El hombre se siente desatendido, en muchas ocasiones él está más pendiente de los hijos que la esposa. Transcribo aquí algunas frases que he oído muchas veces y que dan fe de lo que estoy exponiendo y del sufrimiento que producen:

- «Me siento obligada a ir a casa de mi madre a celebrar su cumpleaños; si no voy, me hace sentir culpable»;
- «Tengo que llamar a mi madre cada noche. Si no lo hago, se enfada».

Algunas consecuencias más de lo que vengo exponiendo son los siguientes ejemplos que he visto en mi consulta:

- Hombre que tenía fobia a salir a la calle. Su madre nunca le dejó salir de pequeño, y, actualmente con cincuenta años, aún dormía con su madre.
- Mujer que cree que su marido no la comprende. Ella tiene una madre que, cuando aparece un problema con su pareja —que no

es el padre de mi consultante—, llama a su hija y la involucra emocionalmente; esta entonces lo proyecta en su pareja.
- Hombre con un problema de pulmón. El sentido simbólico del pulmón es el de territorio, el espacio para poder respirar. Él hace todo lo que su madre le dice. Esta se entromete en la educación de sus hijas. La queja de él: «Mi madre me tiene ahogado. No puedo hacer nada sin que ella intervenga, que se meta con la educación de mis hijas es lo último». Me recalca que su madre tiene a todos sus hijos «sometidos» a sus deseos: «No nos deja vivir, y no soporto que se meta en la vida de mis hijas».

—LA RELACIÓN CON EL PADRE—

Tan fundamental como la relación con la madre, es la relación con el padre. Pretender lo contrario es un grave error. Pensar que la madre es lo más importante es caer en el posicionamiento de que el padre cuenta poco o simplemente no cuenta en la educación de los hijos. Así se ha entendido durante muchos años, y así lo ha vivido el hombre, creyendo que la educación de los hijos era cosa de mamá, y que su función era poner orden y disciplina. Muchos hijos son educados de forma distinta según su género. Las madres han sido las primeras en marcar esta diferencia. No hace mucho, estudiar era cosa de los varones, ya que el futuro de las hijas pasaba por un buen matrimonio, en el que pudieran educar a sus hijos con comodidad. En muchas familias, el padre está para poner orden y dar permiso, y poco más.

Motivo de la consulta

Una mujer manifiesta en mi consulta que no soporta el desorden.

Escenario actual

«Tengo todas las cosas en un perfecto orden, como por ejemplo mis libros, que están ordenados por temas y por tamaños.» Se queja de que su marido tiene su despacho con los papeles y los libros puestos de cualquier manera.

Escenario de pequeña

Le pregunto: «¿Cuál es el estrés emocional en tu casa cuando eras pequeña?».

Ella me cuenta que, con cinco años, «cuando mamá creía que papá estaba a punto de llegar, nos peinaba, nos aseaba y nos hacía estar sentados todos en orden en el sofá. Ella se ponía al lado, de pie, sin moverse. Podíamos estar esperando una hora. Cuando papá llegaba a casa, ella lo recibía con una sonrisa, le daba un beso y después –en orden– todos dábamos un beso a nuestro padre. Entonces él se iba a sus cosas, y mamá, a las suyas».

Escenario de su pareja (espejo)

Los padres de su marido nunca estaban en casa, él hacía lo que quería y nadie le reñía ni nada parecido. No había hora para comer, ni para dormir, ni tampoco para hacer las tareas de la casa.

Toma de conciencia

Para ella su padre representaba la disciplina y el orden. Su relación con su pareja es una situación de complementariedad. Él tenía unos padres que no estaban nunca, no había orden en nada. Ella comprende que están juntos para que dejen de estar posicionados y encuentren un punto de respeto y de flexibilidad. Tienen que aprender el uno del otro. Cuando ella le recrimina algo a su marido, él se posiciona aún más. Todo empieza por la aceptación y luego viene la comprensión. En este estado surgen otras oportunidades.

El ambiente emocional del padre

A lo largo de todos estos años, vengo observando hasta qué punto el ambiente emocional familiar marca la futura conducta de un hijo varón.

¿Qué referente masculino tenía papá?, me pregunto. ¿Estaba implicado emocionalmente en la educación de sus hijos, o simplemente hacía acto de presencia? ¿Ocupaba este espacio emocional con frases del tipo: «No seas muy duro con él —refiriéndose al hijo—, no le grites»; «Si no te portas bien, se lo diré a tu padre»; «Cuando venga tu padre, te castigará»; «Tu padre siempre está trabajando, no le molestes con tus tonterías, díselo a mamá»?

Hay dos escenarios que suelen repetirse:

1. Para papá, su madre es lo primero: En muchos casos, para papá, su madre es lo primero: son los hombres que están casados —inconscientemente— con sus madres. Antes de ir a casa, pasan por la de su madre, la llaman a diario y permiten que sus madres se inmiscuyan en las problemáticas del matrimonio. Muchas mujeres comentan: «No sé si estoy casada con mi marido o con su madre».

Estoy en un restaurante del barrio de Puerto Madero, en Buenos Aires. En la mesa de al lado, una pareja habla de sus cosas, muy pendientes el uno del otro. De repente, suena el teléfono móvil, él lo coge, lo mira y lo para. Ella le pregunta: «Tu madre, ¿verdad?». Él, con un rictus en su cara —como diciendo: «¡Qué le vamos hacer!»—, deja el teléfono y se hace un silencio. Esta escena, que apenas dura un par de minutos, refleja una realidad preocupante: madres que no saben soltar a sus hijos, que no saben ver que ellos ya pertenecen a otras mujeres.

2. Papá no habla con su padre: Es importante saber qué relación tenía nuestro padre con el suyo. ¿Papá estaba implicado emocionalmente en nuestra educación o simplemente «estaba»? ¿Compartía contigo sus sueños y te preguntaba por los tuyos? ¿Participaba en tus actividades extraescolares; estaba pendiente de tus avances y dificultades en los estudios? ¿Era un apoyo, un referente, al que le podías contar tus preocupaciones, o simplemente te escondías de él, le evitabas y, sobre todo, procurabas que él no supiera lo que hacías y con quién ibas?

Todas estas reflexiones deben tenerse en cuenta, pues podrían estar condicionando tu vida y tus relaciones.

— LA RELACIÓN CON NUESTROS PADRES—

Muchas veces hemos oído decir que «los padres aman a sus hijos de manera incondicional». Hay que alejar este mito de una vez por todas. Hay padres que no saben amar, no se aman a sí mismos y no establecen un vínculo saludable con sus hijos. Ahora lo que cabría preguntarse es si existen padres realmente crueles. Voy a entrar en un terreno resbaladizo, que puede doler, que nos señala a cada uno de nosotros en particular y a nuestra sociedad en general. Lo hago precisamente por ello, por su implicación e influencia en nuestras vidas, primero como hijos y después como padres, si alguna vez nos sentimos con fuerza para serlo.

Antes de sumergirme en esta problemática, vuelvo a insistir en que nuestros padres están muy marcados por la educación recibida de sus propios progenitores y por las herencias de programas, algunas veces muy tóxicos, que conformaron su psique. Plantearé la hipótesis de que las informaciones recibidas, los programas heredados de nuestros clanes familiares y de nuestra sociedad en general, condicionan nuestra vida hasta un punto que no podemos llegar a imaginar. Creo con firmeza que vivimos en un estado de hipnosis colectiva —al que llamo «zombilandia»— y creemos erróneamente que somos libres de elegir y tomar decisiones en el día a día. No soy el primero en decirlo, ni mucho menos. Es una percepción que ya expusieron, por ejemplo, psicoanalistas como Josephine Hilgard, Nicolas Abraham o Maria Torok, que nos dice que un síntoma es la manifestación de una carga emocional que los ancestros no han sabido gestionar. El doctor William Braud emplea el concepto «momento semilla» para referirse a «etapas en las que se originan eventos o síntomas corporales saludables o dañinos que se pueden manifestar más tarde en la vida cronológica de una persona».

Cuántas veces no habré visto en mis consultas a personas que repiten las historias de sus padres y sus problemáticas, sus relaciones, en definitiva, sus experiencias. Y todo, *¿para qué?* Esta es la pregunta que este libro trata de contestar. Lo haré mediante las posibles respuestas que nos da la ciencia a través de la epigenética. Los psicoanalistas fueron los primeros que comprendieron que las informaciones de nuestros ancestros se transmiten de generación en generación, que nada se pierde y que las experiencias se transmiten porque en ellas hay una posibilidad de trascenderlas. Propongo vivirlo como castigo o como oportunidad.

No me cansaré de repetir, una vez más, que me adentro en este análisis con un profundo respeto a nuestros padres, sabedor de que ellos, como mínimo, no lo supieron hacer mejor. Por eso no habrá culpabilidad, un sentimiento al que tenemos un enorme apego porque está adherido en lo más profundo de nuestra psique como resultado de enseñanzas seculares.

— PADRES TÓXICOS —

Existen padres realmente crueles. Tienen la capacidad de hacernos sentir inútiles, de manipular nuestras vidas, de hacernos dependientes, de hacernos vivir con una culpabilidad «eterna». Son padres que nos roban nuestras vidas, como consecuencia de unas creencias que nos condicionan y nos atrapan en un callejón sin salida.

Muchos de los hijos de estos padres viven en una especie de montaña rusa de amor y odio, de impotencia, de incomprensión, y muchas veces acuden a mi consulta con graves problemas de autogestión emocional y de muchos tipos de adicciones.

Estos padres presentan unas características muy claras:

- No les falta una oportunidad para decirte lo poco capaz que eres de hacer las cosas.
- Te dirán lo bueno y lo inteligente que eres, añadiendo que serás un buen abogado, un buen médico o un buen lo que sea.
- Te apoyarán, siempre que hagas lo que ellos te digan.
- Padres que están enfermos, con síntomas reales o inventados. Estos últimos son muy frecuentes, pues llaman constantemente a sus hijos para decirles lo mal que se encuentran. No les dejan respirar, les condicionan sus vidas, sus vacaciones, en definitiva, su

libertad. Los hijos son incapaces de darse cuenta de la manipulación en la que viven.

- Padres que se inmiscuyen en todo lo que hacen sus hijos, con quién salen, adónde van. Lo hacen con una intención inquisitiva, no de libertad y de confianza. Obligan a sus hijos a que les cuenten todos los detalles y, al final, estos acaban mintiendo.
- Están los padres que se desviven, que no dejan ni respirar a sus hijos. Su cariño ahoga, no ven que sus hijos se hacen adultos. Critican sus amistades, sus parejas, su todo.

Estoy viendo por televisión la vida de Jorge Bergoglio, el que ahora es el papa Francisco. Siento una profunda admiración por su trabajo, por ello he seguido y he leído su vida, su sacerdocio, su implicación y su coherencia en lo que él cree y en lo que hace o puede hacer.

Escenario de estrés

La historia cuenta que su madre quería que fuera médico. Su padre tiene poca relevancia –al menos esto es lo que percibí– en la educación y en las decisiones de su hijo. Se le ve un joven apuesto y con éxito con las jóvenes de su época. Tenía una novia bonita, que estaba muy enamorada de él. Su madre ya había idealizado su vida, su matrimonio y su profesión.

Vivir con coherencia

Un día, Jorge habla con su madre y le confiesa su vocación –¿dónde está papá?–, ella se entristece, y de alguna manera lo repudia, pues se apartó de él durante mucho tiempo –no recuerdo cuánto–. La historia deja muy claro lo que pasó: él siguió los dictados de su corazón, aceptó que su madre no le hablara. Un día, siendo arzobispo, se encontró a su madre arrodillada frente a él, dispuesta a recibir la comunión.

Reflexión

La familia es muy importante –fundamental, diría yo–, nos protege, nos sustenta y sobre todo tendría que ser el trampolín para que cada miembro del clan alcanzase sus sueños o desarrollase sus cualidades. Muchas veces esto no es así, los padres proyectan en sus hijos aspectos que ellos no pudieron o no fueron capaces de realizar, en otras ocasiones hay celos, y la mayoría de las veces limitan los derechos del individuo frente a sus deberes.

Otra historia, no de un personaje tan relevante pero con las mismas características, es la de un joven que quería estudiar psicología y su madre estaba empeñada en que tenía que estudiar medicina, sí o sí. Me explicó que estaba en la universidad, haciendo cola para matricularse en medicina, y de repente se cambió de fila –«Fue un impulso», me dijo– para matricularse en psicología. Su madre estuvo más de un año sin hablarle.

Motivo de la consulta

«Quiero ser independiente y en mi casa no me dejan», me comentaba un joven.

Escenario de estrés

«¿Qué pasa?», le interpelé. A lo que me respondió: «Mis padres me obligan a entregar todo el dinero que gano. Aducen que, cuando ellos estaban en su casa, así es como se hacía». «Te quedarás con el dinero cuando vivas solo», le decían. Se sentía atrapado, impotente, les prometía que, si necesitaban de su ayuda económica, no pondría inconvenientes para ayudarles. Pero tenía que ahorrar para poder vivir su propia vida.

Vivir con coherencia

Es el proceso de individuación, a todo hijo le llega el momento de vivir su vida. Es una fuerza que anida en nuestro inconsciente colectivo

No consiguió convencerles, tuvo que irse de casa con lo puesto y empezar a ahorrar fuera del «protectorado» de sus padres.

Toma de conciencia
Yo estoy ahí, dispuesto a ayudar si es necesario, pero nadie puede privarme de vivir mi vida.

Reflexión
Falta decir que es hijo único y que sus padres proyectaban en él su futuro de cuidado y de protección para cuando fueran mayores.

Motivo de la consulta
Una mujer viene a mi consulta con un problema de articulaciones en sus dedos pulgares. Es un síntoma que se le ha manifestado hace unos meses. No comprende para qué.

Escenario de estrés
Hace pocos meses que ha montado un negocio, relacionado con sus estudios. Coincide exactamente cuando empieza el dolor. «Me levanto cada mañana –muy temprano– para limpiar el local y allí empieza el dolor», explica.

Mi pregunta es: «¿Tu dolor empieza al cabo de unas semanas o a los pocos días?». Ella responde: «A los pocos días, y además el trabajo no es tan duro, ni mucho menos».

Escenario cuando era pequeña
Me cuenta que su madre era muy maniática. Cada día, fuera laborable o festivo, levantaba a sus dos hijas de nueve y siete años, a las nueve de la mañana para que limpiaran toda la casa. Las tuvo así hasta que la consultante tuvo treinta y seis años. Consiguió zafarse de su madre porque la convenció de que tenía que ir a España a terminar su formación.

Toma de conciencia

Este dolor se manifiesta cada mañana cuando se levanta temprano para limpiar el local. Es la expresión del «momento semilla» del que he hablado anteriormente. Una memoria de dolor y sufrimiento.

Reflexión

Como podemos ver, nuestro inconsciente no juzga, no diferencia lo que haces y dónde lo haces. Para él, limpiar está asociado a sufrimiento y dolor. El dolor en sus pulgares refleja una solución: «Si me duele, no puedo limpiar».

Motivo de la consulta

Un joven de veintisiete años viene con la siguiente consulta: «Cuando llevo unos dos años con una chica, termino la relación, no sé por qué».

Escenario cuando era pequeño

Averiguamos que su madre le decía desde muy pequeño: tú puedes salir con quien quieras –se refería a las chicas–, diviértete, pero no te cases con ellas. Aquí tenemos una orden hipnótica, es como un mandato.

Toma de conciencia

Cuando dejó de salir con la última novia, su padre le dijo: «¿Cómo es que has dejado a esta chica, con lo buena y bonita que es?». La madre le interpeló inmediatamente: «Déjalo que se divierta, ya encontrará su pareja», sin darle más importancia.

El consultante comprende que su padre, por su profesión, siempre está fuera, y que su madre volcó en él y en su hermano sus frustraciones emocionales. También tomó conciencia de que su hermano era muy diferente a él –complementario–, pues siempre discutía con su madre y hacía lo que le venía en gana.

Reflexión
Muchos padres vuelcan en sus hijos sus frustraciones, los sufrimientos que se derivan de la relación entre ellos. Sus consejos son las proyecciones donde ellos encontraron sus soluciones.

Los **padres tóxicos** tienen el poder de socavar tu autoestima, de destruir tu confianza, de generar vínculos de dependencia, de ahogarte con su amor, de insultarte, de controlar ciertas áreas e incluso golpearte o menospreciarte.

Lo hacen desde dos polaridades:

- Exceso de negativo: Te critican, te cuestionan, te dicen lo que debes o no debes hacer. No muestran su apoyo si no haces lo que ellos creen que tienes que hacer. Son padres ausentes emocionalmente. No toleran ni la felicidad ni el éxito.
- Exceso de positivo: Se desviven y no dejan respirar a los hijos. Si estos quieren independencia, les hacen dependientes con su «amor». Los tratan como si fueran niños pequeños.

Los padres tóxicos, como vengo diciendo, provienen también de historias tóxicas, que repiten con los hijos. Muchos intentan hacer lo contrario de lo que les hicieron a ellos. Por ejemplo, en el caso de padres muy ausentes: los hijos se convierten en padres superpresentes, agobiantes, y educan a sus hijos con una baja tolerancia a las adversidades. Los convierten en pusilánimes, se rinden a la primera, caen fácilmente en la frustración, en la excusa y en la indolencia. No saben resolver problemas por ellos mismos, siempre buscan quién o qué les puede ayudar, creando constantemente adicciones emocionales. Son hijos que reviven historias de abusos, de miedo al compromiso, y están atados a las necesidades de sus padres. Se someten fácilmente, desarrollan un miedo a la soledad, pues nunca se les ha enseñado a confiar en sí mismos.

En nuestra autoindagación, tenemos que tener muy presente cuál fue el estado emocional de nuestros padres durante la gestación y durante el preparto y el postparto. No podemos esperar que ellos nos lo cuenten todo, ni mucho menos. Todo lo contrario, ocultarán sus sentimientos, pues late mucha culpabilidad inconsciente. Pero hay que insistir con cariño, con aprobación, sabiendo que puedes recoger estados emocionales muy dolorosos. Por ello hay que ser cuidadoso y no incisivo. En el inconsciente de las madres, anida la creencia de que «hay que ocultar para proteger la seguridad de la familia»; ello les lleva muchas veces a situaciones de auténtica vejación y maltrato, que ellas —en su fuero interno— tratan de ocultar. No son conscientes de cómo esto afectará a la salud emocional de sus hijos y de la incidencia que tendrá en sus futuras relaciones.

Veamos un ejemplo de una famosa serie de Netflix, titulada *La Mantis*, donde el hilo conductor son los asesinatos en serie que cometió una mujer. Mataba o, mejor dicho, torturaba a hombres, que según ella tenían que desaparecer de esta vida. Creía fervientemente que estaba haciendo un favor a la humanidad. Quería hacerles sufrir de la misma manera que ellos hicieron sufrir a las mujeres. Todos estos hombres tenían las mismas características mentales y de comportamiento: maltratadores, abusadores, violadores, incestuosos, etc.

Resonancia

La protagonista tenía un padre maltratador, que abusó de ella durante años. Su información inconsciente, los traumas vividos, se manifiestan más tarde en las conductas que albergan el gran resentimiento acumulado.

Curiosamente –por decir algo–, su hijo es policía y está involucrado en resolver un caso de asesinatos en serie, con el mismo trasfondo de los que llevó a cabo su madre. Así se manifiesta el inconsciente del clan: alguien tiene que reparar, y en este caso es el hijo.

Toma de conciencia

Cada vez que mataba a un hombre, para su inconsciente mataba a su padre.

Al final de la serie llegaba la comprensión: la madre y su hijo (el policía) se abrazan. Ambos se quedan en paz. Todo ha cambiado.

Reflexión

No creo que el director de esta serie tenga conciencia de lo que estoy explicando. Esto no importa, el inconsciente de todos actúa de igual manera. Hay un conocimiento que se alberga en el inconsciente colectivo y que busca su expresión; en este caso, la serie en cuestión.

Madres que permiten actitudes machistas

Son aquellas madres que, debido a su educación, soportan actitudes de menosprecio y de maltrato por parte de sus maridos y permiten que sus hijos tengan un referente masculino de desprecio hacia las mujeres. Son madres que se excusan con aquella frase tan manida: «Es que es el padre de mis hijos»; frase que pide a gritos la siguiente observación y reflexión: ¿Este es el padre que quieres para tus hijos?, ¿esto es lo que quieres que aprendan? Proyectan sus inseguridades y sus miedos en sus hijos. Se refugian en ellos y les fomentan una educación machista: a los varones, una falta de respeto y de superioridad con relación a las mujeres; y a estas, la sumisión.

La actitud machista se manifiesta muchas veces en las propias mujeres cuando aseguran que: «Sin él no sabría qué hacer en la vida»; «Atiende a tu hermano»; «Esto es cosa de mujeres, como, por ejemplo, preparar la mesa o limpiarla».

Otras actitudes de las mamás que hacen machistas:

- Cuando toleran gritos y malos tratos de sus maridos. Humillaciones, tales como: «No haces nada bien»; «No sirves ni para cuidar a tus hijos», y otras lindezas por el estilo.
- Cuando la educación es muy diferente entre varones y hembras:

mayor permisividad hacia ellos y más tolerancia, dando más prioridad a las necesidades del varón que a las de la hija. Por ejemplo, cuando los hijos varones llegan tarde a casa y las madres se levantan para hacerles la cena, cosa que no hacen con las hijas.
- Cuando sobreprotegen con sus excesivos mimos a sus hijos, con atenciones que se diferencian mucho de las que brindan a sus hijas, y un largo etcétera.

Otros comentarios machistas de mujeres contra otras mujeres:

- Seguro que se está «tirando» al jefe. Vaya pelandusca.
- Una mujer que no quiere tener hijos es una egoísta.
- «¡No puedo vivir sin él!». O sea, ¿sin él no eres nadie?
- Llamar a otras mujeres putas por su manera de vestir.
- Decir que las mujeres nacieron para ser madres.
- Decir que una mujer es lesbiana por vestir como un hombre.
- Insultar a las mujeres que viven libremente su sexualidad.

Madres superprotectoras

Son aquellas madres que, hagan lo que hagan sus hijos, no lo ven. Son el ejemplo paradigmático de mamás superprotectoras, están ciegas a los desmanes de sus hijos, sobre todo si estos son varones.

Un ejemplo, mediático donde los haya, es el relacionado con el narcotraficante Escobar y la relación con su madre. Hay dos escenas de la película que definen y muestran lo que vengo exponiendo. La primera, el encuentro de Escobar con su padre, después de muchos años sin verse. Escobar buscaba refugio por el acoso que recibía de los paramilitares y del cártel de Cali. Se encontraban los dos juntos y el padre estaba descuartizando un ternero, y en ese momento manchó a su hijo con sangre. Escobar se quejó del poco cuidado que tenía. «Tú ya estás acostumbrado a la sangre», le respondió su padre. Entonces, Escobar le dijo que él no sabía nada de su vida, y toda una retahíla de explicaciones. Su padre, con ojos tristes y llorosos, le contestó: «Lo que sé de mi hijo me rompe el corazón, por saber que mi hijo es un asesino».

La otra escena recoge la entrevista que realizaron los periodistas de todos los medios a la madre de Escobar, una vez este fue abatido por la policía. Sus palabras no tienen desperdicio; más o menos decía: «Mi hijo ha hecho muchas cosas buenas, ha ayudado a mucha gente, ha hecho escuelas, iglesias... Se le atribuyen muchas cosas y muertes que él no hizo. Mi hijo era una buena persona». En realidad, no hay peor ciego que el que no quiere ver.

Pero, para explicar la ceguera de estas madres, no hace falta referirse a Escobar. Otro caso, no tan mediático, pero que tuvo su resonancia en España, es el de aquel joven hincha de un equipo de fútbol que agredió a un aficionado —que estaba sentado tomando una cerveza— del equipo contrario. Este joven fue detenido e insultó a los periodistas con gestos obscenos. Luego entrevistaron a su madre, y ella, ni corta ni perezosa, dijo: «Mi hijo es muy buena persona, no hace mal a nadie, él solo se defendió de unos ataques que había recibido antes». Este hijo, tan bueno, ya había sido detenido varias veces por el mismo motivo.

Vayamos a otro caso que forma parte del día a día en los colegios. Me cuenta un amigo mío, que ha sido profesor, que muchas madres iban al colegio a insultar a los profesores y a quejarse por haber castigado a sus hijos. Y yo me pregunto: ¿Qué les están enseñando estas madres a sus hijos? Luego nos quejamos de que los jóvenes son violentos, que responden con agresividad a la más mínima frustración. Muchas veces sus madres les empujan, pues les ríen todas sus gracias, por no decir desgracias, e intentan taparlas. Son mujeres que no cuentan con el apoyo del padre, les falta la energía masculina, y sobre las cuales recae toda la responsabilidad de la educación de los hijos.

Padres tiranos

No se es padre solo por el hecho de tener un hijo. Ser padre implica responsabilidades, que muchos hijos varones no se atreven a afrontar. Estas se centran en cuidar y proteger a la familia, es decir, atender a las necesidades emocionales de la madre y de los hijos. En definitiva, ejercer un liderazgo que nunca debe ser impuesto, sino ganado por el reconocimiento de toda la familia. El padre debe potenciar las cualidades de sus hijos y reforzarlos para que puedan superar sus debilidades o carencias.

En cambio, un padre tóxico es aquel que educa a sus hijos con la siguiente premisa: «Yo estoy por encima de vosotros». Proyecta sus propias inseguridades y se convierte en limitador de los sueños de sus hijos. Un ejemplo sería una escena de la película *En busca de la felicidad*, en la que el protagonista (Will Smith) está jugando con su hijo al baloncesto y le dice: «Tú vas a ser como yo. Yo estaba por debajo del promedio, probablemente tú estés en esa categoría. Serás muy bueno en muchas cosas, pero no en eso», refiriéndose al baloncesto. Es una enseñanza ejemplar, pues el padre, al darse cuenta de que su hijo no quiere seguir jugando con él, toma conciencia de que ha cometido un error y de que está proyectando en su hijo sus verdades, sus frustraciones; entonces le pide perdón, y anima a su hijo a que «no permita que nadie le diga lo que no es posible y lo que sí». Es una enseñanza que nos previene de los «robasueños».

Otra característica de estos padres es la de imponer su voluntad con frases como: «Si haces esto, dejaré de hablarte»; «Si te casas con este chico, no vuelvas más a casa»; «Tienes que estudiar lo mismo que yo para seguir el negocio; si no, dejaré de apoyarte».

Son también tóxicos aquellos padres que condicionan a sus hijos para que se vuelquen en cuidarlos, obligándolos a ocuparse de ellos antes que de sus propias familias. Este es otro aspecto de la violencia: atar a los hijos emocionalmente, impidiendo que vivan en libertad y que expresen sus vidas tal como las sienten.

Reflexiones

Quizá, querido lector, te preguntes qué debes hacer ante estas situaciones que se dan en tu vida. No hay una respuesta, no hay una solución, pues cada caso tiene sus propias programaciones y sus únicas soluciones. En dos casos aparentemente iguales no tenemos por qué aplicar la misma solución, pues los condicionamientos no tienen por qué ser los mismos. Pero es importante saber que, si quieres cambiar tu vida, este poder está en ti. No esperes que cambie el otro. Para lograrlo, puedes seguir estos consejos:

- Huye de la culpabilidad, acepta la situación. Si tu padre no ha sabido ganarse tu confianza y tu cariño, esto no es cosa tuya. Yo te diría: «No quieras que tu padre te quiera como te gustaría que te quisiera». Él no ha sabido hacerlo mejor. En muchas ocasiones la solución, muy controvertida, pasa por el aislamiento emocional y, en otras, por el aislamiento total. Hay que ser valiente y aceptar que tal vez sea necesario alejarse definitivamente de la violencia que ejercen tus progenitores, y que estos no tienen por qué cambiar. Queda patente, en este apartado, que la violencia que nuestros progenitores pueden ejercer en nuestras vidas ofrece mil caras. Tenemos todo el derecho del mundo de ponernos al abrigo emocional, pues nos han secuestrado nuestras vidas. Más adelante, cuando hablemos de las adicciones emocionales, profundizaré en la importancia que tienen estos padres tóxicos para que estas se manifiesten.
- Hay que liberarse de todo rencor y de todo resentimiento. Hay que llevar nuestra mente a otro nivel de conciencia, gracias a la comprensión del para qué vivimos estas experiencias, viendo cómo las vivieron nuestros padres. En nuestras manos, en nuestras mentes, siempre tenemos la opción de vivirlo desde el castigo y desde el victimismo, o desde la oportunidad y de la maestría.
- La dignidad es el amor y cariño que nos debemos a nosotros mismos. Hay que aprender a decir: «No, ya basta».
- La libertad emocional se consigue cuando eres consciente de que estabas subyugado por una creencia falsa que dominaba tu vida: «Sin esto [pon tú mismo la palabra] no puedo ser feliz».

— LA RELACIÓN DE NUESTROS PADRES CON SUS PROGENITORES —

Quiero empezar este apartado haciendo referencia a todos aquellos estudiosos, empezando por los psicoanalistas, como Nicolas Abraham, Maria Torok, Françoise Dolto, Anne Ancelin Schützenberger y Didier Dumas, que empezaron a acuñar términos como «inconsciente del clan» para dar respuestas a pacientes que, aparentemente, padecían cargas emocionales ajenas. Descubrieron que todos heredamos los traumas y los silencios que nuestros ancestros vivieron. También quiero recomendar un libro muy interesante para comprender lo que estamos tratando: *Cómo pagamos los errores de nuestros antepasados,* de Nina Canault.

Este apartado pretende llevar un poco de comprensión y de paz a todas aquellas almas atormentadas por las vivencias que experimentan y, por decirlo de alguna manera, sufren.

Si queremos comprender nuestras experiencias,
nuestros sinsabores y nuestras alegrías, debemos
adentrarnos en la indagación de las vivencias
de los padres de nuestros padres.

Esta indagación tiene más de detective que de mera curiosidad. Hay que partir de la premisa de que la vida de nuestros padres es el fiel reflejo de los suyos, que ellos mismos actúan de un modo automático, con frases dichas, comportamientos y conductas preestablecidas, del tipo: «Siempre se ha hecho así, de esta manera, por qué tenemos que cambiarlo».

Encontramos la explicación de muchos dolores, de muchos sufrimientos inexplicables, allí donde falta el sentido común, en los silencios y los secretos que estos abuelos guardaron «por el bien de la familia», sin ser nunca conscientes de que estos silencios y secretos se acabarán manifestando en sus nietos y biznietos.

Escenario de pequeño

En mi caso particular, recuerdo que, cuando tenía cuatro o cinco años, las discusiones de mis padres eran siempre en relación a sus propios padres. Cuando mi padre le decía a mi madre: «Vamos a ver a tus padres», ella siempre contestaba: «Que vengan ellos». Mi padre iba a visitar a sus padres solo, y algunas veces yo le acompañaba.

Escenario de mayor
Vivo con mi segunda mujer y tenemos un hijo. Mi madre no vino a verlo nunca. Lo más que llegó a hacer fue llamar para preguntar cómo estábamos, y de paso preguntaba por nuestro hijo. Yo siempre le decía: «Mamá, ven a verlo, solamente tienes que decírmelo y yo te iré a buscar».

Toma de conciencia
Me di cuenta de que yo hacía lo mismo que mi madre. No iba a su casa, esperaba a que ella viniera, a pesar de que hacía algo más, que era decirle que la iría a buscar y que la llevaría de vuelta a su casa.

Me dije: si ella no hace el más mínimo esfuerzo para ver a su nieto, yo no soy nadie para forzarla. Aquí terminó el problema. La dignidad empieza por uno mismo y por respetar lo que los demás piensan o creen. Para mi madre, que es profundamente religiosa, yo estaba en pecado mortal y no era digno de ella, y menos aún su nieto.

Reflexión y comprensión
Cuando fui más mayor, comprendí que mi madre estaba muy celosa de su hermana, y se consideraba discriminada por algún tema de herencia. Una prima suya me contó que mi madre quería vivir por encima de sus posibilidades económicas. Todo esto afectó a las relaciones entre los primos, pues mi madre nunca tenía una palabra amable respecto a su madre. Esta información que mi madre llevaba de vivir por encima de sus posibilidades la manifestó durante toda su vida, lo cual afectó profundamente a muchos de mis hermanos y hermanas. Los problemas económicos de todos ellos eran de lo más variopinto. Cada uno se abrió paso en la vida como pudo, unas casándose con hombres bien posicionados, otro trabajando muy duro, alguno buscándose la vida de una forma licenciosa, otros como artistas y contestatarios, en fin, como se dice vulgarmente, «de todo hay en la viña del señor». La información heredada de cada uno y de todos nosotros es el conflicto con el dinero, algo que se manifiesta, de algún modo, en nuestras vidas.

Comprender en qué ambiente emocional me crié, los problemas económicos y las dificultades que viví en mi casa –soy el mayor de diez hermanos– con relación al dinero, liberó mi mente de todo prejuicio, y mi vida cambió radicalmente. En la actualidad doy trabajo a más de cien familias.

Saber las historias familiares, buscar e indagar en los entresijos de padres, hijos y abuelos, nos puede aportar luz y comprensión a muchas situaciones conflictivas de relaciones interpersonales que no acabamos de entender en nuestras vidas.

Motivo de la consulta

Una señora se queja de que sufre vértigos.

Escenario de estrés

Le pregunto desde cuándo tiene vértigos, y ella me cuenta que tiene un hijo de veintidós años que trabaja en una gasolinera y que todo lo que gana se lo gasta en sus cosas. Ella lo mantiene y no le responsabiliza de nada.

Escenario cuando era pequeña

«Mi madre quería que sus seis hijas fueran independientes», sigue contando. Un apunte muy interesante y nada banal: es abogada, tiene dos trabajos y se dedica a la defensa de las mujeres. Su hijo no le hace ni caso, va simplemente a la suya y mi clienta no entiende por qué sigue consintiéndolo.

Resonancia

Ella cuenta que en su casa –la de sus abuelos– todo eran hijas y que el abuelo las ponía a trabajar, mientras él vivía su vida. En su inconsciente está grabado que las mujeres tienen que servir a los hombres.

Toma de conciencia
Las mujeres son las que tienen que trabajar y ser independientes. Comprende que está educando a un machista, que la clave es ella, que seguir consintiendo esto que le molesta es perjudicial, pues está haciendo de su hijo un hombre inmaduro. Lo percibe como indefenso y poco resolutivo. Ahora comprende que su sobreprotección lo anula y potencia lo que percibe.

Voy a terminar con la experiencia de un hombre de mediana edad a quien le habían diagnosticado varios problemas mentales. La experiencia me ha demostrado que, en muchas ocasiones, estos síntomas tienen que ver con grandes secretos y cosas no dichas, que han llevado a las familias a grandes sufrimientos, como también aseguran los psicoanalistas a los que me he referido.

Después de hacer varias indagaciones con relación a toda la familia, sea paterna o materna, llegamos a la conclusión de que la posible clave de todo el meollo estaba en su abuela materna. Él, ni corto ni perezoso, se fue hablar con la abuela y le preguntó directamente qué pasaba entre sus padres. Ella, al principio, desviaba la conversación, pero mi cliente sabía que él era el nieto preferido y sufría mucho por los problemas que padecía.

Un día, mi cliente le dijo: «Mira, abuela, todo parece indicar que una de las posibles causas de mis problemas es que yo llevo la carga emocional de algún mal rollo que tú pasaste».

La abuela al fin le contó: «Nosotros teníamos un padre alcohólico, cuando llegaba a casa pegaba a nuestra madre y a todos los hijos, excepto a mí. Un día mi hermano mayor me dio una botella de vino, pero llena de lejía, diciéndome que cuando nuestro padre llegase a casa le diera la botella. La verdad, hijo mío, es que yo no sabía muy bien lo que hacía, pues tenía seis años. Lo que sigue ya te lo puedes imaginar, nuestro padre murió envenenado y yo fui la mano inocente. Esto quedó guardado en secreto, en una especie de conjuro, y hoy es la primera vez que lo cuento».

Pero esto no termina aquí. Mi cliente, «como estaba loco», según decía él, un día de Navidad, con toda la familia reunida, espetó sin más: «Hola, familia, tengo que comunicaros que la abuela fue la mano que mató a su padre». Se armó un revuelo que es difícil de imaginar. Allí salió de todo, risas y lágrimas, y más de uno le dio las gracias diciendo: «Ahora ya entiendo muchas cosas».

· RECORDEMOS ·

- Los estados emocionales de mis padres han influido en mi desarrollo hacia la madurez.
- No solamente heredamos los estados emocionales de nuestra madre, sino que también heredamos los de nuestra abuela.
- La experiencia es la que es, lo que cambia es la conciencia con la que eliges vivirla.
- Un mito que hay que desestimar: los padres aman a sus hijos de un modo incondicional.
- Los padres hacen lo que mejor saben hacer, lo que han aprendido. Merecen nuestro respeto, no nuestra sumisión.
- La dignidad es el amor y cariño que nos debemos a nosotros mismos. Hay que aprender a decir: «No, ya basta».
- La libertad emocional se consigue cuando eres consciente de que estabas subyugado por una creencia que dominaba tu vida: «Sin esto [pon tu mismo la palabra] no puedo ser feliz».
- Recibimos todas las experiencias de nuestros progenitores. Lo que marca nuestras vidas son los «secretos» que ellos han vivido y que nosotros expresamos en nuestra propia vida, sin saber por qué.
- Si queremos comprender nuestras experiencias, nuestros sinsabores y nuestras alegrías, debemos adentrarnos en la indagación de las vivencias de nuestros padres.
- Hay que liberarse de todo rencor y de todo resentimiento. Esto será posible gracias a la comprensión de la vida que llevaron nuestros padres y abuelos.
- Liberando es como te liberas; dando es como recibes.

CAPÍTULO IV

¿PARA QUÉ ESTO ES ASÍ?

Pregúntate qué estás dando, para saber qué estás recibiendo.

....

Las repeticiones que la vida nos trae a nuestra conciencia son un regalo para poder reparar a nuestros antepasados. Es una oportunidad de poner luz a la oscuridad que reina en el dolor y el sufrimiento.

....

Este capítulo nos invita a comprender el significado del «para qué» y nos saca del tan manido «por qué». Los «por qué» nos llevan siempre al otro, a la búsqueda externa, a la justificación, nos hacen vivir en la inmadurez emocional. Los «para qué» siempre te llevan a ti, a uno mismo. No hay justificaciones, uno va adquiriendo la madurez emocional que le aleja de la culpabilidad y del victimismo, acompañándole hacia una responsabilidad consciente.

Voy a tratar de llevarte a la luz de la comprensión para alcanzar así una tranquilidad y una quietud mental. Cuando lo consigas, podrás escuchar a tu corazón y vivir coherentemente.

Revivir las experiencias de tus ancestros es algo que ocurre, sí o sí. No hay otra opción, y cada miembro de la familia lleva toda la información del clan, pero son unos pocos los que eligen vivir de otra manera, lo que llamo «vivir despierto». Hay familiares que manifiestan actitudes rebeldes dentro del clan; son los que se saltan las normas, los llamados «ovejas negras». Ellos son los grandes salvadores, pues quieren liberarse de los estereotipos y de las verdades dogmáticas. Otros manifiestan en sus vidas las historias de sus abuelos, de sus abuelas, para darles otra salida o simplemente para «curar» heridas emocionales del clan.

Todos abrimos nuestra propia conciencia, liberamos dolores, sufrimientos y secretos que guardamos en el inconsciente familiar, creyendo que así evitaremos amarguras. Nada más lejos de la verdad, pues el cuerpo dice lo que la mente se calla. Repetimos las historias, los errores de nuestros antepasados para liberarnos y liberar a todos y, especialmente, a nuestros descendientes.

— POR QUÉ REPITO AQUELLO QUE QUIERO EVITAR —

Cuántas veces nos habremos preguntado: «¿Qué me pasa? ¿Cómo es posible que repita las relaciones una y otra vez? ¿Qué he hecho yo para merecerme esto?». O, como decía un amigo mío, «las chicas con las que salgo son todas iguales excepto en el nombre». Yo le contesté que al inconsciente lo menos que le importa es el nombre de las personas, pues lo único que guarda son situaciones, con emociones e información. A esto es a lo que vengo llamando «resonancias».

Cuando atribuimos lo que nos ocurre, las circunstancias que se repiten, a una especie de mal fario, a pruebas que algún dios nos envía para redimir no se sabe bien qué, el problema está en nuestra mente.

Hay un relato taoísta donde se muestra el pensamiento no-dual del Tao que puede servirnos para reflexionar acerca de lo que vengo diciendo. Esta filosofía parte de la existencia de tres fuerzas: una positiva, otra negativa y una tercera, conciliadora. Las fuerzas positiva y negativa se refieren al yin y al yang, mientras que la fuerza conciliadora sería el Tao, fuerza superior que las contiene.

Muchas veces, después de haber vivido lo que creemos que es una desgracia, con el paso del tiempo nos damos cuenta de que aquello que ocurrió nos dio la fuerza para sacar lo mejor de nosotros mismos. Aceptar los errores de nuestros antepasados es asumir que esta información busca una especie de compensación, para alcanzar un estado de equilibrio emocional, que vendría a ser la fuerza conciliadora que propone el Tao.

El relato taoísta al que me refería cuenta que un granjero tenía un caballo muy hermoso que era su alegría. Un día, el caballo se escapó, y un vecino se compadeció del granjero, pero la única respuesta que recibió de este fue: «¿Quién sabe lo que es bueno y lo que es malo?». Al día siguiente, el caballo regresó con una manada de caballos salvajes a la que se había unido. En esta ocasión, el vecino felicitó al granjero por su inesperada buena suerte, pero la respuesta de este fue la misma: «¿Quién sabe lo que es bueno y lo que es malo?». También en esta ocasión nuestro granjero acertó, porque, al día siguiente, su hijo se rompió una pierna al tratar de montar uno de los caballos salvajes. El vecino le mostró ahora su condolencia al granjero y, por tercera vez, escuchó la misma respuesta: «¿Quién sabe lo que es bueno y lo que es malo?». Y, una vez más, sus palabras fueron las acertadas porque, al amanecer, llegaron soldados reclutando a gente para el ejército, pero su hijo se salvó a causa de su lesión.

Cuando en tu vida se repitan circunstancias, hechos o situaciones del tipo que sean, evita caer en la trampa de la superstición o simplemente del victimismo con frases como: «la mala suerte»; «un mal karma» o «la cruz que algún dios te envía». Quizá no tengas que buscar fuera la respuesta que tanto anhelas, quizá —y subrayo el «quizá»— tengas que buscarla en tus pensamientos, en tus sentimientos y en tus acciones. Todos y cada uno de ellos son una manifestación de la vibración de tu conciencia. La información no se pierde si no se expresa: queda guardada en tu inconsciente, a la espera de poder manifestarse en tu vida consciente. El Campo de la Infinita Inteligencia —la mente que sustenta a las miríadas de conciencias— no tiene capacidad de juzgar, es un campo de información; parafraseando a Einstein podríamos decir al respecto que: «El campo es la única realidad, es lo único que existe». Es un campo de Conciencia que reverbera con las infinitas vibraciones de cada hálito de conciencia que lo habita y que se manifiesta en nuestras vidas en lo que llamamos «mundo dual», o mundo de la manifestación física.

— MOMENTOS DE REFLEXIÓN —

Empezaremos por una pregunta, y luego te invito a seguir profundizando en ella, en las siguientes reflexiones que expongo.

Pero antes, querido lector, debes escoger una situación que te resulte incómoda, una situación que quizá se repita. Te doy un consejo previo que resulta muy importante para empezar una autoindagación: no busques una respuesta. No hay una respuesta a tu pregunta, no te crees expectativas, observa la situación problemática y procura no identificarte con ella. Actúa como un espectador que no sabe, pero que quiere comprender.

¿Para qué vivo esta experiencia, qué sentido tiene para mí?

Es una pregunta reflexiva que nos lleva a cuestionarnos a nosotros mismos, a huir del victimismo y a asumir, quizá, unas responsabilidades de las que todavía no somos conscientes. Es una pregunta que nos lleva a trascender una información, cuando indagamos en nosotros mismos, cuando no nos escondemos en subterfugios y empezamos a cuestionarnos y a pensar que todo lo que nos ocurre tiene un sentido y un orden preestablecidos.

El universo, al menos el que podemos ver y medir, muestra un diseño inteligente, o elegante, como dirían algunos. Existe un cómputo de leyes matemáticas y físicas, muchas de ellas descubiertas y otras muchas por descubrir, que lo sostienen con suma precisión. Existen también una serie de constantes llamadas «universales», y bastaría que una de ellas variara en un pequeñísimo valor para que el universo no existiera tal como lo conocemos.

El universo tiene un orden, un sentido y, en su belleza y majestuosidad, encierra una inteligencia, una Conciencia que se observa a sí misma a través de nuestras conciencias. Todo lo que nos rodea, el clima con sus estaciones anuales, los seres vivos que conforman nuestro mundo, animales, plantas, todo lo que respira, nace y muere, está interrelacionado como los eslabones de una cadena, y, si uno de ellos se altera, el sistema se resiente, con consecuencias impredecibles. Este sistema siempre se está reajustando para poder mantener su homeostasis; se reactiva a sí mismo para seguir expresando la vida, que a todas luces parece ser su *leitmotiv*.

Lo que a todos nos debería asombrar es que esta inteligencia nos posee, es como si el universo quisiera observarse a sí mismo. Tener conciencia de él —abrir nuestra mente, nuestra conciencia— es el mayor regalo que esa Conciencia Universal se puede hacer a Sí Misma. Cuando hablo del Sí Mismo, debe entenderse desde una visión no-dual. El Sí Mismo se expresa en el uno y en el dos. Esa Conciencia se reconoce en el mundo dual, a través del otro, del dos.

Cabría preguntarnos, sin esperar respuesta: «¿Somos meramente observadores, o nuestra observación afecta lo observado?».

Querido lector, escoge libremente, pero ten la certeza de que tu elección derivará en un hilo de pensamientos afines y te llevará a una «creencia oculta» en tu inconsciente. Alguien la puso allí, o quizá ya naciste con ella. Esta es la cuestión.

Estamos frente a dos enfoques: nuestra conciencia no afecta al Campo de la Conciencia o, dicho de otra manera, parafraseando a Max Planck, «detrás de toda la materia, hay una fuerza que sustenta a una Mente Consciente e inteligente que es la matriz de esta»; y, por lo tanto, mi observación, mi mente —que forma parte de esta Gran Mente— afecta a lo observado.

El otro enfoque es el que sostiene que todos estamos separados y que no hay nada que nos una. Es el concepto dual por excelencia, el que contempla que las cosas ocurren por casualidad. En referencia a esto, y a modo de reflexión, cito una frase de san Ignacio de Loyola: «Para aquellos que creen, ninguna prueba es necesaria. Para aquellos que no creen, ninguna cantidad de pruebas es suficiente». Y también, para salirme del terreno de lo místico, la de un físico y matemático inglés Freeman Dyson (1994): «Es cierto que aparecimos en este Universo por azar, pero la idea de azar es solamente un disfraz de nuestra ignorancia».

Nosotros somos el resultado —hijos— de esta Mente Cósmica, llevamos la esencia, la inteligencia, así como otros factores que deben manifestarse y expresarse de algún modo. Esta inteligencia, esta información, debe guardarse en cada mente que está sustentada por la conciencia individual. Esta mente, que a partir de ahora llamaré «psique», tiene su estructura, tal como ya nos lo mostraron los grandes maestros Freud y Jung. Está formada, básicamente, por dos partes, a saber: el consciente y el inconsciente; con la salvedad de que el inconsciente conforma entre un 95 y un 97 por ciento de la psique y es donde se guarda la información que hemos heredado de nuestros ancestros, la que nos siembran cuando nos están gestando, y toda aquella que, por razones culturales, de educación y religiosas, no podemos expresar y ocultamos.

Esta información se almacena en nuestra psique inconsciente, va adquiriendo forma, busca su expresión condicionando nuestra vida. Una forma de hacerlo es mediante una serie de comportamientos, de conductas aprendidas, reflejo de toda esta información oculta que se estructura en forma de creencias.

Sigamos reflexionando: cada uno de nosotros existe durante un tiempo muy breve, y durante este intervalo de tiempo experimentamos toda suerte de vicisitudes, que conforman unas informaciones muy preciadas y que no pueden perderse. Mi pregunta sería: ¿Cómo crees que la Inteligencia Universal se las ingeniaría para guardar y, sobre todo, transmitir esta información preciada a nuestros descendientes?

De alguna forma esta inteligencia —Naturaleza— se las ingenió para eternizarse y lo hizo transmitiendo la información de padres a hijos. Hasta no hace mucho, creíamos que la información que se transmitía era simplemente genética. Pero, volviendo a lo que ya hemos dicho anteriormente: hoy en día la epigenética —más allá de la genética— nos enseña y muestra que no solo heredamos los caracteres físicos de nuestros padres, sino también sus deseos, sus anhelos y, cómo no, sus secretos, sus dolores, sus sufrimientos y las experiencias que implican el conocimiento necesario para la supervivencia del clan familiar en particular y de la sociedad en general.

— CREENCIAS OCULTAS —

Las creencias ocultas son el gran bloqueo que nos impide sanar, que nos mantiene atrapados, muchas veces, en una vida sin sentido. Creencias que nos hacen repetir experiencias, soportar vejaciones, que nos atrapan en relaciones tóxicas, que alimentan unos miedos irracionales, que enferman nuestras mentes, que nos atan a situaciones que no queremos vivir, con unas cadenas que solamente existen en nuestra mente. Cuántas veces habré oído decir: «Cómo es posible que no me diera cuenta de lo asquerosa que era mi vida»; frases como esta, y otras parecidas, son expresadas por las personas que rompen las cadenas mentales que alimentaban unas vidas secuestradas por órdenes —programas— inconscientes, al servicio de unas lealtades invisibles.

Las creencias ocultas nos hacen creer en los problemas. No somos conscientes de que los problemas no existen en realidad, son maneras de ver y entender lo que nos ocurre. Son pura interpretación, pues todo el mundo sabe y ha visto cómo varias personas viven la misma situación —lo que llamaríamos «un problema»— y cada una la experimenta de una forma concreta que determina su solución: mientras algunos se levantan y alcanzan metas jamás soñadas, otros se derrumban y mueren, o simplemente son muertos vivientes.

¿Qué hace que seamos tan diferentes, y a la vez tan iguales, y nos comportemos de una forma radicalmente opuesta? Podríamos hacer muchas conjeturas, pero de lo que estoy seguro es de que mis reacciones no son puramente genéticas, y sí epigenéticas. Mi psique está conformada por toda una serie de informaciones heredadas, muchas veces sobre soluciones que mis ancestros aplicaron en sus vidas, aunque también nos influyen cuando hacemos lo que ellos no supieron o no pudieron hacer.

Un gran maestro, Anthony de Mello, nos aporta luz a lo que estoy exponiendo en su libro *Autoliberación interior*:

> El que piensa como marxista no piensa; el que piensa como budista no piensa; el que piensa como musulmán no piensa... y el

> que piensa como católico tampoco piensa. Ellos son pensados por su ideología, yo diría por sus creencias, por su cultura, por sus programas inconscientes. Tú eres esclavo en tanto y en cuanto no puedas pensar por encima de tu ideología.

Yo lo resumo con la siguiente frase: «Vive tus creencias, evita identificarte con ellas porque, si no lo haces, serás esclavo de tus ideas, y estas marcarán la línea de tu vida».

Estamos hipnotizados por estas creencias ocultas que gobiernan y dirigen nuestras vidas; pensamos que somos nosotros los que las elegimos, cuando en realidad son ellas las que eligen por nosotros. Queremos ser libres, no comprendemos por qué vivimos ciertas experiencias, que repetimos una y otra vez, con el *inri* de que aplicamos las mismas soluciones. No somos conscientes de que nosotros somos el carcelero, las cadenas y el candado con su llave. Nos atamos con pesadas cadenas que coartan nuestra libertad de decisión, nos impiden abrirnos a otros páramos mentales, a otras experiencias que nos hagan vivir profundamente nuestras vidas y que permitan a nuestros descendientes tener más oportunidades, más soluciones a las circunstancias propias de una vida dual, donde la luz y la oscuridad deben coexistir para que nuestra vida sea majestuosa.

A nuestras creencias ocultas —hablaré varias veces de ellas— también podríamos llamarlas «creencias irracionales», pues carecen muchas veces de sentido común. Tienen sus palabras activadoras, y para detectarlas es imprescindible saber cuáles son: todas las frases que empiecen por «debo» y «tengo que» expresan ideas y conductas de obligación. Veamos un ejemplo:

Motivo de la consulta
Una señora viene a mi consulta aquejada de dolores articulares por todo el cuerpo.

Escenario de estrés

Empiezo preguntándole: «¿Cuándo le empezaron los dolores?». A lo que responde: «Desde que empecé a vivir con la que es mi pareja actual».

Pregunto de nuevo: «¿Cuál es el estrés?, ¿qué problema tiene con su pareja?». La señora contesta: «Me obligo a vivir con ella sin saber muy bien por qué. No me gusta lo que hace, bebe mucho y varias veces llega a casa borracho, entonces me insulta y me falta al respeto».

Escenario cuando era pequeña

El padre llegaba a casa borracho y golpeaba al primero que encontraba a su paso. La madre soportaba todo tipo de vejaciones.

Escenario actual

La señora se siente obligada a cuidar de su padre, que ahora está enfermo. Hago un reencuadre: «¿Debo entender que está con su marido y, además, cuida a su padre?». Su respuesta es afirmativa. Hay un gran estrés inconsciente, una obligación, un deber, el de cuidar a alguien que es una especie de «depredador», hablando de forma simbólica.

Los razonamientos de mi consultante siempre contienen un sentimiento de obligación: «Debo cuidarle, porque es mi padre; aguanto a mi marido, porque tengo que hacerlo por mis hijos».

Reflexión

Esta persona no piensa, actúa según lo que ha aprendido consciente e inconscientemente. Ha heredado la información de su madre y esta de la suya: han sido mujeres maltratadas, mujeres desvalorizadas cuyas historias se repiten, como ave fénix resurgiendo de las cenizas. En cada generación, las hijas resucitan la misma información y la reviven.

Toma de conciencia

No se trata de un castigo divino, es una oportunidad de trascender, de dar un giro radical a unas vidas de dolor y sufrimiento. Despertar a la oportunidad de que hay otra forma de vivir, y hacerlo sin resentimiento alguno y con un máximo de respeto hacia uno mismo, hacia una misma.

Hay que tener siempre presente que los acontecimientos externos o internos no son los causantes directos de nuestras acciones, sean emotivas o conductuales, sino los pensamientos, creencias, valores, filosofías de la vida, etc., que tenemos en nuestro inconsciente.

Vivimos en el error de querer cambiar los acontecimientos externos, cuando, en realidad, lo único que podemos cambiar son nuestras creencias, pues ellas son la clave que nos llevan a vivirlos de ciertas maneras.

Veamos el resumen de algunos ejemplos más, vistos en mi consulta:

Motivo de la consulta

Una mujer me dice que quiere divorciarse de su marido porque este no trabaja.

Escenario de estrés

El marido ha recibido una gran herencia, y decidió no trabajar más. Ella tiene un buen trabajo del que se siente muy satisfecha. Cuando le pregunté si había algo más que no le gustara de su marido, me contestó que le gustaba todo. Aquí tenemos una creencia limitante. Como vemos, hay un exceso, ya que problema, lo que se dice problema, no hay ninguno, salvo que el marido no quiere trabajar más, por la sencilla razón de que no lo cree necesario.

Resonancia

Siempre busco la resonancia cuando me hallo ante una situación en la que el sentido común brilla por su ausencia.

Esta creencia está sustentada por la experiencia de la abuela de mi consultante, que tuvo que trabajar noche y día para mantener a su familia. El abuelo nunca estaba en casa y no se ocupaba de la familia. La creencia es: «Hay que ser autosuficiente y no fiarse de los hombres que no trabajan».

Toma de conciencia

Se dio cuenta de la orden hipnótica heredada desde el clan familiar, además de que su marido es una persona llena de virtudes, de que la ama y la respeta. Comprendió que iba a arruinar su vida por algo totalmente intrascendente y que era una proyección de su inconsciente.

Motivo de la consulta

Una mujer me explica que lleva casada con su marido más de veinticinco años, sabiendo que, desde el principio de su matrimonio, él la ha estado engañando.

Escenario de estrés

Sus peleas se deben a que su segundo hijo, de veintitrés años, se ha ido de casa. El marido no quería que se fuera, porque sabía que, si se iba, su mujer también se marcharía.

Resonancia

La madre de mi consultante aguantaba la relación por la creencia de que los hijos deben tener padre y estar con él. El padre repite la historia del suyo, que siempre estaba fuera de casa y mantenía otras relaciones.

Toma de conciencia

Precisamente, la toma de conciencia en este caso se basa en la comprensión de mi consultante de que aguanta por esa creencia inconsciente de que los hijos necesitan un padre. Si el hijo se va de casa, ella queda libre y también puede irse. Lo curioso del caso es que ella, hasta ahora, no veía esta relación, no veía que precisamente el hijo la liberaba a ella de su compromiso con los ancestros, con el clan familiar.

Motivo de la consulta

Una mujer se queja de su marido porque este no le ayuda lo suficiente en casa. Ella trabaja fuera y cada vez tiene más trabajo. Su marido hace lo que ella le pide. Aquí asistimos a una tremenda contradicción, que es: ella se queja de que su marido no le ayuda en casa y luego dice que este hace todo lo que ella le pide. Esto es un exceso, aquí hay una creencia oculta.

Escenario actual

Ante la pregunta: «¿Podrías contratar a alguien que haga las tareas de casa, para que tú puedas trabajar?». «Por supuesto que sí –contestó ella–. Pero tiene que ser mi marido el que me ayude.»

Resonancia

La consultante tiene un programa de «sirvienta»: no busca a alguien que le ayude en casa. Su madre tenía que hacerlo todo, su marido estaba ausente, y ella tenía una gran capacidad para el estudio. Era una mujer muy inteligente que tuvo que cuidar –servir– en su casa. No pudo estudiar. Esto lo repara la hija –mi consultante– que es una mujer con varias carreras, sigue estudiando y se mantiene muy ocupada.

Toma de conciencia

Mi consultante no soporta que su marido no esté en casa porque es un sufrimiento heredado de su madre. Valora el marido que tiene y comprende que tenía un resentimiento inconsciente contra los hombres –maridos– que no ayudan en casa.

Las creencias ocultas, grandes bloqueantes

Vamos a desentrañar y a sacar a la luz de la conciencia todas aquellas creencias que nos bloquean y nos impiden trascender nuestras limitaciones. Son creencias que proyectamos continuamente en nuestras relaciones, en nuestro trabajo, en nuestros viajes y en cualquier situación cotidiana. Son maneras de ver y de entender la vida, y lo peor es que creemos que nuestra manera de ver es la correcta, o simplemente lo vivimos como si se tratara de una ley. También se las conoce como «creencias limitantes», y en verdad lo son, y ¡de qué manera las defendemos!, incluso llegamos a pelearnos con cualquiera que no piense u opine como nosotros.

La neurosis que nos bloquea

Con el término «neurosis» me refiero a toda conversación que va enfocada a confirmar las sospechas que yo tengo sobre mi «conflicto» y tan solo quiero comprobar lo que ya creo saber. Es algo que nos encontramos en todas nuestras consultas. La persona cree que sabe cuál es el motivo de su conflicto. No solo lo cree, sino que se empeña en explicártelo. En el fondo, lo que busca es que alguien le corrobore sus creencias y sus percepciones. Si, por ejemplo, quiere separarse de su marido, o no, ella buscará reafirmarse en sus creencias. Nosotros siempre desarmamos estas creencias con una sencilla reflexión: «Si crees saber cuál es el trasfondo de tu conflicto, entonces ¿qué haces aquí? Vamos a buscar la creencia limitante que te hace vivir y sentirte atada a esta relación. Luego veremos cómo trascenderla y, una vez estés en paz, sabrás qué hacer».

La neurosis bloqueante impide que salga a la luz de la conciencia la información que se halla en el inconsciente en forma de una creencia limitante que ha sido heredada de algún conflicto familiar, de los padres o de los abuelos.

En el caso de una mujer que no sabe si divorciarse o no, lo primero que hay que averiguar son los condicionantes en su vida, qué hay en torno a la relación de sus padres y de sus abuelos. La experiencia me ha demostrado que detrás de estas dudas existenciales se esconde un sufrimiento heredado, alguien de la familia —en este caso una mujer— que ha soportado una relación de pareja y de la que, por motivos sociales, culturales y/o de época, no ha podido separarse. Ello no quiere decir que deba separarse, pero sí que hay que ver la situación con otros ojos y comprender qué información lleva para poder integrarla.

Beneficios secundarios

Se trata de un bloqueo que proporciona beneficios al cliente, que puede expresarlo con frases como:

- «Ahora me prestan atención»: Son personas que mantienen un síntoma porque de esta manera se las cuida, tienen a su alrededor a personas allegadas, sienten que existen. Normalmente son personas con una muy baja autoestima, que han crecido muy solas, con poca atención de sus padres o, como en muchos casos que he visto, niños que son entregados a los abuelos para que los cuiden.
- «Si me curo, la Seguridad Social me retira la paga»: Estar enfermo permite recibir un dinero y unas atenciones que antes no se tenían. Como psicólogo, me he encontrado muchas veces con personas que, cuando mejoraban sus síntomas, dejaban de venir. Tengo el consuelo de que al menos una de ellas me lo dijo claramente: «Me encuentro tan bien que tengo miedo de que, cuando me hagan la revisión médica, me den de alta y me retiren la subvención social».
- «Siempre puedo hablar de mis enfermedades»: Los síntomas son un gran motivo para establecer relaciones, poder explicarse, quejarse y recibir atención de los más allegados. Es común ver a grupos de personas —todas ellas con algún síntoma— hablar y hablar de cómo sufren, de lo mal que lo pasan. Con este comportamiento no salen de su bloqueo, de su paradigma. Se reafirman unas a otras, todas se quejan, pero nadie se plantea vivir de otra manera.

Victimismo

Con el victimismo, las personas esperan que los demás cambien y vivan una vida de sumisión. Mantienen atrapados a sus hijos, sabedores de que, a la más mínima queja que tengan, alguno acudirá a su lado.

Es un escenario que, por desgracia, he visto muchas veces: matrimonios que se van al garete porque el hijo, a la más mínima queja de su madre, lo deja todo y se va corriendo a su lado; pierden el oremus —el auténtico sentido de su relación— y hacen cosas totalmente ilógicas y compulsivas. Es como apretar un botón que dice: «Hipnosis actuando, gracias».

Motivo de la consulta

Hombre de cincuenta y tres años con un diagnóstico de problemas crónicos de pulmón.

Viene a mi consulta para poder tomar conciencia de qué información puede llevar en su inconsciente; en definitiva, es plenamente consciente de que hay emociones que no puede o no sabe gestionar y de que hace cosas que se obliga a hacer.

Escenario actual

Es un hombre separado desde hace diecisiete años (no divorciado). Hace un par de años que está viviendo con una mujer. Ahora ha decidido divorciarse de su primera esposa.

Escenario de pequeño

Le pregunto cómo era el ambiente familiar, la relación de sus padres, y todo lo demás.

Él me contesta que se casó para marcharse de su casa con treinta años. Sus padres se peleaban constantemente.

Reflexión

Como podemos ver, aquí hay una programación, pues a esta edad casarse para irse de casa no tiene sentido. Otra cosa sería que él fuera más joven como, por ejemplo, a los diecinueve o veinte años.

Profundizando en este escenario, descubrimos que su madre es obsesiva y controladora. Tiene cuatro hijos a los que subyuga; estos no hacen nada sin su permiso, incluso actualmente.

Ahora ya podemos entender que este hombre no ha superado la «castración» de su madre durante su proceso de individuación o diferenciación familiar. Hay que casarse para poder marcharse, y aun así no se libera de su madre, de su acción a distancia.

Seguimos profundizando, pues sé por experiencia que una persona con problemas crónicos de pulmón lleva unos programas muy profundos de desvalorización en su territorio. Confiesa que se siente atrapado, ahogado por su madre, porque le obliga a que cada fin de semana vaya a verla y él se siente incapaz de negarse.

Hacemos otra reflexión

Aquí tenemos la orden hipnótica. Su pareja le recuerda a su madre; es más, todas las parejas que ha tenido se le parecen.

También podemos ver la «oveja negra», la que realmente salva al clan; se trata del hermano mayor que no ve nunca a la madre, pues nunca pasa por casa.

Escenario de estrés

Sus síntomas empiezan cuando su madre, que controla a todos los demás hijos, se inmiscuye en la vida de su nieta. Esta quiere irse a otro país y conocer mundo —algo que él siempre ha deseado profundamente—, y la abuela atosiga a su hijo día sí y día también, diciéndole que no deje marchar a su hija. Él confiesa que, cuando su madre le dice esto, se le «gira la cabeza».

Como puede verse, se trata de una limitación llena de violencia y de castración: mi consultante no tiene la libertad de vivir su vida. Sus decisiones están constantemente mediatizadas por la opinión de su madre.

Toma de conciencia

Tal como nos dice él, ha tomado conciencia de que su pareja es su madre bis. Es superprotectora, y aún más desde que está enfermo. Quiere irse y estar solo; tiene la necesidad de hablar con su hermano mayor, pero se queda, sigue manteniendo la situación. Obviamente, su mujer lleva el programa complementario. Aquí no hay culpables, todos hacen su papel. No puede decir lo que piensa, y por ello se desvaloriza más.

Reflexión

El inconsciente no diferencia entre su madre y su esposa, pues para él todo es uno. En el inconsciente «resuena» una información, y cuando más nos resistamos a ser nosotros mismos, a desheredarnos de esta hipnosis que nos atrapa cual peleles, nuestra psique se expresará en nuestra corporalidad. En el caso de mi consultante, la gota que colma el vaso es cuando su madre coarta la libertad de su hija. Aquí el inconsciente no puede más. En esta situación, la persona que nos consulta comprende que la solución la tiene delante de sus ojos, en forma de oveja negra. Hay que poner una distancia emocional entre él y las personas que resuenan. No hay que huir, hay que entender que estas personas tóxicas llevan una información para que nosotros seamos capaces de trascenderla y darle un sentido más amplio que nos permita vivir en libertad. Más adelante ya hablaré de la distancia emocional como un recurso para desintoxicarse y salirse de la hipnosis.

Placer prohibido

Hay personas que, cuando se les brinda reconocimiento, afirman con energía que no se lo merecen y se autosabotean. Es la humildad mal entendida. Las enseñanzas de la doctrina advaita (filosofía hinduista del no-dos) nos enseñan que «la humildad es para el ego». Hablamos de personas que no se permiten disfrutar, sentir placer, pues todo placer es pecado y piensan que, para agradar a algún Ser superior, hay que sufrir. Sin sufrimiento ni sacrificio, no hay verdadero amor.

Son personas que buscan el sacrificio permanente. El papel de mártires les va como anillo al dedo. Su humildad es una conducta aprendida. Viven en la queja, pues su inconsciente se expresa así porque en el fondo buscan aprobación y reconocimiento, aunque lo nieguen con todas sus fuerzas.

Identificación con la mente cognitiva

En este caso, se trata de personas que no acaban de conectarse con el cuerpo, creen que tienen todos los conceptos integrados porque los comprenden cognitivamente, pero no los han integrado en una forma de vida. Son personas que no pasan a la acción, y por lo tanto justifican todo lo que están haciendo, reforzando así el conflicto, ya que todo lo que piensan se relaciona con la misma situación que pretenden solucionar. Su pensamiento es cíclico. Viven en un razonamiento constante, lo «entienden» todo, se lo explican todo, creen que la solución está en el «hacer», que tienen que hacer un cambio de conducta, como por ejemplo alejarse de casa para no ver a su madre o a su esposo, pero siguen mentalmente y emocionalmente apegados a ellos.

Sus mentes están condicionadas por la creencia en el «control», de que las cosas deben hacerse de una forma determinada y no se abren a la experiencia de vivir en la incertidumbre.

Perfeccionismo

Este bloqueo lo padecen personas que son inflexibles en sus argumentos. Es una manera de controlar a los demás y demostrar que no comenten errores. Un comportamiento así es fruto de una gran desvalorización. Temen profundamente el juicio de los demás, un juicio que proyectan de manera constante en los otros.

Son personas que confunden el «ser válido» con «hacer algo que demuestre su valía». Sienten una gran necesidad de que todo esté en perfecto orden. Son rígidas, inflexibles, les molesta todo lo que ellas creen que no está en su sitio. Es el control por el control, y esto les hace vivir con mucho estrés y supone un gran bloqueante en sus vidas. Al final se quedan solas, con sus manías y con su incomprensión.

Fidelidad familiar

Considero de gran importancia este bloqueo por la influencia que tiene en los malestares entre los miembros de las familias. La fidelidad familiar bloquea a la persona y le impide tomar decisiones. No puede hacer nada sin el permiso de «alguien» que tiene el poder de tomar las decisiones del clan. La fidelidad familiar impide la libertad individual porque implicaría una traición. En estas familias —por suerte para ellas— siempre existe la «oveja negra», que es la que carga con las frustraciones del resto del clan familiar.

Veamos un ejemplo de fidelidad familiar, donde se ven claramente las resonancias, que es uno de los temas de este libro.

Motivo de la consulta

Una mujer joven acude a la consulta por una luxación de cadera congénita que hace poco empezó a dolerle.

Resonancias

Vamos a buscar los antecedentes, pues, al ser congénita, la programación es absolutamente heredada. La encuadro en las informaciones de su madre y de la abuela materna, pues está claro que la cadera tiene un sentido biológico muy preciso que hay que investigar.

Ella nos relata que su abuela estaba enamorada de un chico con el que llegó al siguiente acuerdo: «Te pago los estudios con la condición de que te cases conmigo cuando los termines». Una vez finaliza los estudios, él se va. Pero, pasado un tiempo, regresa con la abuela de mi consultante y le dice: «Si te quedas embarazada de un niño, me casaré contigo». Ella accede y tiene una hija –la madre de mi clienta– y el hombre la vuelve a dejar porque es una niña. Al cabo de un tiempo, el hombre regresa y le dice lo mismo: «Si te quedas embarazada de un niño, me casaré contigo». Ella accede por segunda vez y se queda embarazada de gemelos varones. Él sigue descontento, pues quería un varón y no dos.

La madre de nuestra consultante también se queda embarazada, convirtiéndose en madre soltera de una niña, pues el padre también la abandona.

Escenario de estrés

Ella tiene relaciones sexuales con un joven, y se queda embarazada. Este la abandona al enterarse y nace un niño varón.

Le pregunto si en ese momento ya sufría dolores, y me responde que no.

Escenario actual
Actualmente vive con su madre y la abuela. Todas tienen en común que, tras quedarse embarazadas han sido abandonadas.

Toma de conciencia
La abuela y la madre buscaban un niño, cosa que nuestra clienta consiguió. Los dolores empiezan cuando va a vivir con ellas. Aquí vemos cómo el inconsciente reconoce el dolor y el sufrimiento de las dos mujeres y resuena con ellas. Su dolor es totalmente inconsciente. Cuando estaba sola con su hijo, no sufría dolores, pues el sufrimiento ya no tenía sentido, había tenido un varón; al volver al nido, a la fidelidad familiar, se activó el dolor de la madre y de la abuela.

Recordemos que el inconsciente no es dual, para él todo es uno, y nuestra clienta lleva en ella la semilla del dolor de la abuela y de la madre. Al estar juntas, la información resuena.

— QUÉ CULPA TENGO YO —

Por último, vamos a profundizar en la culpa por la importancia social que tiene esta creencia. Le dedico un apartado especial para comprender bien su dinámica y la gran influencia que ejerce en nuestros actos.

Voy a empezar recordando una frase de Napoleón: «Haz sentir culpable a tu enemigo y dominarás su voluntad». Tenemos el hábito de echar —proyectar— la culpa a lo primero que se nos presenta delante. Buscamos aprobación, justificación a nuestros actos y, sobre todo, parecer inocentes. No somos conscientes de que nuestras reacciones están programadas, que tenemos hábitos inculcados que nos robotizan: a tal pregunta, tal respuesta; a tal contrariedad, tal reacción. Hemos sido educados con leyes rígidas, con una única razón: «Esto siempre se ha hecho así». Oponerse a ello implica desaprobación social, rechazo y, sobre todo, miedo.

Recordemos: «Todas nuestras reacciones están programadas». La culpa es hija del miedo, y este es producto de una creencia ancestral: creer que estamos separados. Esta creencia nos hace vivir o, mejor dicho, percibir una realidad que está alimentada por la Consciencia, que es nuestra capacidad de observar, la capacidad de crear nuestra realidad. La mayoría de las personas no son conscientes de este poder, pero ello no quiere decir que no se esté manifestando constantemente. A esta forma de percibir la realidad se le llama «conciencia dual».

Esta conciencia dual separa lo que percibe, y se manifiesta en una creencia: hay cosas llamadas «buenas» y cosas llamadas «malas». Constantemente estamos percibiendo mediante esta división, una división que nos produce un dolor interior que queremos eliminar. ¿Cómo lo hacemos? Gracias a una proyección: la culpabilidad.

La culpabilidad se alimenta de otra creencia: la causa de que todo lo que nos ocurre es debido a factores externos. Esto nos provoca una necesidad de control, y este, a su vez, alimenta el miedo, cerrándose así el círculo. Al sentirme culpable, pretendo volver a ser aceptado en el clan, en la sociedad, en el sistema. La culpabilidad es un castigo que me impongo para hacerme inferior y provocar compasión en los demás. La culpabilidad, muy bien utilizada por el ego, es un «arma» para manipular y controlar a los demás. Pretende que te sientas en deuda y así condicionar actitudes. La culpa es una magnífica forma de control. Haciendo que los demás se sientan culpables, conseguimos adueñarnos de su voluntad.

La culpabilidad está incrustada en nuestro inconsciente desde tiempos inmemoriales. Sentir el influjo de la culpa, tanto si viene de ti como si viene de los demás, es una muestra de hasta qué punto nuestra libertad está condicionada por normas y comportamientos —llamados «morales»—, cuya finalidad es someternos a los dictados de algún tipo de poder terrenal.

Dinámica de la culpabilidad

Al culpar al otro nos liberamos de nuestra responsabilidad. Sin embargo, olvidamos que, al renunciar a la propia responsabilidad, otorgamos el poder a los demás y nos convertimos en víctimas. Culpar tiene un coste: «La pérdida de nuestra libertad». Además, el papel de víctima trae consigo una autopercepción de debilidad, vulnerabilidad e indefensión, que son los componentes principales de la apatía y la depresión. Si nos mantenemos en esta dinámica, bloqueamos firmemente nuestro despertar, pues la culpa bloquea la autoindagación por miedo a encontrar algo horrible en uno mismo.

En el despertar de la mente, esta ya no percibe las cosas separadas, siente en lo más profundo del Ser que todo está interconectado; no es un saber, es un existir. Todo sigue igual, los personajes de tu vida, los mismos problemas y dificultades; aparentemente nada ha cambiado, y sin embargo, para esta consciencia abierta, nada vuelve a ser igual.

El miedo a la vida es el miedo a vivir las emociones.

El miedo a la pérdida alienta los apegos; estos crean una dependencia y nos llevan al dolor. El miedo nos paraliza, pues la mayoría de los «no puedo» son en realidad «no quiero». Detrás de los «no puedo» o los «no quiero» con frecuencia se esconde un miedo.

Siempre valoramos lo que nos sucede como «bueno» o «malo», es algo automático, lo hacemos sin pensar. Pero deberíamos plantearnos las siguientes preguntas: ¿Por qué algo debe ser siempre «fallo» de alguien? ¿Por qué introducimos el concepto de «malo» en primer lugar? ¿Por qué debe uno de nosotros estar equivocado, ser malo o culpable? No nos damos cuenta de que obtenemos una gran recompensa al culpar a otro de nuestra desgracia: sentimos que somos inocentes, podemos disfrutar de la autocompasión, conseguimos ser mártires y víctimas y que nos tengan simpatía. Sin embargo, no es un deseo consciente, es el propósito inconsciente de la culpa. Lo importante es el deseo de obtener el castigo de otra persona, y combinarlo con el autocastigo.

En cada juicio crítico que emitimos subyace la culpa: «La culpa en sí misma engendra sentimientos negativos y los sentimientos negativos, en y por sí mismos, también engendran culpa». Y hemos vivido durante tanto tiempo en este ciclo que ni siquiera lo reconocemos. «La culpa es tan omnipresente que, sin importar lo que hagamos, sentiremos de algún modo en nuestra mente que "deberíamos" estar haciendo otra cosa». De una manera u otra proyectamos culpa sobre el mundo que nos rodea, «es por eso que la mayoría de las personas necesitan un "enemigo"». («La culpa no es de nadie»: <https://www.enriccorbera institute.com/blog/4-claves-para-la-transicion-a-la-vida-adulta-2>).

No hay ganador en el juego de la culpabilidad. Debemos observarnos a nosotros mismos y ver que, cuando queremos culpar, en realidad estamos eligiendo culpar. Como dice el doctor David R. Hawkins, en realidad no elegimos por nosotros mismos, sino por nuestras programaciones inconscientes heredadas por nuestros antepasados. Solo al dejar de culpar podremos experimentar el perdón y, como consecuencia de ello, sentiremos «el resurgir de la energía de la vida, el bienestar y la salud física».

Perdonar no es reconocer una equivocación, es soltar, es entregar nuestra percepción completamente, abandonando todo juicio. Y dado que cualquier juicio nos lo hacemos realmente a nosotros mismos, esto permitirá liberarnos en el proceso. La culpa y el castigo no sirven para solucionar nuestros conflictos. No somos culpables, sino responsables. Cuando culpamos a los demás estamos juzgando algo que no consideramos correcto y repudiamos en nosotros mismos. Dejar ir enseña que hay que dejar de proyectar la culpa en los demás. Tomamos conciencia de que todas nuestras proyecciones, al final, se vuelven contra nosotros y, si las liberamos, nos liberamos. Este es el gran secreto para hallar la felicidad aquí en la Tierra.

Ejercicio

Este tipo de ejercicio lo hago en mis seminarios para ejercitar la autoindagación.

No hay respuestas para todos, es más, no las busques. Se trata de percibirlo de otra manera, desde la conciencia de que todo está relacionado, y de que todo está en uno mismo.

Vamos a reflexionar sobre el sentimiento de culpa, vamos a revivir una situación en la que te hayas sentido culpable o, simplemente, te sientas culpable.

Te pregunto: ¿Cómo te sientes? ¿Qué sensaciones físicas experimentas? ¿Qué pensamientos recurrentes te vienen a la mente?

¡¡Obsérvalos!!

Y todo ello, ¿para qué?

¿Qué hay detrás?

Verás que eres la conciencia que observa los contenidos de tu mente. Esto es pura revelación, experiencia, no hay juicio.

Seguimos: ¿Qué consigues con ello? ¿No sientes que algo se muere en ti? ¿No sientes que tus fuerzas flaquean?

Repito: ¿Qué sentido tiene todo ello?

Profundicemos un poco más: ¿Qué inteligencia hay detrás, sosteniendo estas sensaciones, y cuál es su intención? Y, sobre todo, ¿qué pretende? Quizá, quitarme la vida, anularme, aislarme, ser un muerto en vida...

¡Aléjate emocionalmente! ¡No juzgues!

Reflexión

Cuando alguien hace algo con premeditación, sea lo que sea, como asesinar una cultura, aislar a pueblos enteros, llevar a cabo un genocidio, me pregunto: ¿Hay culpabilidad? La respuesta es no. Aquellos que asesinaron a Jesús –por poner un ejemplo, uno de tantos en la historia de la humanidad– creían que estaban haciendo un bien, no tuvieron ni un atisbo de culpa.

Entonces, ¿qué hay detrás de ese sentimiento de culpa?

La respuesta es: ¡¡Aislamiento!! ¡¡Miedo a no pertenecer!!

Bajo la culpa se sustenta el concepto del «yo», en una mente dual, donde los demás están separados de nosotros mismos. Se trata de una creencia que alimenta a otra: la creencia en la escasez. La creencia en la separación, activa el miedo a no pertenecer, a estar aislado, a la falta, a la pérdida. Surge la necesidad de obtener, y para ello tengo que dar, y entonces surge el miedo a la escasez.

La culpa y el castigo

Desde la concepción judeocristiana de la culpa, podemos entender que quien tiene la culpa merece un castigo. En relación con esto podemos hablar de la psicología conductista y de los mecanismos de control de la conducta mediante refuerzos positivos y negativos. No obstante, sabemos también que el comportamiento de cualquier ser vivo contiene en sí mismo una intención positiva, un por qué y un para qué, que lleva a la persona a actuar de cierta manera. Nuestros comportamientos, la gran mayoría de ellos inconscientes, persiguen en todos los casos cubrir necesidades biológicas básicas, como puede ser el sentimiento de seguridad, de aceptación, de valoración, etc. La represión o el castigo de cualquier comportamiento, si no conlleva la comprensión y la cobertura de estas necesidades biológicas básicas, derivará en otro comportamiento. Buscaremos cómo agradar, recuperar la autoestima y la aprobación del grupo, nos sentiremos culpables y así podremos pedir perdón y volver a ser aceptados.

De todo lo anterior deducimos que la culpa, y su consecuente castigo, no sirven para solucionar ningún conflicto. Hemos de tener en cuenta que no somos culpables, sino responsables de lo que hacemos y de las consecuencias de nuestros actos. Solamente entendiendo nuestra forma de actuar y la intención positiva de la que proviene, podremos cambiar nuestro comportamiento. Por todo ello es tan importante tomar conciencia de que nuestros actos están condicionados por aprendizajes y creencias heredadas, que se convierten en leyes inamovibles.

> Si yo logro que te odies a ti mismo, me será más fácil dominarte, domesticarte; y eso es lo que hace nuestra mal llamada

educación. La sociedad te enseña a estar siempre insatisfecho, para dominarte y controlarte.

ANTHONY DE MELLO

La culpa como mecanismo de proyección

Vivimos en un mundo de ilusión, un mundo en el que percibimos en los demás aquello sobre lo que no somos conscientes o repudiamos en nosotros mismos. A esto lo llamamos «proyección», un término empleado por Carl Gustav Jung, discípulo de Freud. De esta forma, todo lo que nos molesta e incluso lo que sucede a nuestro alrededor forma parte de nuestra propia forma de ser, que se proyecta en nuestra vida diaria sin que seamos conscientes de ello. Cuando decimos que alguien es «desagradable», «malicioso», «cruel», «interesado», etc., estamos identificando en él/ella cualidades que no queremos ver en nosotros mismos, o que no relacionamos con nuestro «yo» ideal, es decir, el «ego». Las mandamos a la sombra, al inconsciente, y este se manifiesta en situaciones y personas que formarán parte de nuestra vida diaria. Cuando culpamos a alguien de algo, seguimos juzgando aquello que no consideramos correcto para nosotros, y así continuamente. Para deshacer estas proyecciones hemos de integrar la sombra, lo inconsciente, que es aquello que vemos en los demás y a nuestro alrededor, para entonces poder ser libres de todos estos condicionamientos, de la culpa y del castigo.

La proyección, tal como vengo desarrollando, es un mecanismo de liberación, un deseo de desprenderse de sentimientos que te aprisionan, alimentados por las creencias que los sustentan. Este sentimiento horrible, que no te deja vivir, es la culpa, y la necesidad de proyectarla al exterior es la aparente solución que encontramos para liberarnos. Pero esta no es ni será nunca la solución, pues, al proyectarla en el otro, entramos de repente en el juego de la culpabilidad, el juego demoníaco que nos maniata a todos, y que es el crisol del dolor, del sacrificio y del sufrimiento.

La culpa y el sacrificio

La culpa y el sacrificio no pueden existir por separado; si hay culpa, un remedio para eliminarla es a través de conductas inconscientes como el sacrificio.

¿Qué debemos entender por «sacrificio»? Antes que nada, debo dejar muy claro que el concepto de sacrificio está intrínsecamente relacionado con las culturas y sus creencias. En el cristianismo, sacrificarse es un acto de amor. Esta creencia está tan arraigada que no se concibe el auténtico amor sin sacrificio. Si analizamos la intención de muchas personas que utilizan el sacrifico, vemos que subyace un interés muy egoísta, que es el de culpabilizar a quienes dicen querer: «Después de los sacrificios que he hecho por ti, así es como me lo pagas». El que se sacrifica, en el fondo, espera un beneficio, una dádiva, una recompensa, sea aquí en la tierra o posteriormente en el cielo.

El objetivo del sacrificio, como primer elemento, consiste en entrar en contacto con Dios. El segundo es por un sentimiento de culpabilidad, así el sacrificio adquiere una importancia particular en la purificación de nuestra conciencia. Desde una visión espiritual, el sacrificio está relacionado con la renuncia al mundo o a ciertos aspectos de él. Caer en la tentación implica dejar entrar la culpabilidad por no haber cumplido los requisitos que implica tal renuncia. Aquí la culpabilidad recobra su auténtico sentido: no cumplir una promesa. El que hace un sacrificio auténtico, es decir, sin esperar nada a cambio, no hace ningún sacrificio sino algo que siente profundamente. Muchas personas ven a otras hacer algo que ellas no harían y dicen: «Hay que ver qué sacrificio hacen». Pero el que lo hace no lo vive así.

Desde un punto de vista más mundano, el sacrificio está asociado al esfuerzo para conseguir una meta. Muchas veces, para conseguir el amor de una dama, el caballero renuncia a algo. Esto se suele percibir como un acto de amor: «Mira cómo se sacrifica por mí».

Aquí, en este libro, quiero dejar muy claro que muchas conductas que se consideran sacrificios son programas inconscientes que buscan su expresión, para trascender informaciones de gran dolor y sufrimiento. Para una mayor comprensión, veamos su etimología: la palabra «sacrificio» proviene del latín *sacro* y *facere*, es decir, «hacer sagradas las cosas», honrarlas, entregarlas. Por el uso y la costumbre (no siempre tan positiva), ahora la vinculamos con dolor y pérdida, sin ser este su sentido.

El sacrificio, básicamente, es una renuncia a algo muy concreto o abstracto. Siempre hay que preguntarse: ¿para qué?; y no quedarse con una explicación basada, casi siempre, en unas creencias. Detrás de todo lo que hacemos, llamémosle como le llamemos, siempre hay una intención. Esta tiene dos caras: la primera, la que nos explicamos a nosotros mismos; la segunda, la que se halla en mi inconsciente y es la verdadera. Aquí está la auténtica indagación —la que quiero llevar al lector— para que desentrañe el auténtico impulso que le lleva a desarrollar ciertas conductas.

Cuando nos sacrificamos, de una forma inconsciente, caemos en la trampa del victimismo, y mantenemos esta conducta con la creencia de que hacemos cosas buenas, es decir, que somos buenos. La verdad es que esta creencia maniata la libertad de las personas y, tarde o temprano, se nos puede manifestar en forma de síntomas físicos.

Hay otra creencia, muy arraigada, por cierto, que consiste en pensar que: Si no te sacrificas, no amas, lo cual lleva implícito que no existe el amor verdadero sin sacrificio. Y la verdad es que un amor vivido así se convertirá en el día de mañana en un amargo resentimiento.

Ejercicio

Propongo al lector un ejercicio de autoindagación, pidiéndole que evite excusas y se haga el regalo de sincerarse consigo mismo para aumentar su conciencia. Para ello te presento una serie de preguntas, que espero que contestes con total honestidad. Aquí quien gana es uno mismo, al desentrañar conductas que podrían tildarse, a veces, de adictivas.

Una vez más, repito, no hay respuestas correctas. Se trata de tomar conciencia de que tenemos conductas y respuestas aprendidas. Veremos que detrás de ellas hay una intención. Descubrirla nos despierta, amplía nuestra conciencia.

Estas son las preguntas:

- ¿Por quién soy bueno y me sacrifico?
- ¿Qué pido de él/ella a cambio?
- ¿Qué me debe?
- ¿Qué le debo?

— EL ANTÍDOTO CONTRA LA CULPA: EL PERDÓN —

Cuando nos estancamos en la culpa, cuando culpamos a los demás de lo que nos sucede, entramos en el victimismo, nos convertimos en víctimas inocentes y creemos merecer la simpatía y la compasión de los demás, además de demandar un castigo para el culpable. Esto nos lleva a no movernos, a no cambiar nuestra forma de ser, ya que consideramos que el castigo sobre el otro rectificará nuestro problema. No nos damos cuenta de que aquello que queremos castigar en el otro es lo que castigamos en nosotros y que, por lo tanto, la única manera de resolver el conflicto es perdonar al otro. De este modo nos perdonamos a nosotros o, más bien, perdonamos nuestros juicios, que proyectamos sobre los demás. Solo entonces podemos liberarnos de las cadenas que nos atan a nuestros propios mandatos inconscientes, y que el universo tan fervientemente quiere que hagamos inconscientes.

Perdonar al otro es dar gracias por el aprendizaje.

Ante la pregunta «¿Qué culpa tengo yo?», y después de lo expuesto hasta aquí, la respuesta solamente es una: «Ninguna culpa». Uno no tiene la culpa de estar aquí, en este mundo, ni tan siquiera de tener los padres que tiene. Hay un diseño inteligente; quizá te resistas a creer que tú tienes algo que ver con estar aquí y ahora, en estas circunstancias. No voy a discutir esto, ni tan siquiera a intentar convencerte. Pienso que nadie es poseedor de la verdad, más bien que esta nos posee a todos. Pero te propongo que visites YouTube y busques el vídeo: «Las probabilidades de que tú existas son...». Creo que, como mínimo, te pararás a reflexionar en la cuestión que nos ocupa.

En dicho vídeo se dicen cosas como las siguientes:

- Las probabilidades de que tus padres se encontraran en un mismo lugar son de 1 entre 20.000; 1 entre 10 de que se hablaran; 1 entre 100 de que salieran una segunda vez; y, finalmente, dependería del resultado de tirar una moneda al aire para que vivieran juntos y tuvieran hijos.
- Si se combinan estas probabilidades, nos da 1 entre 40 millones. Las posibilidades de que un óvulo se encontrara con el esperma del cual naciste tú son de 1 entre 400 cuatrillones, y si se combina este número con la probabilidad de que tus ancestros no interrumpieran su linaje durante toda la existencia humana, nos da que la probabilidad de que existas tú es de 1 entre 10 elevado a 45.000. Esto es, el número 10 seguido de 450.000 ceros. Este número es más largo que todas las partículas que hay en el universo.

  La probabilidad de que cada óvulo encontrase al esperma correcto desde los tiempos inmemoriales es de 1 entre 10 elevado a 2.640.000; un cuatrillón multiplicado por otro cuatrillón por cada generación tuya.

  Finalmente, si combinamos todas las probabilidades, nos da que la probabilidad de que tú existas es sencillamente cero. Pero resulta que aquí estamos, teniendo en cuenta que la probabilidad de que seas como tú eres es de 1 entre 10 elevado a 2.685.000. Esto equivale a que dos millones de personas se juntaran en un mismo lugar, arrojaran un dado con un trillón de caras, y cada una de estas personas obtuviera el mismo número de 12 dígitos. Repito, la probabilidad de que estemos aquí es cero. Somos un milagro, nuestra vida no es una casualidad, hay un sentido, un propósito, no somos un efecto, somos una causa. Debemos procurar que nuestra vida sirva para algo, para hacer de este mundo un lugar mejor.

Siguiendo con el mismo razonamiento, te emplazo a leer el libro *Biocentrismo* del doctor Robert Lanza. Este propone la hipótesis de que lo único que existe es la conciencia, algo que vengo repitiendo reiteradamente a lo largo de este libro.

No, no tenemos la culpa, ni la tienen nuestros padres, ni nuestros abuelos, ni ningún ancestro nuestro. Cada uno de ellos hicieron aquello que fueron capaces de hacer, con la comprensión de que tenían el conocimiento que tenían, mediatizado por las culturas, los prejuicios y las creencias de cómo era el mundo y del porqué existimos.

No hay que ser muy inteligente para ver que hay un orden en todo lo que nos rodea, una inteligencia. Todo es información y esta no se puede perder, y este diseño inteligente, al que llamamos «Naturaleza», ha decidido transmitir la información de generación en generación, sin olvidar nada, ni el más mínimo detalle. Somos información, somos consciencia; la vida, a pesar de que estemos acostumbrados a vivirla, es un puro milagro, por calificarla de alguna manera. No nos asombramos cada día porque nos parece normal todo lo que nos sucede. No somos plenamente conscientes del equilibrio que rige en nuestro pequeñísimo planeta. Nuestro egocentrismo nos lleva a pensar que este planeta es nuestro, que podemos hacer con él lo que queramos, con la convicción de que nada va a pasar. En el universo todo resuena, siempre busca el equilibrio, y a sus creaciones las dota de la capacidad de adaptación. El universo busca siempre la máxima eficacia y eficiencia; la energía no se pierde, se transforma continuamente.

Querido lector, no voy a responder a las preguntas existenciales que se ha hecho la humanidad desde sus albores: ¿Para qué estamos aquí? ¿Para qué existimos? Y, en mi opinión, la más importante: ¿Qué sentido tiene esta magnitud de energía y con qué propósito? Lo que sí creo saber es que no somos culpables, en todo caso estamos dormidos y no somos conscientes de nuestro poder. Por suerte, la información no se pierde y queda cuidadosamente guardada en nuestro inconsciente, que tiene unas cualidades ancestrales, a saber: no juzga, es inocente, es atemporal —o sea, siempre todo es presente—, y no puede distinguir lo que realmente te pasa con aquello que crees que pasa.

Pienso que la intención de nuestra estancia aquí, en este planeta, es manifestar la información que reside en nuestro inconsciente y despertar a otra realidad. La información que recibimos, de generación en generación, se guarda en este mar ignoto a la espera de que alguna conciencia la libere para un nuevo amanecer, y así vivir en un nuevo mundo. Por eso mi propuesta empieza por darle salida, expresar esta información que anida en nuestro inconsciente particular, darle otro sentido, otra vibración, que nos permita salir del victimismo y alcanzar la libertad emocional.

— REPARAR —

Antes que nada, vamos a dejar claro cuál es el significado de «reparar». Cuando hablamos de «reparar» nos estamos refiriendo a cómo actuar cuando nos encontramos con las mismas experiencias que nuestros ancestros vivieron, pero en nuestra edad cronológica. Repetimos las experiencias de nuestros ancestros, sobre todo los secretos, los sufrimientos y las dificultades. Y no sucede esto para amargarnos la vida, más bien todo lo contrario, es como si nuestros ancestros nos dijeran: «Hazlo mejor, yo no supe, o no pude».

En el universo hay unas leyes que se cumplen siempre. Vivimos en la creencia de la separación, pero la verdad es que todo está interconectado y, especialmente, está complementado. En el universo todo son polaridades, lo negativo y lo positivo, lo femenino y lo masculino, el yin y el yang. La información que llevamos también es polar, por eso nos atraemos, nuestra información resuena y se complementa con lo que llamamos pareja, un hecho fundamental para que la vida, y con ello la información, se transmita de generación en generación y se produzca la evolución.

Cuando vivimos cualquier situación, en un primer orden de realidad no es más que una experiencia. Esta experiencia, vivida desde el posicionamiento excesivo, queda grabada en nuestro inconsciente y seguirá reforzándose si seguimos percibiendo otras situaciones nuevas con los mismos filtros mentales. Cada vez que volvemos a experimentar una situación parecida, tenemos una oportunidad para poder cambiar la forma de percibirla. Mantenerse en una de las dos polaridades responde a un exceso, y es importante observar si nos conviene seguir posicionándonos o encontrar una alternativa que equilibre los opuestos.

La información sobre los dramas sucedidos en la familia suele surgir debido al posicionamiento excesivo de uno de sus miembros, que, a su vez, supuso un estrés para el sistema familiar. La información almacenada en nuestro inconsciente se transmite a la descendencia, y los miembros de la siguiente generación pueden experimentar el mismo tipo de situaciones desde cualquiera de las dos polaridades. La adaptación biológica de las generaciones descendientes pasa por buscar el equilibrio del sistema y compensar dichos excesos, bien desde el mismo posicionamiento o bien desde el posicionamiento opuesto o complementario. Lo que es importante destacar es que el clan siempre tenderá a equilibrarse, como cualquier elemento de la naturaleza.

El equilibrio del sistema en su conjunto viene determinado por el equilibrio de cada uno de sus miembros; por eso, cuando un miembro está permanentemente en una polaridad, otro miembro tenderá a irse al extremo complementario. Si, en cambio, dicho miembro se permite transitar y moverse entre las dos polaridades, el otro miembro también tenderá a movilizarse, pasando de un sistema rígido a uno flexible y más adaptativo, favoreciendo así la trascendencia de los opuestos.

El factor que te fija en un posicionamiento u otro son las creencias y los juicios. Para ilustrar mejor este funcionamiento del inconsciente voy a ejemplificarlo aplicándolo a un caso de violencia doméstica.

Escenario de estrés

El hombre maltrata física y/o psicológicamente a la mujer y esta se siente víctima de la situación.

Reflexión

Están representando las dos polaridades de la desvalorización. La mujer tenderá a justificar su posición argumentando que su pareja es mala y ella es inocente; ella tiene razón y él no; él es responsable y ella no. Estará evitando toda responsabilidad, lo cual, a nivel biológico, la colocará en una posición de indefensión.

Resonancia

Tras toda una vida viviendo bajo dicho estrés, esta información acabará trasmitiéndose a las generaciones venideras, pudiendo una de estas generaciones mostrar el mismo comportamiento o el complementario. Lo que llamo «resonancia». Esta se puede manifestar de dos formas:

1. La **oposición** o **complementariedad** podría ser una persona hiperreactiva a cualquier estímulo que pueda interpretar como un ataque, sintiendo en todo momento que debe defenderse y actuar. Su programación inconsciente la lleva a exponerse de forma continua a situaciones de esa naturaleza para poder equilibrar de nuevo las polaridades y trascender los opuestos. Se trata de integrar el aprendizaje que anteriormente no se llevó a cabo en el sistema familiar, de saberse defender de cualquier ataque.
2. La **repetición** se daría cuando la persona experimentara de nuevo situaciones de maltrato y violencia. Aunque pueda parecer que la repetición refuerza la polaridad y el desequilibrio inicial, en realidad también busca un equilibrio. En este caso, la trascendencia pasa por empezar a respetarse ante una situación de maltrato de las mismas características. Este respeto no puede aprenderse y aplicarse en situaciones en las que no hay un ambiente hostil. Por eso, la persona tiene que pasar por la misma experiencia y aprender a vascular de un extremo a otro, es decir, desde la indefensión al respeto.

La posibilidad de trascender surge siempre desde una polaridad u otra. Para poder desarrollar una conducta determinada necesitamos un ambiente emocional en el que poder hacerlo; por ello, para poder trascender un conflicto, habrá que experimentarlo. La emoción vivida en ese conflicto será la que nos forzará a movernos y a evolucionar. Una emoción atendida será nuestra mejor aliada para crecer. La emoción será el elemento necesario e imprescindible dentro del ambiente estresante para que se pueda realizar un cambio y podamos trascender ese conflicto.

Cuando uno de los miembros de la familia trasciende sus roles y se permite experimentar otras posibilidades, el sistema se desestabiliza para encontrar otro punto de equilibrio distinto; es lo que llamaremos «homeostasis», es decir, la conducta que facilita el cambio en los otros miembros del clan.

Motivo de la consulta

Una mujer me explica en la consulta que siempre deja a sus parejas.

Resonancias en su vida cronológica

Antes que nada, vamos a repasar las parejas que ha tenido para poder ver qué relación hay entre ellas y qué resonancia –qué sucede– se manifiesta para que se produzca el abandono.

Su primer novio, cuando ella tenía diecinueve años y vivía en la casa de sus padres, la obligaba permanecer en casa y solamente podía salir con él. Me cuenta que le gustaba estudiar mucho (atención al dato) y, como no podía salir, estudiaba más.

Ha tenido otras tres parejas más y me dice que todas son iguales: ellos están fuera haciendo sus cosas, y ella en casa, estudiando.

Reflexión

Como podemos ver, aquí hay repeticiones, y el inconsciente nos las hace vivir para que demos otra solución, cosa que nuestra clienta no hace, pues la programación la domina y no se cuestiona a sí misma.

Escenario actual
Le pregunto si actualmente tiene pareja, y me contesta que no, pero que sigue estudiando. Podemos ver que hay un gran exceso en el «tengo que estudiar». De hecho, ha terminado varias licenciaturas.

Resonancias de antepasados
Buscamos la resonancia, y esta se encuentra en su abuela materna, que era muy inteligente y no la dejaron estudiar, pues «las mujeres no sirven para eso», según la creencia familiar. La abuela estaba atrapada en un matrimonio concertado, y lo vivía con gran amargura y gran tristeza por no poder estudiar.

Tomar de conciencia
La consultante toma conciencia cuando le hago ver que ella ha encontrado la solución –complementaria–, que consiste en buscarse una pareja que le impida salir y así poder estudiar. No encuentra pareja estable porque lo de estudiar no lo hace por placer, hay un estrés, un mandato inconsciente y no se permite tener una relación estable. Ha pasado de una polaridad, el hecho de no salir de casa y tener una pareja que no le deje salir y así poder estudiar, a otra que es quedarse en casa y no tener pareja que le impida estudiar. Su inconsciente no le permite salir si ella quiere, porque cabe la posibilidad de dejar de estudiar. Así es como funciona el inconsciente, nos lleva de una polaridad a otra hasta que las integremos y encontremos la solución, nuestra solución.

La consultante lo comprendió de repente, su cara y toda su corporalidad así lo manifestaban. No tenemos que pretender entenderlo, es algo que solamente ella puede hacer. Es su elección, su decisión, su libertad.

• RECORDEMOS •

- El cuerpo dice lo que la mente se calla.
- El campo es la única realidad, es lo único que existe.
- Las creencias ocultas son el gran bloqueo que nos impide sanar, son la hipnosis que nos mantiene atrapados, muchas veces, en una vida sin sentido.
- Vive tus creencias, pero evita identificarte con ellas; si no lo haces así, serás esclavo de tus ideas, y además marcarán la línea de tu vida.
- Hay que tener siempre presente que los acontecimientos externos o internos no son los causantes directos de nuestras acciones, sean emotivas o conductuales, sino los pensamientos, las creencias, los valores, las filosofías de vida, etc., que tenemos en nuestro inconsciente.
- El inconsciente no diferencia sujetos, solamente aprecia roles y situaciones emocionales parecidas; para él todo es lo mismo. No diferencia, por ejemplo, entre tu esposa y tu madre.
- Las creencias actúan en una doble dirección, es decir, lo que nos ocurre afecta a nuestro estado emocional y nuestro estado emocional afecta a lo que nos ocurre.
- La culpa es hija del miedo, y este es la manifestación de una creencia ancestral: creer que estamos separados.
- La necesidad del control nace de otra creencia: la causa de que todo lo que me ocurre es debido a factores externos. Esta creencia alimenta la necesidad de control, la cual alimenta al miedo y de esta manera se cierra el círculo.
- El miedo a la vida es el miedo a vivir las emociones.
- La culpa es tan omnipresente que, sin importar lo que hagamos, sentiremos de algún modo en nuestra mente que «deberíamos» estar haciendo otra cosa.
- Perdonar no es reconocer una equivocación, es soltar. Perdonar es dar gracias por el aprendizaje.
- El que hace un sacrificio auténtico, o sea, sin esperar nada a cambio, en realidad no hace ningún sacrificio.

CAPÍTULO V

SER FELIZ, ¿UNA UTOPÍA?

La felicidad es un estado mental vacío de expectativas.

....

Todo el mundo busca la felicidad; la pregunta que tendríamos que hacernos es: ¿sabemos realmente lo que significa ser feliz?

La felicidad consiste en saber vivir, saber estar con una mente presente sin expectativas, libre de la creencia en el control.

....

El gran problema de la felicidad es que la hemos convertido en un mito. Es un concepto muy arraigado en nuestra psique, una proyección que se cree lejana, muchas veces inalcanzable.

La proyección suele manifestarse en frases como: «Solo así sería feliz»; «Si quedo campeón, seré feliz»; «Si gano dinero, o tengo un coche, o aquella mujer, o el hombre deseado, y un largo etcétera, sería feliz».

En este capítulo vamos a hacer un análisis profundo sobre lo que es «realmente la felicidad», y en qué consiste. Partiremos de las siguientes premisas: ¿Es un logro o una forma de vivir?, ¿es un estado mental? Entraré de lleno en las adicciones emocionales, buscando en ellas la insatisfacción inconsciente asentada en una programación ancestral, que coarta de una forma tajante y compulsiva nuestra libertad emocional, haciéndonos dependientes de las acciones de los demás. Sentimos la necesidad compulsiva de pedir más del otro, vivimos en una insatisfacción permanente, consumiendo todo lo que hay a nuestro alrededor y consumiéndonos a nosotros mismos, llevando a cabo conductas autodestructivas y secuestradoras de vidas allí donde las haya.

— EN BUSCA DE LA FELICIDAD —

¿Es posible vivir sin angustias ni preocupaciones? Esto solamente se consigue cuando se vive en el aquí y en el ahora. Cada instante es único. Debes saber que el cambio es permanente, saber vivir en él es la felicidad.

La felicidad es un estado de continua conciencia. Estar consciente implica saber qué hay detrás de tus conductas, lo que te permite el auténtico control. Si no eres consciente de ello, los miedos inconscientes te dominan.

Lo que te impide ser feliz es la creencia en el sufrimiento. Este lleva implícito un deseo oculto: «Que las cosas sean como a mí me gustaría que fueran». ¿Te enfadas? Ya es hora de que te des cuenta de que el responsable de tus enfados eres tú. Es una reacción de tu inconsciente, es el fruto de apegos, la mayoría de ellos aprendidos; esto te provoca conflictos y, a su vez, sufrimientos. Lo que nos hace sufrir es el apego que tenemos a los diversos aspectos de nuestra vida, entiéndase relaciones, objetivos laborales, ideales de una forma de vida, deseos de cambiar lo que no nos gusta y un largo etcétera. El apego se sustenta en la creencia de que hay cosas que nos harán felices o, por el contrario, nos harán sufrir. El sufrimiento siempre se alimenta de nuestro miedo. Y el miedo nos hace egoístas.

La felicidad vive en el presente, es saber estar en el aquí y en el ahora. No es un logro, sino una consecuencia de no polarizar tu mente, de dejar de desear que las cosas tengan que ser como uno cree. Todo sufrimiento se sustenta en nuestra programación. Hay personas que vienen a mi consulta para ver sus situaciones de otra manera. Les aviso, siempre, de que va a ser duro y que se van a incomodar muchísimo. Lo primero que hago es cuestionar «su verdad», la que los esclaviza y los hace sufrir. En este momento encontramos grandes resistencias. Les hago ver que se están proyectando continuamente y que aquello que más les molesta de los demás —lo que les hace sufrir— no está fuera sino dentro de su psique. Les muestro su programación y dónde resuena. Algunos se sienten ofendidos y heridos en sus sentimientos; otros, aliviados, como si se quitaran un peso de encima. Los primeros no quieren soltar sus verdades, se resisten a ver lo que les rodea, sus relaciones; son incapaces de comprender que están relacionadas con sus programas y que son una oportunidad para conocerse a sí mismos y liberarse de culpas, sufrimientos y apegos. Los segundos no saben lo que les ha pasado, se sienten en paz, se sienten libres. Esto es la felicidad.

La felicidad es libertad emocional. Te permite decir sí o no con toda naturalidad y sencillez en cualquier circunstancia. Es saber vivir con coherencia, donde tus pensamientos, tus sentimientos y tus acciones son congruentes entre ellos.

Dejarás de sufrir cuando te canses de sufrir. Este es el secreto de la liberación emocional por la que tanto abogo. Tu valía no depende de lo que piensen los demás de ti. Ellos se proyectan en ti, alégrate de ser el espejo en el cual puedan verse a sí mismos, si así lo deciden. La auténtica felicidad requiere de una actitud que consiste en dejar de proyectarse en el otro, en no esperar que algo suceda ni que haya cambios a tu alrededor. Es un estado de presencia, de saber estar, libre de deseo, con la sabiduría de que las cosas serán como deban ser.

Nos secuestraron nuestra felicidad cuando nos pusieron la semilla del pecado en nuestro inconsciente. Desde los albores de los tiempos, nacemos desterrados, estamos fuera del paraíso. Deseamos volver a toda costa a «casa» y se nos dice que no somos gratos a los ojos de Dios, con lo que vivimos en la culpabilidad y en la búsqueda del perdón de una forma compulsiva. Ha habido momentos en la historia en los que la alegría estaba prohibida y el placer era obra del demonio y, por tanto, debían ocultarse. ¿Dónde lo hicieron?

Pues en nuestro inconsciente, el lado oscuro de la psique. Hoy en día se ve perfectamente esta proyección: la diversión, el desenfreno, la lujuria y cualquier exceso se llevan a cabo de noche. Nuestra psique está dividida entre aquello que se puede mostrar y aquello que se debe ocultar. Un ejemplo claro de lo que estoy exponiendo es el Carnaval, o fiesta de la Carne, que se celebra antes de la Cuaresma —época de privación y austeridad—. Su significado es «carne para Baal», es decir, carne para el demonio.

La otra semilla que nos ha secuestrado la felicidad es la educación. La sociedad nos ha enseñado a estar insatisfechos, porque siempre hay que buscar más; nos ha sumergido en una vorágine de consumismo. No le hemos sacado todo el rendimiento a un electrodoméstico cuando ya necesitamos comprar otro. Toda la vida luchando para lograr algo y, cuando lo consigues, si es que lo consigues, observas que la vida se te ha escapado como la arena entre los dedos. La sociedad nos ha enseñado a odiar al otro por cualquier motivo, sea por su cultura, su raza, su religión o sus formas de pensar. Estamos dominados por símbolos, banderas y nacionalismos, donde rechazar al otro se ha convertido en una adicción. Sin ir más lejos, el famoso internet ha facilitado que puedas esconderte detrás de un pseudónimo y, así, poder insultar y sacar toda tu porquería mental contra alguien que no piensa igual que tú. Nunca en mi vida he visto tantos insultos ni tal sarta de barbaridades como en los foros deportivos.

Hay que saber vivir en las polaridades, comprender que sin la oscuridad no podemos conocer la luz, sin la enfermedad pierde sentido la salud, sin lo femenino no existe lo masculino, sin el arriba falta lo de abajo y así sucesivamente. El gran maestro Robert A. Johnson, analista junguiano estadounidense, nos dice: «El lugar donde se unen la luz y la oscuridad es donde surgen los milagros. A este lugar se le llama Mandorla». ¿Qué es la mandorla? Es una palabra italiana que significa «almendra». Lo encontramos en imágenes de muchas iglesias. En su interior, normalmente, se representa la imagen de Jesús.

Veamos lo que nos dice Johnson en su libro *Aceptar la sombra de tu inconsciente*:

> Cristo es la intersección de lo divino y lo humano. Es el prototipo de la reconciliación de los contrarios.

> La mandorla se obtiene cuando se superponen parcialmente dos círculos. Este símbolo representa la superposición de los opuestos, en general se describe como la superposición del cielo y la tierra.

> Nos gusta pensar que una historia se basa en el triunfo del bien sobre el mal, pero la auténtica verdad es que el bien y el mal desaparecen como elementos individuales y pasan a formar parte de una misma unidad.

Dicho de otra manera, soportar la tensión de los opuestos es el arte de crear una mandorla en nuestra vida. Es el camino de la ausencia de juicios, el camino del bienestar emocional.

— ¿DÓNDE ENCONTRAR LA FELICIDAD? —

La mandorla nos dice que, para encontrar la felicidad, hay que integrar lo que aparentemente está separado:

La cuestión no es separar los opuestos para lograr un progreso hacia lo positivo, sino más bien unificar y armonizar los opuestos, tanto positivos como negativos, descubriendo un fundamento que trascienda y abarque ambos. En palabras de Ken Wilber:

> Este liberarse de los pares es, en términos occidentales, el descubrimiento del Reino de los Cielos sobre la tierra. El Cielo es un estado de no-posicionamiento de no-dualidad... Cuando se comprende que los opuestos son uno, la discordia se disuelve en Concordia.

Lao-Tse, filósofo chino que nació seiscientos años antes de Cristo, considerado el fundador del taoísmo, ya nos decía: «Si estás deprimido, estás viviendo en el pasado; si estás ansioso, estás viviendo en el futuro, y si estás en paz, estás viviendo en el presente».

Me gustaría recomendar a los lectores la maravillosa película ya mencionada antes, *El guerrero pacífico*, de Victor Salva, antes de adentrarnos en las creencias profundas que bloquean el estado de felicidad y que se han convertido en mitos.

Esta película muestra un claro ejemplo del mito del héroe, el camino de transformación que todos pasamos. Es la historia de un gimnasta que tiene muchas posibilidades de ir a unas olimpiadas y poder ganar una medalla de oro. En ese camino que reza en el título, se encuentra el maestro, el guía, el instructor. Nuestro héroe –el gimnasta llamado Dan Millman (Scott Mechlowicz)– sufre un grave accidente en moto, quedándole una pierna en muy mal estado. Después de un período entrenándose, sobre todo mentalmente, su maestro, Sócrates, le dice que hace tiempo que quiere llevarle a un lugar.

Mientras están subiendo a la cima de la montaña, donde se supone que van encontrar aquello tan importante, entablan este diálogo:

SÓCRATES.– Vamos, piensa.

DAN.– ¿Te refieres a las tres reglas? Pues, paradoja, humor y cambio.

Paradoja

SÓCRATES.– Dan, la vida es un misterio, no pierdas el tiempo deduciéndola.

Humor

SÓCRATES.– Dan, no pierdas su sentido, sobre todo en ti, te dará una fuerza colosal.

Cambio

SÓCRATES.– Dan... *(hay un largo silencio)* no hay nada que perdure.

Dan empieza a estar cansado y tiene muchas ganas de llegar, el maestro sigue adelante sin decir nada hasta que se detiene.

–Hemos llegado –dice Sócrates.

—¿Adónde? —pregunta Dan.

—Al lugar que te dije —contesta Sócrates—. Ahí, justo en tu pie. —Y señala una piedra no muy grande, que se puede coger con una mano.

—¿Esto es lo que, por fin, estaba listo para ver? —dice Dan, enfadado.

—En el camino estabas emocionado, contento —se sorprende el maestro.

—¡Es que pensaba que iba a ver algo interesante! —exclama Dan.

—Estabas como un niño en un día de Reyes —contesta Sócrates, sonriendo.

—Esperaba ver algo maravillo —replica Dan.

—Tendría que habértelo dicho antes de que saliéramos. Pero supongo que tampoco sabía lo que encontraríamos. Nunca lo sé —le asegura Sócrates mientras le pone la piedra en su mano—. Siento que ya no estés contento.

Y entonces, Dan, levantando la cabeza, dice:

—¡El viaje! El viaje aporta la felicidad... no el destino.

— MITOS SOBRE LA FELICIDAD —

Voy a enumerar los mitos sobre la felicidad que creo más importantes:

1. La felicidad tiene que encontrarse.

Se trata del mito de la búsqueda de la felicidad. La felicidad no tiene causa, por lo tanto, no es un efecto. No es un logro que hay que conquistar o un esfuerzo que se debe realizar. La felicidad se encuentra entre uno mismo y los demás. No es un lugar, es un estado de conciencia entre lo que yo percibo de los demás y lo que ellos perciben de mí. En este espacio mental se encuentra la percepción correcta de todas las situaciones. No hay ni vencedores ni vencidos, ni mi verdad ni la tuya. La felicidad es un estado mental vacío de manifestación, que se produce cuando renuncias a querer que las cosas sean como a ti te gustaría que fueran. Consiste en dejar que los acontecimientos se sucedan libremente para vivirlos, y mantenerlos unidos en sus polaridades, que se complementan.

2. La felicidad consiste en cambiar nuestras circunstancias.

La felicidad es saber vivir la vida que nos toca con una conciencia de unidad. Esta nos lleva a la comprensión de que todas las vicisitudes que la vida nos manifiesta están en relación con la conciencia que cada uno ha desarrollado. No depende de nada en concreto, pues esta comprensión nos enseña a vivir con coherencia emocional. Es la coherencia entre lo que pienso, lo que siento y lo que hago en mi vida con un profundo respeto a los demás. La felicidad es saber vivir en la incertidumbre, ya que las polaridades son necesarias en este mundo dual. No puedo eliminar aquello que me molesta, pues forma parte de una realidad dual. La eliminación de una polaridad implicaría la desaparición de la otra.

3. La felicidad la tienes o no la tienes.

La felicidad siempre se tiene, para experimentarla debes dejar de lado tus posicionamientos y considerar que tus juicios no siempre serán los verdaderos. Alimentar una posición a ultranza, o sea, querer que la otra desaparezca, te hace vivir permanentemente en la lucha y la confrontación, estados que minan tu salud física y psíquica.

El egocentrismo siempre se mueve en las dos polaridades. Buscamos estar en una polaridad y negamos la otra o intentamos evitarla, y este simple hecho te hace sufrir y pierdes el teórico bienestar. Esto te hace vivir en un mundo que solo está en tu mente.

4. La felicidad es sentirse bien todo el tiempo.

Para sentirse bien en todo momento, confundimos la felicidad con la obtención de algo. Entonces la felicidad se convierte en un deseo.

La felicidad es un bien-ser, es saber soltar, liberar emociones y sentimientos, no con fuerza de voluntad, sino porque comprendemos que estas emociones y sentimientos hablan más de nosotros que de aquellos que creemos que nos las activan. La vida es cambio permanente, y saber vivir en él es la felicidad.

Veamos ahora qué se entiende por «felicidad» en el mundo. Querido lector, no sé si sabes que existe una lista de los países más felices del mundo. Esta lista muestra que los países más felices —Suecia, Noruega, Dinamarca— tienen en común un alto PIB per cápita y una esperanza de vida saludable al nacer y apenas hay corrupción entre sus líderes; además de otros derechos como: apoyo a los padres, igualdad de género y un sistema de salud eficiente, eficaz y gratuito para toda la población.

Mozambique es uno de los países más pobres del mundo, ha sufrido una tremenda miseria, sin perder su dignidad y su actitud positiva frente a los acontecimientos. Obviamente hay carencias y mucha falta de recursos, pero esto no evita que sean felices.

Entre estos países se produce una gran incongruencia. Resulta que la tasa de suicidios más alta se encuentra en los países considerados más felices y con mayores prestaciones sociales. Entonces podemos deducir que la felicidad no es el resultado de disponer de suficiente dinero para hacer y comprar lo que deseas, además de tener una vida saludable, sin dolor y capacidad para cuidar de uno mismo. No confundamos «felicidad» con «bienestar social» y «derechos humanos». Un estudio sobre el desarrollo de los adultos, presentando por Robert Waldinger, profesor de Psiquiatría de la Universidad de Harvard, nos demuestra que la felicidad no depende de mi estado social, ni de mi dinero, sino de la capacidad de establecer relaciones interpersonales sanas. Este estudio es uno los más longevos que se ha hecho hasta ahora. Todo empezó antes de la Segunda Guerra Mundial. Se escogieron dos grupos de jóvenes, uno de clase alta que estudiaba en Harvard, y otro formado por jóvenes que vivían en barrios más pobres de Boston. El doctor cuenta que, setenta y cinco años después, el estudio continúa y han llegado a participar hasta dos mil hijos de estos hombres.

Robert Waldinger, en una conferencia que usted, querido lector, puede ver en internet, explica los resultados de dicho estudio: ¿Qué hemos aprendido? ¿Qué lecciones surgen de las decenas de miles de páginas de información que generamos sobre estas vidas? Bueno, las lecciones no tienen que ver con la riqueza o la fama, ni con trabajar mucho. El mensaje más claro de estos 75 años de estudio es este: las buenas relaciones nos hacen más felices y más saludables. Punto.

Pienso, al igual que el doctor Waldinger, que nuestras relaciones interpersonales son la clave de nuestro bienestar emocional. Son oportunidades para aprender de nosotros mismos; saber vivirlas con coherencia, saber que son resonancias de nuestros programas inconscientes nos permite entrar en otro estado de conciencia. Por eso insisto en que la felicidad es un espacio vacío de manifestación que espera que renunciemos a que las cosas sean como nos gustaría.

> La felicidad, como el éxito, es la consecuencia automática de vivir de cierta manera, de relacionarnos con nosotros mismos de cierta forma y de tener una determinada conciencia.
>
> DAVID R. HAWKINS

— CONSEJOS PARA AUMENTAR TU ESTADO DE FELICIDAD —

- Acepta que hay cosas que no se pueden cambiar.
- Sé consciente de que tú sí puedes cambiar la forma de ver y vivir las cosas que no se pueden cambiar.
- Vive tu vida con coherencia.
- Ama lo que haces.
- Saca tus resentimientos de tu mente y de tu corazón.
- Da gracias por lo que tienes y evita las lamentaciones.
- No te creas a ti mismo, ni creas a nadie. Aprende a escucharte y a escuchar.
- Aprende a vivir en la indeterminación. ¡Déjate sorprender!
- Sé consciente de que nunca tendrás el control: ¡fluye!
- Decide quién quieres ser en cada momento: tienes este poder.
- Sana tu percepción, está llena de prejuicios y de creencias.

Mantente alerta ante tu diálogo interno. Vigila tus pensamientos justificativos, pues son los que reafirman tu infelicidad. Tienes que ser la presencia consciente de tus estados emocionales; debes observarlos, no justificarlos y mucho menos identificarte con ellos. Recuerda siempre que tu verdad es mentira, y debo decirte también que no me creas, pues solo te explico mi verdad. La verdad que nos hace libres es una experiencia, por lo que tienes que aprender a escuchar y, sobre todo, aprender a escucharte. Si escuchas —sin juicios, sin expectativas—, entenderás lo que quiero decirte.

No te creas a ti mismo, aprende a escucharte, pues tu mente está llena de explicaciones y de justificaciones. Si te mantienes alerta, sin juicios, sin excusas, verás lo que hay detrás de tanta palabrería.

No creas a nadie, todos vivimos en nuestras mentiras, pero detrás está la verdad. Utiliza a tus congéneres como una oportunidad de conocerte a ti mismo. Escucha lo que dicen. La verdad que nos hace libres no puede estar escrita, ni puede expresarse en palabras, pues las palabras son símbolos de símbolos y estos se hallan doblemente alejados de la verdad.

En definitiva, nadie puede decirte cómo ser feliz, qué debes hacer o adónde ir. En mi caso, lo más que puedo hacer es explicarte qué aspectos emocionales te bloquean y te impiden llegar a este estado que anida en ti, y que, sin ser consciente, impides que se manifiesten en la experiencia que llamamos «vida».

> Si nuestra felicidad dependiera de soltar todo, absolutamente todo, quedarnos sin problemas, sin apegos, sin dependencias, sin sensaciones de víctimas o salvadores, ¿cuántos estaríamos dispuestos a ser felices?
>
> Anthony de Mello

Con esta frase, Anthony de Mello nos lleva a dos aspectos fundamentales. Uno sería vivir en la absoluta ignorancia. Algunas veces he oído decir: sería más feliz siendo ignorante, sin saber lo que se cuece detrás de lo que llamo «realidad». El otro aspecto sería la comprensión de que sin esta información inconsciente no seríamos nada. Vivir en la dualidad nos enseña, a largo o a corto plazo, que hay un punto de equilibrio, el cual nos lleva a este estado de felicidad.

— LA SOMBRA —

¿Qué es la sombra?

La sombra personal se desarrolla en todos nosotros de una manera natural durante la infancia, cuando nos identificamos con determinados rasgos ideales de nuestra personalidad, como la buena educación y la generosidad, por ejemplo. Dichas cualidades son reforzadas por el ambiente familiar, de tal manera que vamos configurando, al mismo tiempo, nuestra personalidad y nuestra sombra, pero esta acumula aquellas cualidades que no se adecúan a nuestra imagen ideal y que escondemos.

Esta sombra viene determinada por las creencias de nuestros padres, abuelos, maestros, amigos, religiones, que constituyen un entorno que nos enseña a tener una conducta adecuada. Todo lo que rechazamos, ya sean sentimientos, emociones, conductas o creencias, en definitiva, todo lo que desterramos, alimenta a la sombra. En el libro *Encuentro con la sombra* se insiste en que «la sombra permanece conectada con las profundidades olvidadas del alma, con la vida y la vitalidad; ahí puede establecerse contacto con lo superior, lo creativo y lo universalmente humano».

La sombra, de acuerdo con la psicología junguiana, sería el aspecto inconsciente de la personalidad, caracterizado por rasgos y actitudes que el «yo» consciente no reconoce como propios. En este sentido, para Jung no hay luz sin sombra, ni totalidad psíquica exenta de imperfecciones: «La vida no exige que seamos perfectos, sino completos».

¿Qué nos quiere decir Jung con esta frase? Que una persona tiene que salirse de una polaridad, de un posicionamiento a ultranza. Implica una mente flexible, que integre los diversos aspectos de la vida, observar, decidir sin juicios, con una plena comprensión de que la luz no se puede percibir sin las sombras, ni lo negativo sin lo positivo, ni lo masculino sin lo femenino... La sombra vendría a ser el vertedero donde acumulamos todas las características que rechazamos, aspectos que son muy valiosos y que no pueden ignorarse.

La sombra tiene su contraposición: la persona. Por tanto, la sombra representa aquello que nos gustaría ser y cómo queremos que los demás nos vean. Siempre se produce una oscilación, un balanceo en la mente entre la sombra y la personalidad. A este respecto, no olvidemos que la palabra «persona», que proviene del latín, significa «máscara». Como vemos, ese significado etimológico es muy apropiado, pues la personalidad es la máscara con la que nos mostramos al mundo. Todos nos escondemos tras una personalidad, mayormente de forma inconsciente, y esto es motivo de estudio psicológico y psiquiátrico.

La sombra, que vendría a mostrarnos lo que realmente somos, o lo que queremos expresar, lucha para manifestarse. En este apartado veremos cómo lo hace, la posibilidad que tenemos de extraer su fuerza si la hacemos consciente y aprendemos a gestionarla. Debemos aprender a sacar el oro de la sombra, pues esta domina nuestra psique inconsciente y tiene un enorme poder.

Durante milenios, la humanidad ha dividido su mente entre cosas buenas y cosas malas. Todos queremos ser aceptados socialmente y nos esforzamos en mostrarnos para agradar. Esto aumenta nuestra sombra y acumula una cantidad ingente de energía, que tarde o temprano se expresará, no nos quepa la menor duda. Hacerla consciente es tener la capacidad de gestionarla, dejarla expresarse e integrarla, por eso, Carl G. Jung decía: «Prefiero ser una persona completa antes que una persona buena».

Integrar la propia sombra nos va a permitir convivir con nuestra luz y nuestra oscuridad. Nos va a permitir ser lo que somos. Este es uno de los grandes descubrimientos: el ego y la sombra provienen de la misma fuente y se compensan el uno al otro. Hacer luz es hacer sombra, uno no puede existir sin el otro.

¿Cómo surge la sombra?

En esencia somos completos, pero algún día comimos del árbol —del conocimiento— del bien y del mal. Dividimos nuestras vidas, y nuestros hijos son Caín y Abel. Ambos representan las dos polaridades, la bondad y la maldad; ambas deben coexistir. Las estrellas no pueden brillar sin la oscuridad, lo negativo no tiene sentido sin lo positivo, el anión (polo negativo) no existiría sin la posibilidad de mezclarse con el catión (polo positivo). Vivimos en un mundo dual, un mundo de aparente separación. Arriba no es posible sin abajo, ni la derecha sin la izquierda, gracias a las dos polaridades tenemos luz; pero es imprescindible que haya tierra para que esta se manifieste. Nosotros somos esta tierra. Estamos aquí para integrar las luces y las sombras, para que pueda brillar nuestro Ser.

Todas las culturas, desde las más antiguas hasta las más actuales, tienen en su mitología ambas polaridades, como sucede, por ejemplo, en el hinduismo con Brahma (dios de la creación) y Shiva (diosa de la destrucción), o en la religión egipcia con Osiris (fertilidad y regeneración) y Seth (caos y sequía). Lo vemos también en las historietas de héroes contemporáneos, tales como Batman, Superman, Spiderman y tantos otros, todos con dos caras. En el caso de la literatura, un buen ejemplo es *Nuestra Señora de París*, de Victor Hugo, donde comparten protagonismo la gitana Esmeralda y el jorobado Quasimodo, representantes de lo que no queremos ver: una raza maldecida y las deformidades.

¿Cómo se alimenta la sombra?

La sombra se alimenta con los juicios, con los posicionamientos, con las culpabilidades, con los chismorreos, con las críticas, con las comparaciones, con las mentiras... Y también contando nuestras historias, las que nos explicamos para ocultar la verdadera, las que quedan ocultas en la sombra. Y cuando nos justificamos, cuando huimos de nuestras responsabilidades, cuando buscamos culpables de nuestros problemas, sumado todo a un largo etcétera.

¿Cómo se muestra la sombra?

La sombra solamente podemos verla indirectamente, a través de los rasgos y las acciones de los demás; por ejemplo, cuando admiramos o sentimos rechazo ante un determinado hecho o cualidad de un individuo, o ante una respuesta exagerada o un sentimiento desbocado, o cuando algo nos molesta profundamente y no sabemos por qué, pues no encontramos ninguna explicación.

Queremos liberarnos de la sombra, mediante la proyección. Esta es la madre de la percepción. Proyectamos nuestras creencias inconscientes, y ello provoca la percepción, que es la creencia de que aquello que veo es verdad, cuando en realidad es solamente mi interpretación. Mi proyección refuerza la separación, y la percepción la retroalimenta.

> La mayoría de la gente presenta una fortísima resistencia a aceptar su propia sombra, a admitir que los impulsos y los rasgos que proyectan son suyos. Y, en realidad, la resistencia es una importante causa de proyección.
>
> KEN WILBERT

Si me apego a la proyección, si no tomo conciencia de que esta se alimenta de mi psique y me resisto a aceptar que los rasgos proyectados que veo en el otro viven en mi inconsciente, mi psique experimentará un tremendo vacío que, más tarde o más temprano, me provocará un síntoma físico. Cuando intento expulsar a mi sombra, no me libero de ella, no queda un espacio en blanco en mi personalidad, sino que se me presenta un síntoma, un doloroso recordatorio de que estoy ignorando algo de mí mismo. Cada síntoma —sea depresión, angustia, aburrimiento o miedo— contiene alguna faceta de la sombra, alguna emoción, rasgo o característica que sigo proyectando y resistiéndome a integrar en mi conciencia.

Luchar contra un síntoma no es más que luchar contra la sombra contenida en el síntoma. Los síntomas, al igual que las proyecciones, son posibilidades de desarrollo. Cuando aceptamos un síntoma, aceptamos también una gran parte de la sombra oculta en él. Los síntomas señalan con suma precisión nuestra sombra inconsciente.

Veamos algunos ejemplos:

- Un hombre muestra su cara amable durante toda su jornada laboral. Tiene un jefe que es un déspota, que lo humilla y le grita, y él lo aguanta todo. Cuando llega a casa, se encuentra con un juguete de su hijo en el pasillo y le da una patada, y luego le grita a su esposa por cómo tiene la casa.

- Una mujer viene a mi consulta porque uno de sus pechos está mucho más desarrollado que el otro. Es la pequeña de seis hermanos, todos ellos varones, y su padre les dedica mucha atención y se los lleva de aquí para allá. Ella, si quiere obtener el cariño de su padre, tiene que comportarse como sus hermanos. Tiene que reprimir la feminidad —por supervivencia— y esconderla en la sombra. Así se ha desarrollado su vida desde pequeña hasta la pubertad.

  Conscientemente, no actúa como una niña, pero, entonces ¿dónde irá a parar la mujer? La respuesta es obvia: quedará desterrada en la sombra, a la espera de poder manifestarse. Veo que su vida tiene dos caras: la personalidad la muestra durante el día, es profesora de gimnasia, va vestida siempre con chándal y zapatillas de deporte, se mueve de una forma muy varonil; por la noche se transforma, su hobby es ir a un local nocturno a bailar. Cada noche, delante de su público, baila la danza de los siete velos con gran sensualidad. Su cuerpo manifiesta esta incongruencia, el pecho desarrollado es el aspecto femenino; el otro, el aspecto masculino. Es el simbolismo que anida en el inconsciente, es un arquetipo que guarda la memoria arcaica, de todas las épocas, en el que el hombre se pone a la derecha de la mujer para protegerla, mientras esta sustenta con su mano izquierda al hijo o al bebé que se está alimentado.

Los aspectos reprimidos se acabarán manifestando tarde o temprano en nuestras vidas. Un ejemplo clarísimo es el de los tabús relacionados con la sexualidad. Cuántas personas se muestran socialmente recatadas y su lado oscuro está lleno de fantasías sexuales de toda índole. El gran problema es que uno se siente atrapado por una fuerza que arrastra todo aquello que quiere reprimir. Aquí nace uno de los grandes estigmas, que ya hemos visto, de nuestra sociedad: la culpabilidad.

Hay una gran novela que refleja maravillosamente la lucha entre la personalidad y la sombra. Me refiero a *El extraño caso del doctor Jekyll y el señor Hyde*. El doctor Jekyll quiere, con toda la buena intención del mundo, deshacerse de la maldad, que por supuesto anida en la sombra. Al final, la sombra se adueña de toda la psique y le arrebata la vida.

Esto queda perfectamente reflejado en la Carta a los Romanos de san Pablo: «Y así, no hago el bien que quiero, sino el mal que no quiero. Pero cuando hago lo que no quiero, no soy yo quien lo hace, sino el pecado que reside en mí». Esta sería la lucha eterna entre el bien y el mal. Pero hay que saber que esta lucha no existe en realidad, pues es la lucha entre la personalidad y la sombra que terminará cuando integremos ambas polaridades. Integrar la sombra se ha convertido en la auténtica espiritualidad, es el manantial que nunca dejará de manar. La integración de los pares de opuestos en una mente que no se posicione es la antesala de la libertad emocional.

Nuestros síntomas físicos están muy relacionados con los simbolismos que anidan en nuestra psique inconsciente. Varias personas, frente a un mismo drama, pueden expresarlo de muy diversas formas. Uno puede proyectarlo en un dolor de estómago, otro manifestará problemas respiratorios, y un tercero tendrá problemas de movimiento. Las informaciones y creencias inconscientes se manifiestan constantemente supeditadas a mi percepción y esta, a su vez, a mis emociones y sentimientos.

En vez de arriesgarnos a cambiar, nos aferramos a nuestra querida vida y nos resistimos a la incertidumbre de lo desconocido. La resistencia es el apego a mi historia, es no aceptar que el cambio está en nosotros, es creer que los demás están equivocados. Nuestra historia —la que nos explicamos— contiene la colección de sentimientos, creencias y conclusiones que hemos estado acumulando y arrastrando durante toda nuestra vida.

La importancia de reconocer la sombra

Tenemos que asumir exactamente lo opuesto de lo que conscientemente deseamos, queremos, sentimos, necesitamos, intentamos o creemos. De esta manera, podemos tomar contacto con nuestros opuestos, expresarlos y representarlos. Así es como los recuperamos. El dilema es: o nos apropiamos de la sombra o ella se apropia de nosotros.

La psicoanalista inglesa Molly Tuby (en un artículo incluido en *Encuentro con la sombra,* cuyos editores son Connie Zweig y Jeremiah Abrams) describe siete modalidades diferentes para descubrir la sombra en nuestra vida cotidiana:

- En los sentimientos exagerados con respecto a los demás: «No puedo creer que hiciera tal cosa»; «No comprendo cómo puede llevar esta ropa».
- En el *feedback* negativo de quienes nos sirven de espejo: «Es la tercera vez que llegas tarde sin decírmelo».
- En aquellas relaciones con diferentes personas a las que provocamos siempre el mismo efecto perturbador. Como, por ejemplo, cuando nos repiten una y otra vez: «Siempre llegas tarde».
- En las acciones impulsivas o inadvertidas: «No quería decir esto».
- En aquellas situaciones que nos sentimos humillados: «Me avergüenza su modo de tratarme».
- En los enfados desproporcionados que nos generan los errores cometidos por los demás: «Realmente no controla para nada su peso».
- En los *lapsus linguae*: cuando decimos o escribimos mal una palabra o la sustituimos por otra; por ejemplo, decir «pena» en vez de «pierna»; o querer buscar una ciudad en Google y escribir el nombre de otra: «Bruselas» por «Brujas».

Hay que tener siempre presente que la sombra retrocede con la misma velocidad con la que aparece, porque descubrirla es una amenaza terrible para la imagen que está proyectando hacia los demás.

En la película *Un monstruo viene a verme*, que os recomiendo encarecidamente, se explica de forma magistral la manifestación de la sombra, cuando esta lleva mucho tiempo acumulada. El protagonista, que tiene a su madre muy enferma de cáncer, padece *bullying* en la escuela y le pegan constantemente. Muchas noches, a la misma hora, se le presenta en su habitación un monstruo –que es un árbol (tejo)– y le cuenta historias. Un día, el protagonista está en el comedor de la escuela y los chicos de siempre le vienen a decir que, como creen que a él le gusta que le peguen, ya no le molestarán más y a partir de ese momento lo van a tratar como si no existiera.

En este caso el disparador –el activador, que puede ser una palabra, un olor, un ruido, etc.– es el término «existir». El chico se encoleriza y, cuando aparece el monstruo, le dice:

–¿Por qué has tardado tanto?

–Es la hora de la tercera historia –le contesta el monstruo–. «Había una vez un hombre invisible que se había cansado de que no lo vieran. No es que de verdad fuera invisible, es que la gente se había acostumbrado a no verlo. Un día, el hombre invisible no pudo soportarlo más. No dejaba de preguntarse, si nadie te ve, ¿de verdad existes?»

–¿Qué hizo el hombre invisible? –pregunta el chico.

–¡¡¡Llamó a un monstruo!!!

Entonces, el chico echa a correr y se abalanza sobre el que siempre le golpeaba y le humillaba y le propina una enorme paliza que hace que tenga que ser ingresado en un hospital.

Unos minutos más tarde se ve al protagonista, todo compungido, sin entender lo que ha pasado, sentado frente a la directora del colegio.

Ejercicio

A mis alumnos les propongo este ejercicio para que puedan ver y tomen conciencia de lo que es nuestra propia sombra. Es un ejercicio de autoindagación que nos lleva a comprender que aquello que más me molesta o me incomoda es una información sustentada por mi sombra.

Les propongo que indaguen en cuatro aspectos:

1. ¿Qué queremos cambiar de algo externo, sobre todo de una persona?

2. ¿Qué es lo que más temo?

3. ¿Qué es lo que más me hace enfadar?

4. ¿Qué me niego a aceptar de mí o de los demás?

Un ejemplo de indagación sobre el cuarto punto lo encontramos en una mujer que vino a mi consulta y me dijo: «No acepto ser madre».

Escenario cuando se quedó embarazada

—Tengo veintinueve años, y mantengo una relación con otra persona. Me quedo embarazada de él. Yo le quiero, él me quiere.

—¿Os ganáis bien la vida? —pregunto.

—Sí, él y yo trabajamos y ganamos lo suficiente para vivir bien.

—¿Él quiere tener el hijo?

—Está encantado, muy contento.

Escenario de estrés

No sabe cómo decírselo a sus padres.

—Pero sois mayores de edad y solventes. ¿Cuál es el problema? —le pregunto.

—Que me quedo embarazada antes de casarme.

Toma de conciencia

Se trata de sacar a la luz una creencia inconsciente que limita la vida de la estudiante y le impide aceptar ser madre, con las consecuencias que esto tiene a nivel emocional y que podrían afectar al bebé.

Reflexión

No hacerla consciente nos mantendrá apegados al pasado y adheridos a nuestras historias y a las creencias-sombra que las impulsan.

Hay que sacar a la luz la creencia inconsciente sin excusas, sin reservas, sin justificaciones, y así veremos las creencias que nos mantienen atados a nuestra «historia particular», que oculta la auténtica historia.

Toma de conciencia
Reconocer nuestra sombra es una importante misión, pues nos permite encontrar nuestra plenitud. La aceptación nos lleva a la integración. Ver nuestras emociones más ocultas nos permite encontrar la historia oculta y así poder trascenderla.

Reflexión
Tienes que saber que no puedes deshacerte de tu historia. Si pudiéramos hacerlo, jamás averiguaríamos quiénes somos en el nivel más profundo. Una forma maravillosa de integrar la sombra consiste en no responder al ataque cuando recibamos la proyección de la sombra de otra persona. Al menos no hacerlo de una forma visceral, pues saber y reconocer la proyección te ayudará a conocerte a ti mismo. Jung solía decir que podemos dar gracias a nuestros enemigos porque su oscuridad nos permite escapar de la nuestra. Se cuenta de Jung que, cuando encontraba a un amigo que hacía tiempo que no veía, le preguntaba: «¿Te ha ocurrido algo malo últimamente?»; sabedor de que tenemos la costumbre, cuando nos hacen esta pregunta, de ocultar nuestros verdaderos sentimientos.

Reconocer el oro de la sombra es tener plena conciencia de que el héroe que admiramos es nuestra propia negación de las virtudes que vemos en él. Negamos nuestras virtudes porque es más fácil sacar un defecto que mostrar una virtud. Nos han hipnotizado con una falsa humildad, que nos sustrae el inmenso poder que tenemos en nuestro interior.

Cuando seas capaz de enfrentarte a tu sombra, de sentirla con todo tu ser, y decidas hacer algo que te parece imposible o muy difícil, la sombra te proporcionará una enorme energía. Mis grandes inspiraciones han surgido siempre cuando dejo que mi sombra se presente, me permito expresarla con control, y luego me doy un descanso. Una vez vacío de este peso interior, de juicos que anidan en mi psique desde hace años, entonces, en este vacío nace lo que se llama «inspiración» o «creatividad».

La capacidad de saber mantener la tensión entre los opuestos, transformar las oposiciones en paradojas, es dar plena existencia a ambos, permitiendo que se manifiesten. Al hacerlo, nos dará la fuerza de la paradoja: vivir en plenitud, armonía y coherencia. Pongamos, por ejemplo, que esta tarde tengo que hacer un trabajo que le prometí a mi jefe que haría, pero no me siento con ganas, me apetece pasear y salir a tomar unas cervezas con unos amigos. Se produce una lucha interior, cada cual con su elenco de razonamientos. Aquí hay un gran gasto de energía y un cúmulo de sentimientos contrapuestos. Si afrontamos la situación con tranquilidad y serenidad, si evitamos excluir una opción a costa de la otra, se nos presenta la mejor solución. No se trata de repartir el tiempo, esto no tiene fuerza; se trata de mantener los dos impulsos conflictivos, de respetar ambos y no querer excluir ninguno. No hay que hacer nada más, la solución surge sola. Llega un momento en que creas un vacío mental y allí surge la idea que equilibra las dos polaridades, y entonces es cuando hay que pasar a la acción. Hay que saber vivir en esta dinámica; es una de las mayores cualidades del ser humano.

— LAS ADICCIONES EMOCIONALES —

Este apartado complementa el capítulo tercero de este libro. Vuelvo a insistir en este punto por la importancia que tienen estas adicciones y la relevancia que adquieren en las futuras relaciones de nuestros hijos.

El gran bloqueo que nos impide sentir que la felicidad está en nosotros es precisamente pensar que se encuentra fuera. La aprobación, la alabanza, el reconocimiento son las drogas con las que la sociedad nos ha hecho adictivos. Las personas que son dependientes emocionales expresan una programación, son el resultado de haber estado en un ambiente emocional que tiene dos polaridades, y la persona queda atrapada en una. La primera es el caso de los hijos que han vivido sus primeros años de vida con una gran carencia de madre, de padre o de ambos. La segunda, la más normal, es la de un padre ausente y una madre superpresente, que sobreprotege, sobre todo a los hijos varones, si los hay.

Cuando hablamos de «padre ausente», no quiere decir, solamente, que no está físicamente. Puede ser un padre que esté en casa, pero haciendo sus cosas y prestando muy poca o ninguna atención emocional a sus hijos. La mujer, en ausencia del padre, se proyecta de una forma diferente hacia sus hijos, dependiendo básicamente de si son varones o mujeres.

Veamos un ejemplo clarificador, que demuestra la importancia de la madre en la educación emocional de sus hijos, y cómo la cultura y la programación recibida por sus padres y abuelos hacen actuar a estas madres de una forma determinada e inconsciente. De ahí la necesidad, urgente, de despertar y tomar conciencia de la importancia que tiene el ambiente emocional cuando los hijos son pequeños.

Una madre mexicana relata su experiencia en los cursos que imparto. Su toma de conciencia fue un magnífico ejemplo de liberación de la culpa y del victimismo. Desde estas líneas, mi más sincero agradecimiento, con el deseo de que haya hecho un cambio profundo en su vida, enalteciendo el respeto que se debe como mujer y como madre, asumiendo su responsabilidad, sobre todo cuando hay un padre ausente e irresponsable. He procurado respetar su dicción.

Motivo de la consulta
Soportar una vez sí y otra también el engaño de su marido.

Escenario de estrés
Su marido no solamente la engaña sino que un día empezó a maltratar a sus hijos. Es más, hacía diferencias entre el varón y la mujer.

Escenario actual
Sigue viviendo con su marido, y él continúa maltratándola. Lo más grave de esta situación es que su hijo varón le falta al respeto y considera normal la actitud de su padre.

Toma de conciencia

Debemos tomar conciencia de la importancia de educar a los hijos por igual, sin hacer diferencias por sexo. Y también ser conscientes de la programación recibida de padres y abuelos, y del exceso de preocupación por los hijos, que es lo más importante. Hay que desterrar la creencia de que la familia debe estar unida a costa de todo, pues esa unidad es falsa cuando la familia la mantiene unida solo la mujer.

Reflexión de la mujer

Comentaba a Enric que lo único que no soportamos es que toquen a nuestros hijos de manera inapropiada, allí sí que saltamos y, solo por eso, sí dejaríamos al esposo. La realidad es que parte de nuestra cultura es pensar que el marido nos mantiene, aunque hoy en día se ven más mujeres trabajando.

A los hijos les damos todo e incluso muchas veces los hacemos menos responsables que a las hijas. Siempre estamos complaciendo al hombre, no importa la edad. En mi caso, mi hija es mayor, pero mi hijo, que es dos años menor, es muy demandante y, con tal de tenerlo contento se le da todo primero a él. El padre, da prioridad también a su hijo.

Hoy en día, aún no me he podido divorciar, pues resulta que para mi esposo es un mal negocio. Ahora sale con su novia y mis hijos lo saben. Mi hija no está de acuerdo, pero mi hijo de dieciséis lo apoya. Yo enseñé moral a mis dos hijos, pero la cultura empuja al hombre a priorizar, a sentirse lo primero y a ver bien todo lo que hace el padre. El hombre siempre está en lo correcto, las mujeres somos unas tontas que no sabemos hacer nada, o somos las malas y culpables de todo lo que pasa en la casa.

Hoy, en México, existen muchos matrimonios ficticios, es decir parejas que viven en la misma casa, que no se separan por mantener apariencias o porque el dinero no alcanza, dando un mal ejemplo a los hijos. Muchas veces dejamos nuestros sueños a un lado para dedicarnos a los hijos y al marido, es decir, dejamos de vivir nuestras vidas.

En México se da mucho la crisis de los cincuenta, es decir, muchos hombres que entre los cuarenta y cinco y cincuenta y cinco años dejan o ponen el cuerno a sus mujeres, con otras mucho más jóvenes, a veces hasta veinte años o más. Como no tienen un buen referente paterno, estas muchachitas caen por estos señores, que literalmente podrían ser sus padres.

Como madre, puedo ver que la responsabilidad cae en mí, en las mujeres, pues somos las que educamos a nuestros hijos. Y, sin embargo, a pesar de que le he enseñado buenos modales a mi hijo y cómo tratar a una mujer, puedo ver que el ejemplo de su padre, más la cultura, me rebasa y observo cómo me maltrata a mí y a su hermana. Veo cómo la información de mis antecedentes resuena en mí y lo expreso en mis hijos. Veo el abuso de mi hijo hacia las mujeres; aunque yo enseñé lo contrario, él manifiesta eso.

Las madres mexicanas también estamos muy apegadas a los hijos, por lo que intentamos retenerlos y que no se vayan del nido. Y cuando tenemos hijos varones, estamos más pendientes de ellos que del marido, lastimando de este modo la psicología del hijo y del esposo. Generamos un odio del marido a la mujer y aquí es donde empieza el machismo, pues ponemos en competencia padre contra hijo. Esto nos da como resultado un padre más autoritario, más infiel, con muchas parejas, para demostrarse su valía como hombre. Ya sabes, Enric, más hijos y más mujeres, igual a: eres más macho. Total, que nuestro referente mexicano de hombre no es el adecuado.

Y el círculo vuelve a empezar y como madres intentamos hacer lo mejor, dar lo mejor y, en nuestra ignorancia, seguimos criando hijos machos y mujeres sumisas.

Del cómo se expresan nuestras adicciones

Todas las adicciones emocionales son conductas violentas, y siempre son contra uno mismo. Lo hacemos a través de dos polaridades:

1. Conductas autodestructivas, el «yo mismo»

- Mediante la comida, los trastornos alimentarios, como reclamo de alimento emocional.

- Mediante las drogas, como una forma de huida ante las dificultades propias de la vida, donde el nivel de tolerancia es muy bajo, y el de frustración, muy lábil.

2. Conductas que buscan ser destruidos a través del otro

- Mediante el cuidado excesivo a los demás. Cuidar a los demás me impide vivir mi propia vida. Personas que hipotecan su vida, están tan atrapados en la demanda emocional que lo que digan sus padres es lo más sagrado.

Recuerdo una historia de una chica, hija única, con unos padres muy demandantes. No podía hacer nada sin su permiso. Ellos tenían una tienda de comestibles, y periódicamente se acercaba un joven representante con productos para el comercio. Este chico se enamoró de ella, ella también de él. Los padres impidieron la relación y ella nunca más salió de casa. No se pudo liberar hasta la muerte de su madre, que ya era nonagenaria.

— VIOLENCIAS OCULTAS —

Son las violencias que ejercen los padres hacia sus hijos. Crían y educan a los hijos con las dependencias emocionales que ya hemos visto, ya sea con falta o exceso de cariño, impidiéndoles en cualquier caso su desarrollo emocional para ser personas adultas. Veamos algunas maneras de manifestar esta violencia:

- Padres y madres que están constantemente enfermos o enfermas: «Mi madre siempre está enferma, nos tiene a todos que no podemos vivir».
- Madres y padres que se preocupan de todos, y viven la vida de los demás. El exceso de cuidados se proyecta con un exceso de cuidar a los demás: «Yo cuido a mis padres porque ellos me cuidaron a mí». Los padres ya se encargan también de recordarles este mandamiento.

- Padres que abusan física y sexualmente de sus hijos e hijas. Las personas abusadoras acostumbran a ser muy inmaduras emocionalmente. Es una modalidad que se da en los hombres con gran carencia de cariño de madre.
- Madres, victimizadas, que realizan una demanda emocional constante a sus hijos. Siempre quejándose, siempre pidiendo atención a sus hijos, logran con ello tenerlos a su lado.
- Padres y madres que dan constantemente —hacen dependientes a quienes están a su lado— para evitar que los hijos se vayan. Esta conducta, muy sutil, es propia de personas que conviven con sus hijos cuando estos ya son muy mayores: «¿Dónde vas a ir con lo bien que estás en casa?».

Motivo de la consulta

Una mujer se queja en mi consulta de que su marido siempre está trabajando y no se ocupa de ella.

Escenario general

Pregunto cuál es el escenario, el ambiente donde se desarrollan las desavenencias.

Ella sufre depresiones desde hace mucho tiempo; él la anima a cuidarse. Ella se ocupa de su madre (siempre depresiva) y de su padre (alcohólico).

Escenario de estrés

Su marido se enfada con ella porque siempre está pensando en sus padres y no le presta ninguna atención.

Resonancias

La madre del marido de mi consultante es muy sobreprotectora, y este busca a una madre, más que a una esposa.

La madre de mi consultante está ausente desde el punto de vista emocional. Vemos cómo todo en sus progenitores está polarizado, hay un exceso por parte del padre y un defecto por parte de la madre de mi consultante.

Toma de conciencia

Ella está bloqueada por la creencia de cuidar, a la espera de recibir un reconocimiento que nunca tendrá, pues sus padres no pudieron o no supieron hacerlo mejor, y ellos mismos llevan las resonancias de sus padres.

Reflexiones

Su pasividad y su victimismo es una violencia contra el marido, que se enfurece porque ya no sabe qué hacer. Ella se une a un grupo de mujeres, a las que define como «personas-que-piensan-como-yo».

Como podemos ver, esta señora está secuestrada por su madre y su padre. Su depresión es una consecuencia directa de hacer algo que «no quiero, pero que creo que debo». Su marido quiere sacarla de esta hipnosis, de esta dependencia emocional.

En mi opinión, como en la de tantos otros terapeutas, muchas depresiones suelen ser también «enfermedades» que nos otorgan un permiso legítimo para pedir, pedir y pedir. Muchas personas depresivas manifiestan una gran carencia afectiva y se convierten en abusadores emocionales, procurando tener a todos atados a su alrededor.

Muchas personas establecen alianzas como recurso para mantener «mi demanda, mi violencia», pues ser demandante, no sentirse nunca lo suficientemente atendido o atendida, es una expresión de violencia, es querer cambiar al otro, es querer anularlo. Se trata de esperar que el otro haga aquello que yo espero que haga. Me uno para hablar de mi sufrimiento. Busco aprobación, me justifico diciendo que mi marido es violento conmigo. Ella no cuenta toda la verdad, que las broncas y las discusiones se manifiestan siempre en el mismo escenario: «Él no quiere hacer de padre de un hijo de su mujer, fruto de un primer matrimonio». ¡¡Pobrecita!! Busca alianzas para contar su historia y hacerse la víctima, y lo hace con personas que resuenan con ella, pues llevan la misma información.

— CARACTERÍSTICAS DE LAS MADRES TÓXICAS —

1. Personalidad insegura

En ocasiones, suele esconderse una clara falta de autoestima y autosuficiencia que le obliga a ver en sus hijos «esa tabla de salvación» a la que modelar y controlar para tenerlos siempre a su lado y cubrir así sus carencias.

2. Obsesión por el control

La necesidad de tener controlado cada aspecto de sus vidas conduce a que acaben haciendo lo mismo con la vida de sus hijos. Son incapaces de ver los límites. Para ellas, «control» es sinónimo de «seguridad», de algo inmanente que no cambia, y lo que no cambia es bueno porque les hace sentirse bien.

3. La proyección de los deseos incumplidos

Esta es una característica que comparten tanto las madres tóxicas como sus análogos masculinos: la tendencia a creer que su descendencia tiene que llegar a ser el «yo ideal» que ellos nunca llegaron a ser.

4. Actitud pasivo-agresiva

Las madres tóxicas no aceptan que se rechace el modo en el que tratan de educar, y seguirán intentando comportarse como al principio, sin aprender de la experiencia. Lo que sí suele cambiar es su estado de ánimo, que acostumbra a pasar a ser el de una persona frustrada, que renuncia a cambiar de estrategias para ver si así se obtienen mejores resultados.

5. Indiferencia

Existen madres que, en vez de ser controladoras, son exactamente lo contrario. En muchas ocasiones disfrazan de permisividad lo que en realidad es indiferencia o pocas ganas de gestionar choques de intereses entre ellas y sus hijos.

El resultado de esto suele ser hijos que presentan el síndrome del emperador y que, de adultos, son personas indefensas, que caen fácilmente en la frustración y con baja tolerancia a las situaciones difíciles, generándoles estados ansiosos.

6. Buscan ser el centro de atención todo el tiempo

Atan muchas veces a sus hijos mediante una enfermedad. De esta manera consiguen mantener su atención. Se trata de una forma de control a través del lamento constante.

7. En la mayoría de los casos existe un miedo a la soledad

Madres que se hacen amigas de sus hijas. Les cuentan sus problemas de pareja, proyectan en sus hijas el que las cuiden el día de mañana. Las hacen dependientes de ellas con frases como: «Cuando te vayas de casa, ven a vivir cerca», «Cuando sea mayor, quiero que me cuides tú», etc.

8. Celosas de cualquier relación que tengan sus hijos

Como temen no ser necesitadas por sus hijos cuando se hagan mayores, crean vínculos muy estrechos. Son madres que tienen las llaves de la casa de sus hijos y entran sin pedir permiso, sin tan siquiera llamar antes.

— CARACTERÍSTICAS DE LOS PADRES TÓXICOS —

Algunos de los rasgos más característicos que definen la conducta de un padre tóxico son:

- Manipuladores
- Tiranos y autoritarios
- Muy exigentes
- Intransigentes
- Maltratadores física o verbalmente
- Críticos con todo: los amigos de sus hijos, el tipo de familia que son, sus logros
- Egocéntricos y egoístas: siempre anteponen sus necesidades a las de sus hijos e hijas

- Culpabilizan y responsabilizan a sus hijos de su propios fracasos o frustraciones
- Proyectan en sus propios hijos sus sueños, sus anhelos, sus fantasías...
- Excesivamente protectores y planificadores al milímetro de la vida profesional y personal de sus hijos
- Celosos de cualquier persona que les haga felices

Motivo de la consulta

Una mujer viene a la consulta con distrofia muscular. Su relato tiene diferentes escenarios.

Escenario de estrés

Su madre la obligó a casarse con un hombre al que no quería. Incluso le llegó a pegar por negarse a aceptar ese matrimonio. Ella lleva toda su vida enamorada de otro hombre.

Tuvo que cuidar a su madre durante siete años.

Escenario de otro estrés

Su hijo se marchó de casa y se casó sin decírselo a ella; se enteró pasados dos años. Mi consultante quería que su hijo viviera con ella y con su madre.

Escenario actual

Su marido siempre está pegado a ella, no la deja ni a sol ni a sombra desde que se jubiló.

Frase lapidaria: «Me siento culpable por no haber cuidado mejor a mi madre».

Resonancia

Su esposo es fiel reflejo –resonancia– de su información, un hombre anulado por su madre y que está pegado a su esposa, pues él fue muy sobreprotegido y no sabe hacer nada por sí solo.

Esta consultante es el ejemplo de la mujer a la que le roban la vida, la maltratan, y vive atrapada en una carencia afectiva, que la hace dependiente de su madre, hasta tal punto que pierde toda su dignidad como persona.

Reflexiones

Pretendo acompañar a la señora a tomar conciencia de que lo que hace su hijo es una magnífica oportunidad de comprender su programación y ver cómo él expresa la solución.

Su hijo, con plena conciencia, se va de casa porque se siente atrapado por su madre. Su inconsciente «sabe» que, si se queda, no podrá hacer su vida. En su interior sabe que se opondrán (su madre y la abuela) a que se case. Él es un hombre, y en el inconsciente de las mujeres (madre y abuela) él es el esposo deseado. Recordemos una vez más que el inconsciente no reconoce padres, hermanos o hijos, pues todos son uno y en todos se proyectan las mismas necesidades.

Si he de ser sincero, no siento que esta mujer tomara plenamente conciencia de cómo actuaba bajo la programación y de cómo su hijo es la expresión de la libertad, al romper las cadenas y liberarse de la creencia mal entendida del «amor de madre».

Después de lo que he ido exponiendo en este libro, espero que el lector vaya tomando conciencia de la importancia de la información heredada y de cómo esta maniata nuestras vidas, llegando a condicionarnos hasta tal punto que nos tiene hipnotizados con conductas totalmente carentes de sentido común.

— EL SÍNDROME DEL EMPERADOR —

El síndrome del emperador está relacionado con el maltrato de los hijos a los padres. El perfil del «pequeño tirano», en palabras de expertos, suele ser el de un varón de unos once a diecisiete años, hijo único y de clase media-alta. Suele tener un comportamiento agresivo (verbal o físico), y/o conductas desafiantes o provocadoras de ira hacia los padres y de violación de las normas y límites familiares. Asimismo, suele presentar un alto nivel de egocentrismo, junto con una baja tolerancia a la frustración, empatía y autoestima. Si bien es cierto que la ausencia de límites o un estilo educativo basado en atender todas sus peticiones son factores que pueden facilitar la aparición de este síndrome, es de vital importancia corregir la idea errónea de que la culpa es de los propios padres, pues, tal como vengo exponiendo, las informaciones heredadas de nuestros ancestros, a las que llamamos «resonancias», tarde o temprano se acaban manifestando en los nietos. Los padres vendrían a ser el interfaz, el paso de la información, pues el problema se manifiesta en la tercera generación.

He visto en mi consulta a padres que se quejan de la agresividad de su hijo y, al estudiar e investigar su árbol genealógico, vemos como hay hijos abandonados, con total carencia de cariño, encerrados en orfanatos. Esta información al final resuena en niños muy demandantes, cuyos padres no tienen los recursos necesarios para hacer frente a la situación. Otros factores pueden ser la sobreprotección, unos hábitos familiares determinados por la escasez de tiempo, la ausencia de autoridad, la permisividad y, sobre todo, la falta de elementos afectivos, como la calidez en la relación con los hijos.

Algunas características de los niños con síndrome del emperador son:

- Tienen baja autoestima y baja tolerancia a la incomodidad.
- Se frustran fácilmente y lo expresan con gritos y rabietas, o incluso recurren a la violencia física.
- Discuten las normas y los castigos, son exigentes y carecen de empatía.
- Tienen gran dificultad en expresar remordimiento por sus conductas, pues las justifican a cada momento.
- Buscan constantemente la atención, y, cuando la reciben, piden más.
- Tienen gran dificultad en aceptar la autoridad.

Siempre propongo a los padres que indaguen acerca de las informaciones que han recibido, acepten y comprendan las experiencias que han vivido con sus padres y qué tipo de violencias han experimentado, tal como ya he indicado. Se trata también de que la pareja tome conciencia de que, muchas veces, cuando su hijo era pequeño, ellos vivieron desavenencias, pudiendo haber gritos o conductas poco adaptativas. No vale decir que el niño o la niña no se enteraba porque estaba durmiendo. La información del inconsciente no es dual, siempre se guarda, tal como venimos repitiendo.

Motivo de la consulta
Un señor viene a mi consulta quejándose de que su mujer le desautoriza frente a su hijo.

Escenario de estrés
Su hijo de dieciocho años pide salir con sus amigos un fin de semana a la playa. La madre le dice a su marido: «Si le das permiso, me voy de casa».

Escenario de ambiente emocional
El ambiente en el que se ha educado este hijo es de padre ausente, pues trabajaba desde horas tempranas y llegaba tarde a casa para poder mantener a la familia; la mujer es muy sobreprotectora.

Escenario actual
Violencia del hijo con su madre, a la que grita y amenaza. El padre lo castiga por faltarle el respeto a su madre. El hijo se siente impotente y vive una injusticia. El carcelero –la madre– tiene la razón, y el hijo, con todas las hormonas bailando, se siente atrapado y tiene reacciones violentas.

Toma de conciencia
Mi consultante debe liberarse de la culpabilidad, evitar culpar o culpabilizarse. Tiene que comprender que, al estar él tan ausente, la madre

proyectó sobre el hijo una sobreprotección, que es otro tipo de violencia. La madre no ve que su hijo se hace mayor. Tiene miedo de perderlo, y entonces amenaza. El hijo se rebela, algo propio de la edad e inscrito en nuestra naturaleza.

Reflexión

¿Quién le falta el respeto a quién?

La dignidad es el amor y cariño que nos debemos a nosotros mismos. Hay que aprender a decir: «No, ya basta».

• RECORDEMOS •

- La felicidad es saber vivir en el presente, en el aquí y en el ahora.
- La felicidad es libertad emocional. Te permite decir sí o no con toda naturalidad y sencillez en cualquier circunstancia.
- Dejarás de sufrir cuando te canses de sufrir. Aquí reside la clave de tu felicidad. Debes entender el sufrimiento y el porqué del apego a él.
- La felicidad la encuentras cuando te liberas de los opuestos.
- Vive en la paradoja, en el humor y en el cambio.
- El viaje aporta la felicidad, no el destino.
- La felicidad es un estado mental vacío de manifestación, que espera que dejes de querer que las cosas sean como te gustaría que fueran.
- La felicidad es saber vivir en la incertidumbre, ya que las polaridades son necesarias en este mundo dual.
- Las buenas relaciones nos hacen más felices y más saludables. Punto.
- La verdad que nos hace libres no puede estar escrita, ni puede expresarse en palabras.
- La vida no exige que seamos perfectos, lo que nos pide es que seamos completos.
- Los síntomas señalan con suma precisión la sombra.
- La paradoja es saber vivir con sentido los opuestos. Al lograrlo, sabrás con certeza lo que tienes que hacer.

CAPÍTULO VI

EL INCONSCIENTE, UN MAR DE INFORMACIÓN

Comprende tu historia para elegir tu presente.

....

Cuando comprendamos que lo que llamamos «nuestra vida» es solamente un reflejo de la información que se halla en nuestro inconsciente, entonces empezaremos a despertar.

....

Para poder comprendernos mejor a nosotros mismos, para encontrar el equilibrio emocional que todos anhelamos, tenemos que tomar conciencia de que nuestra mente procesa una información que nos hace vivir de un cierto modo y siguiendo ciertas conductas. Todos reaccionamos de una forma particular frente a las vicisitudes de la vida, pero muchísimas veces no alcanzamos a comprender por qué actuamos como actuamos, por qué somos más lábiles a ciertas situaciones y por qué repetimos experiencias con nuestras relaciones interpersonales.

Este capítulo pretende aportar luz, comprensión, a los interrogantes que nos abruman al no encontrar una explicación plausible. El psicoanálisis primero, y la epigenética después, nos dan las respuestas. Nos permiten tomar conciencia de que las explicaciones que nos damos se sustentan en un montón de justificaciones: «¡Qué culpa tengo yo si me hicieron de esta manera, si me parieron así!». Nos permiten profundizar en nuestras historias para encontrar la información que nos maniata y nos hace repetir las historias de nuestros ancestros. Esta toma de conciencia produce un cambio de percepción radical que conlleva un cambio profundo emocional y, por ende, un cambio conductual, neurológico y, en consecuencia, genético.

— HABLEMOS DEL INCONSCIENTE —

Existe una fuerza liberadora que nos impulsa a movernos en una dirección que nos aleja de la seguridad del clan. Es un proceso conocido por muchos nombres, y que supone, a veces, un drama. Es el motor de la evolución, que se inicia cuando se desarrolla la etapa hormonal. Cuántas veces habré oído a una mujer refiriéndose a su hija o hijo: «Está en la etapa rebelde». Bendita fuerza, sin ella la vida, la evolución, se paralizaría. A nivel psíquico representa la emancipación de los miembros más jóvenes del clan familiar. En cada familia, en cada clan, este proceso se vive de muchas maneras.

Este proceso, llamado «proceso de individuación», se activa de forma natural en todos los seres vivos. La lucha por formar un clan, por llegar más alto, ser más fuerte o estar más preparado son unas facetas que todos conocemos, pero no son las únicas.

Este proceso es el camino hacia el «sí mismo», un camino de autorrealización, donde se junta el consciente con el inconsciente, donde se produce el encuentro entre lo masculino y lo femenino, donde se realiza la gestión entre lo que se considera bueno y malo.

La fuerza de la naturaleza se expresa en la familia para que sus miembros se emancipen y formen otros clanes familiares; una mezcla de genes es necesaria para tener la mayor variedad de información, o sea, de recursos para poder adaptarse. Dicho de otra manera: se trata de renovarse o morir.

Nuestra psique está formada básicamente por dos partes, a saber: la consciente y la inconsciente. Esta última es la que domina, pues ocupa alrededor del 95 por ciento de la psique. Así pues, la mayor parte de la información que recibimos se almacena en nuestra psique, sin ser conscientes de ello. El inconsciente, a su vez, se divide en individual, familiar y colectivo. Su función es almacenar la información de la especie y la información familiar e individual para nuestro proceso de individuación.

La psique está más allá de la razón. Es el motor que nos hace actuar, muchas veces, de una manera incomprensible para nosotros. El inconsciente almacena toda la información que se va expresando desde el inconsciente colectivo, pasando por el familiar y el individual y terminando en lo que hacemos de una forma consciente. A la psique se le llama también el *self* o «sí mismo». Permite al ser humano ser consciente de sus procesos anímicos, analizarlos y desarrollar su crecimiento interior.

El inconsciente colectivo es una porción del psiquismo que no depende de la experiencia personal. Su contenido —los arquetipos— es un depósito de predisposiciones y potencialidades para experimentar y responder a los diferentes contextos y escenarios en los que se desarrolla el individuo. Las diferencias culturales e individuales determinarán la forma en que estos arquetipos se manifiesten. Los arquetipos son modelos, una especie de prototipos, patrones de los cuales se derivan otras ideas, pensamientos y/o conductas. En palabras de Jung, son «el conjunto de símbolos primitivos compartidos por personas de todos los lugares y de todas las épocas que expresan elementos de la psique que exceden al campo de la razón». Algunos ejemplos de arquetipos serían el héroe, el mago, el sabio, la madre, el padre, la sombra, la personalidad, etc. Estos se emplean en los mitos y leyendas, como, por ejemplo, los que aparecen en las películas: *La leyenda de Bagger Vance, El guerrero pacífico, Matrix* o *El Señor de los Anillos*; y en tantas otras.

Las principales características de los arquetipos son:

- Factores dinámicos, que se desarrollan según el contexto o la cultura donde se expresa el individuo, y se manifiestan en impulsos, tan espontáneamente como los instintos, sin la intervención del consciente.
- Los arquetipos son universales. Todo ser humano hereda las mismas imágenes arquetípicas básicas. Las diferencias culturales e

individuales determinarán la forma en que estos arquetipos se manifiesten.

- El inconsciente almacena la historia de la humanidad desde los tiempos inmemoriales.
- En el inconsciente viven las fuerzas que se están complementando constantemente. Muchas veces se las llama «fuerzas de la luz y de la oscuridad». En él viven las fuerzas que alimentan el dolor y el bienestar.

Comprender el inconsciente individual y familiar nos abre el camino hacia un estado de la mente donde los opuestos irreconciliables se convierten en complementarios, llevándonos a una apertura de la mente.

El inconsciente emite un mensaje exacto al mundo —la pantalla de la vida— que el sujeto necesita para catalizar su integración. A menudo se llama a los contenidos del inconsciente «la sombra». La sombra es la gran impulsora para los cambios en nuestras vidas. Fritz Kunkel asegura que: «En los momentos decisivos, Dios está siempre del lado de la sombra, no del ego», ya que la sombra está mucho más cerca del impulso creativo, el impulso inicial de todo camino y de todo proceso. La individuación se puede realizar gracias a esta fuerza que anida en nuestro inconsciente individual y familiar. Necesitamos de un ego fuerte, que nos permita liberarnos de las fuerzas opresoras que ejerce toda familia.

Quisiera dejar muy claro uno de los aspectos del ego. Este acostumbra a ser muy egocéntrico, cosa que no tiene nada que ver con un ego fuerte. El egocentrismo es una característica de un ego débil, que mantiene tendencias infantiles muy desfavorables para poder realizar este proceso tan fundamental, siendo algunas de ellas la inestabilidad anímica y la inseguridad. El ego fuerte nos permite el proceso de individuación, tan importante para desarrollar nuestra personalidad. Es el que nos permite la desvinculación con los arquetipos de madre y de padre una vez que estos han cumplido su cometido.

— LA INFORMACIÓN NO SE PIERDE —

La información sustancial de las experiencias de nuestros ancestros no se pierde. Esta aseveración la mantiene el psicoanálisis, y, dentro de él, la psicogenealogía, que estudia la información que heredamos de nuestros ancestros, sobre todo dentro del clan familiar, en el inconsciente familiar.

La ciencia, gracias a la epigenética, está demostrando cuánta razón tienen los pioneros del estudio sobre el inconsciente. Oficialmente, hasta no hace mucho, la ciencia se sustentaba en el determinismo genético. Se creía que nuestros padres y abuelos simplemente nos pasaban sus genes. Y punto. Las experiencias que habían acopiado en sus vidas no se adquirían porque se creía que los genes se transmitían inalterables de generación en generación, sin modificaciones, sin tocar el núcleo celular inmaculado. Sin embargo, hoy sabemos que el aire que respiraron nuestros abuelos, el agua que bebieron o el ambiente psicosocial en el que vivieron pudieron afectar también a sus descendientes, incluso décadas después.

La epigenética sostiene que es posible realizar modificaciones genéticas a partir de la experiencia de vida de los ascendentes. Esto se produce cuando cambiamos nuestras emociones y, por lo tanto, nuestros pensamientos en relación a unos hechos.

> La evidencia científica, hoy en día, demuestra que al modificar nuestros pensamientos estamos modificando nuestra biología.
>
> Kiecolt-Glaser, McGuire & Robles, 2002;
> Cousins, 1989

Según la epigenética del comportamiento, las experiencias traumáticas pasadas de un organismo o de sus antepasados recientes dejan cicatrices moleculares que se adhieren a su ADN. Los factores externos pueden influir en el complejo entramado de interruptores que hace falta conectar y desconectar. Todo ocurre en un proceso llamado «metilación». El problema surge cuando la metilación es excesiva y bloquea la expresión genética. No se trata, por tanto, únicamente de qué genes heredamos o no de nuestros padres, sino de si están encendidos o apagados a través de interruptores epigenéticos. Estos interruptores son las cicatrices moleculares adheridas a la cadena del ADN.

Esta ciencia ha demostrado que si, por ejemplo, nuestra abuela murió por un error médico, al tomar un medicamento inadecuado, un nieto o una nieta pueden llegar a ser alérgicos a este medicamento. Vendría a ser una solución de urgencia, pues el estrés es tan grande que no se puede esperar a los mecanismos de la evolución.

Estamos ante un gran reto que consiste en tomar conciencia de que mis historias, con todas las experiencias, alegrías y dolores, son la expresión de una información que se halla acumulada en mi inconsciente. La información nunca se pierde, se transmite de generación en generación. Algunos se pueden preguntar: ¿Por qué esto es así? Las enseñanzas y las experiencias conscientes se transmiten de padres a hijos, o eso, al menos, debería ser así para que estos no repitan los errores de sus progenitores. Pero, asimismo, hay experiencias ocultas, que no han sido contadas nunca pero comprobamos que los hijos también heredan. Los niños no nacen como si fueran un papel en blanco donde hay que escribir una historia, sino que nacen con traumas, con historias y con neurosis. No obstante, los mecanismos de la epigenética del comportamiento no solo se establecen a partir de los déficits y debilidades o impactos negativos experimentados por los antepasados inmediatos. También se «graban» biológicamente las fortalezas y resiliencias. La información, mis experiencias, las manifieste o no, están en mi inconsciente, sobre todo aquellas que tienen un rol destacado para mi supervivencia y la del clan. Según Freud, es imprescindible que haya una continuidad en la vida psíquica de las sucesivas generaciones. Si no fuera así, cada bebé que nace debería empezar de cero y no habría progreso.

Un aspecto en el que se centra la epigenética —al igual que yo estoy haciendo junto con mis colaboradores en mi método de la Bioneuroemoción— es el ambiente emocional durante la gestación y la crianza, que ya he presentado en ejemplos anteriores. Son escenarios muy relevantes que marcan la forma de interaccionar frente a la vida y el posterior desarrollo hacia el proceso de individuación.

Si observamos la naturaleza podemos comprobar que las experiencias se transmiten de generación en generación. En la edición digital de *La Vanguardia*, un periódico de los más importantes en España, leo: «Los elefantes africanos nacen sin colmillos por culpa de la caza furtiva». ¿Cómo? Alguien podrá pensar, ¿qué tendrá que ver la caza furtiva con que nazcan sin colmillos? La respuesta es muy simple: todo. Es una prueba de lo que estoy exponiendo. Es algo que se publica en un periódico de prestigio y parece que no nos detenemos a pensar cosas como: «¿Tendrá que ver esto conmigo, en relación a mis problemas cotidianos, a mis síntomas?».

Sigo leyendo en el citado artículo:

> La caza furtiva sigue siendo un problema grave en África. Un número cada vez más significativo de elefantes del continente nace ahora sin colmillos porque los cazadores han tenido a estos animales en el punto de mira para obtener el mejor marfil durante décadas hasta llegar a alterar su genética.

En algunas zonas africanas, el 98 por ciento de las hembras no tienen colmillos en comparación con el 2 por ciento o 6 por ciento de elefantes que nacían sin colmillos en el pasado, según han explicado los investigadores de un estudio del que se hacía eco el periódico británico *The Independent*.

Actualmente se habla más de epigenética que de genética para explicar estos casos. El ambiente va adquiriendo cada más fuerza en los estudios. Sea como fuere, lo importante es que el estrés vivido por generaciones de elefantes transmite la información de que es mejor nacer sin colmillos, pues estos ponen en peligro su vida. Pero no es menos cierto que nacer sin colmillos también les pone en aprietos, pues estos tienen una importancia fundamental para realizar acciones como comer y beber agua, desenterrar árboles, ramas y también para la autodefensa y la exhibición sexual.

Motivo de la consulta
Un consultante varón viene a mi consulta con un síntoma de disfemia crónica (tartamudez).

Escenario de estrés
Dice haber comenzado a tartamudear con nueve años, justo cuando se cambió de casa y de colegio.

Resonancias
Al indagar sobre su historia familiar, encontramos que el padre también comenzó a tartamudear a los nueve años, vivía en Tánger (Marruecos) y, al volver a España, comenzó a manifestar los síntomas.

El abuelo paterno del consultante también comenzó a tartamudear con nueve años, edad a la que su padre (bisabuelo paterno del consultante) fue perseguido y encarcelado «por hablar», ya que ostentaba un cargo durante la República y era una persona idealista e intelectual que se dedicaba a divulgar conocimientos en una época en la que era peligroso exponerse.

Reflexión
El bisabuelo dejó en una situación de vulnerabilidad a una familia de tres niños pequeños y una mujer, en plena posguerra. Para evitar males mayores tuvieron que huir a Tánger, lugar donde vivieron cuarenta años.

Toma de conciencia
Al repasar, tal como vengo exponiendo, los acontecimientos dramáticos de los ancestros, se produce un cambio emocional, que a su vez provoca un cambio neurológico que genera un cambio físico. Al consultante le desapareció el síntoma a las pocas semanas. En la actualidad habla hasta «por los codos».

Reflexión
Hay un acontecimiento dramático a cierta edad –síndrome del aniver-

sario– que de alguna manera va dejando su huella en las generaciones venideras. En este caso vemos cómo, por una parte, el síntoma manifestado corresponde a una adaptación a la naturaleza del estrés y, por otro, hay un disparador que se repite, la mudanza. Esto es, en principio, algo neutro pero percibido como peligroso por el inconsciente familiar del clan.

— LAS LEALTADES INVISIBLES —

La lealtad es un sentimiento de solidaridad y compromiso que unifica las necesidades y expectativas de una unidad social, «la familia», así como los pensamientos, sentimientos y motivaciones de cada miembro. Dentro de esta red estructurada, se exige que cada persona cumpla las expectativas y obligaciones del grupo. La lealtad puede entenderse como la expectativa de adhesión a ciertas reglas y la amenaza de expulsión si estas se transgreden. Hay que tener plena conciencia de que existen lealtades muy duras.

Se me podría preguntar ahora dónde está el libre albedrío, y mi respuesta sería que en cada momento de nuestra vida, cuando somos conscientes de estas resonancias que se expresan en ella y las liberamos con la toma de decisiones plenamente conscientes y libres de resentimientos y juicios, con plena comprensión. De este modo, tenemos el poder de elegir nuestra propia historia. No estamos sujetos a ataduras invisibles y sí debemos dar motivos e información de libertad a nuestros descendientes. Así se transmuta todo.

> Repetir los mismos hechos, fechas o edades que han conformado el drama familiar de nuestros ancestros es para nosotros una manera de honrarlos y de serles leales. Esta lealtad es la que empuja al estudiante a suspender un examen, con el deseo inconsciente de no estar por encima de su padre socialmente, o a seguir siendo fabricante de instrumentos de música de padre a

hijo o, para las mujeres de una misma línea genealógica, casarse a los dieciocho años para dar a luz a tres hijos y, si es posible, a niñas...

Anne Ancelin Schützenberger,
Revista *Nouvelles Clés*, 1999

En realidad, somos menos libres de lo que nos llegamos a pensar, pero esto no quiere decir que no podamos conquistar nuestra libertad y salir de estos ciclos repetitivos. Vivimos con la sensación de ser incapaces de darnos una explicación coherente y de no poder salirnos de las típicas excusas, tales como: «Tengo miedo de estar sola»; «Tengo miedo a que me abandonen y por eso no me comprometo en ninguna relación». Vivimos atrapados en una telaraña invisible, pero esto no es excusa, sino una oportunidad de restablecer un orden interno, aplicar el sentido común en nuestras vidas y trascender estos programas que nos atan a experiencias, relaciones y memorias ancestrales.

Hay lealtades que rayan la locura. Transmitimos a nuestros descendientes deseos no satisfechos, como el de aquella abuela que desde siempre quiso estudiar y sus padres no la dejaron. Este deseo profundo, no satisfecho, o satisfecho parcialmente porque ella leía mucho, lo heredó su nieta. Esta es una chica que habla y escribe perfectamente cinco idiomas, ha terminado varias licenciaturas y siempre está inmersa en proyectos. Como se puede ver, las lealtades familiares no se pueden catalogar como buenas o malas. Son experiencias, son informaciones que se repiten para dar otro sentido a situaciones estresantes de nuestros ancestros. El inconsciente no juzga, es inocente y guarda toda la información de forma atemporal.

Motivo de la consulta
Recuerdo el caso de una joven que vino a mi consulta; sentía una profunda tristeza.

Escenario de pequeña

Le pregunté por su madre y me respondió: «Mi madre es como una cripta, parece que está muerta». A continuación, le pregunté por su padre, y ella rápidamente me dijo: «Mi padre es un hombre feliz, siempre está contento».

Reflexión

Siempre tengo momentos de reflexión durante la consulta para acompañar a mi clienta en su cambio de percepción.

En este caso me di cuenta enseguida de que había una lealtad invisible. Un padre contento y una madre que es como una cripta viviendo juntos. ¿Dónde está la lealtad? Vamos a buscarla.

Resonancia

Averiguo que el abuelo paterno había sido un general ruso que se dedicaba al exterminio de pueblos, enterrando a los muertos en fosas comunes. Su hijo, el padre de mi consultante, lo repara siendo un hombre alegre y dicharachero. Su sombra se proyecta en la relación con su esposa –la madre de mi clienta–; ella es la «cripta», el lugar donde se entierra a los muertos y se les respeta. Además, ella está sumida en una tristeza profunda, cosa que hereda mi consultante.

Toma de conciencia

Al hacerle consciente de ello, ella se levanta como si tuviera un resorte, se acerca a mí, me abraza, llora y me dice: «Gracias, ahora ya estoy libre. No sé lo que me ha pasado, he sentido un clic en mi cabeza y una expansión en mi corazón». Seguidamente se fue.

Cuando un ancestro ha sufrido, es fundamental para la descendencia que su dolor sea reconocido. Hay pueblos enteros que sufren por el simple hecho de que no son reconocidos por los demás. Para apaciguar el síndrome de repetición, no hacen falta situaciones dramáticas como las que vivieron nuestros ancestros. Esto hay que tenerlo muy en cuenta para evitar miedos innecesarios, como algunos temores a veces que me han transmitido mis consultantes: «Mi abuelo se suicidó, y ahora tengo miedo de que alguien de mi familia lo repita». Siempre digo que las cosas no se repiten «al pie de la letra»; el inconsciente puede revivir ciertas experiencias sin tanto drama. Lo importante es averiguar lo que pasó, liberar las historias ocultas, hacer un reconocimiento con todo nuestro ser, sin juicios y sí con una mente llena de comprensión. Nadie debería juzgar sin saber todos los factores que convergen en una situación, y, cuando se conocen, es imposible emitir juicio alguno, pues nuestra mente está llena de compasión.

Un ejemplo de lealtad sería mi propia experiencia. Está relacionada con mis estudios. Sentía un impulso —o más bien la vida me llevó— a estudiar en la misma universidad que mi padre. Empecé trabajando en algo parecido a lo que él hizo. Siempre sentía una insatisfacción interior, no sabía qué hacer, hasta que un día reaccioné de un modo inesperado. Ocupaba un lugar envidiado por muchos, con un cargo de responsabilidad y muy buen sueldo. Sentí que debía darle un giro radical a mi vida y dejé mi trabajo, lo que me costó un divorcio. Hoy sé que estoy haciendo lo que mi alma me dicta, con mucho esfuerzo, «un sin parar», pero sin el sentido que se le da a la palabra «trabajar». Estudié psicología a los cuarenta y cuatro años y a los cuarenta y nueve obtuve la licenciatura. Tenía una familia formada por esposa y tres hijos, más la hija de mi anterior matrimonio. Fueron cinco años duros, trabajando, estudiando de seis a nueve de la mañana, pero con una fuerza interior que me impulsaba y me impedía parar. Cuando encuentras tu camino, cuando te liberas de las lealtades invisibles, surge en ti una fuerza imparable. Estás creando tu destino.

Desde un punto de vista biológico y evolutivo, los sistemas de lealtad suponen un vínculo necesario para la supervivencia del clan en un ambiente hostil. El problema viene cuando los lazos no permiten el proceso de individuación de cualquiera de sus miembros, cuando los deberes para con el sistema superan los derechos. Son muchos los progenitores que retienen con lazos a sus hijos con frases del estilo «Yo hice de todo por ti, me debes mucho». Es por eso que gran número de jóvenes no logran diferenciarse, no logran tomar distancia entre su «yo» y su familia, y no llegan nunca a su edad adulta. Se sienten atados por obligaciones; se aproximaría a lo que en África se conoce como «regalos con dientes».

Un ejemplo de «regalo con dientes» sería el registro de méritos. Muchos padres o madres mantienen con lazos a sus hijos e hijas diciéndoles: «Me sacrifiqué tanto por ti que bien me lo debes». A esto se le llama «regalo con dientes» porque lo que se te da tienes que devolverlo de alguna manera. Una costumbre muy extendida socialmente es que te hagan un regalo para después pedirte algo. Me ha ocurrido un montón de veces, sobre todo cuando termino mis conferencias y seguidamente firmo libros. Algunas personas me hacen un regalo dándome las gracias y, cuando más tarde lo miro, veo que hay una carta que, lejos de ser de agradecimiento, es una petición o un deseo. Pues esta forma de actuar se practica en muchas familias; te cuido, pero espero algo a cambio: «Me sacrifico por ti, y así es como me lo pagas, después de todo lo que he hecho».

Es importante recordar, de nuevo, un principio que expongo reiteradamente: no podemos cambiar los acontecimientos externos, pero sí podemos cambiar la emoción que ponemos con relación a lo que estamos viendo. Cuando cambiamos la emoción, nuestro inconsciente ve las cosas de otra manera, es automático. A este proceso le llamamos «reescribir la historia». Así, independientemente de las experiencias que hayan sucedido en una familia, la persona siempre tiene la capacidad de trascenderlas, otorgarles un nuevo significado y gestionarlas desde un nuevo estado de comprensión.

Motivo de la consulta

Una joven de veintiocho años me consulta sobre un síntoma que le apareció hace tres semanas, en relación a un problema en las trompas uterinas.

Reflexión

Veamos el sentido simbólico/biológico: las trompas conectan al ovario con el útero y son el lugar donde se produce la fecundación. Por su función biológica, los síntomas en las trompas uterinas suelen estar relacionados con algún estrés vinculado a la maternidad, de forma real o simbólica.

Escenario de estrés

Hace tres semanas, mi consultante hace referencia a un estrés laboral primero y luego a un estrés de pareja. Al preguntarle desde cuándo está viviendo cada uno de los conflictos, me comenta que hace un año del primero y cuatro meses del segundo, por lo que descarto que sean la causa del estrés real porque el inconsciente siempre intenta tapar el verdadero estrés, ya que este suele conllevar un cambio importante en el sistema de creencias y valores personales y ello, a nivel inconsciente, supone «traicionar a la familia».

Escenario de estrés real

Al preguntarle de nuevo por otro estrés, me comenta que hace un mes falleció su tía. Esto puede generar un estrés importante, pero necesito saber qué supone en su vida este hecho, ya que siempre debemos ir más allá en la historia de la persona.

El auténtico estrés reside en que, al morir su tía, ella tendrá que ocuparse de su madre. Su tía hacía esa función. Mi consultante vive en casa con su madre y tenía intención de marcharse, pero al fallecer su tía siente que tiene que quedarse.

Resonancia

La madre de mi consultante fue abandonada por su propia madre cuando era pequeña y ella está compensando esa carencia cuidándola. En este caso ha ocupado el rol que la abuela no cumplió. Aquí es donde comprendemos el síntoma biológico y observamos hasta qué punto es simbólico el inconsciente, ya que no distingue entre ser madre de un hijo y ser madre de tu propia madre. Para el inconsciente solo existe el rol; no necesariamente nos sentimos madres o padres de nuestros hijos, sino que esta función se puede extender a otras facetas de nuestras vidas.

Toma de conciencia

En este caso, mi consultante tiene dos creencias en contradicción y es aquí donde se manifiesta el estrés. Por un lado, quiere independizarse y crear una familia, una necesidad totalmente comprensible a los veintiocho años, pero por otro lado quiere cuidar de su madre y siente que, si se va, la abandona. Ahora es libre de decidir cómo quiere vivir su vida, y comprende que encontrará una solución acorde con las dos creencias.

Reflexión y recapitulación

Observamos cómo los síntomas evidencian la sombra y compensan en muchas ocasiones las incoherencias que estamos experimentando en nuestras vidas. Normalmente, el estrés aparece cuando sentimos que una acción concreta va a desencadenar un problema en otra dirección. Su toma de conciencia es comprender que se siente atrapada en una lealtad familiar que le impide su proceso de individuación tan esencial en la evolución psicológica de todo ser humano. La solución siempre pasa por la integración de los opuestos y no por la negación de uno de ellos.

Parentalización

He escogido el bloqueo de la parentalización como uno de los principales artífices que impiden el crecimiento y la evolución psíquica de todo ser humano. Por definición, la parentalización implica la distorsión subjetiva de una relación, como si en ella la propia pareja, o incluso los hijos, cumplieran el papel del padre o el de la madre. Todo hijo puede ser parentalizado por sus propios padres en determinados momentos, como por ejemplo cuando le hacen responsable de sus hermanos, de otro modo no aprendería nunca a identificarse con roles responsables para una existencia futura. Si, por el contrario, hay una obligatoriedad cargada de culpa, esto puede atrapar al hijo en una serie de exigencias unilaterales de parentalización.

El hijo capacitado para dar este paso en pos de la separación debe, tarde o temprano, enfrentarse a su culpa y tomar conciencia de que sus padres experimentarán dolor y sentirán un oculto resentimiento.

Aquí quiero mostrar que se puede dar la asignación del rol parental a uno o más hijos de un sistema familiar o bien es el hijo quien asume ese rol por propia elección inconsciente. Las necesidades de los padres no fueron satisfechas por sus propios progenitores, y el deseo de verlas satisfechas se transfiere a los propios hijos. La parentalización se convierte así en una modalidad de «delegación». En cierto sentido, los hijos asumen el rol de los abuelos.

Motivo de la consulta

Una mujer viene a mi consulta quejándose de que no puede irse de casa de sus padres. Tiene más de cuarenta años, nunca ha estado casada, y sus relaciones han durado muy poco.

Escenario en casa

El ambiente en casa es el siguiente: padre alcohólico y maltratador, madre sumisa y siempre deprimida. Ella es la mayor de siete hermanos, todos varones y todos alcohólicos. Ella está al cuidado de todo el mundo. Sale del trabajo, se ocupa de la casa, de su madre, de su padre que está enfermo, mientras sus hermanos vienen y van, siempre merodeando y pidiéndole ayuda.

Reflexión

Cuando escucho y veo situaciones de este tipo, no puedo evitar preguntarme hasta qué punto el ser humano puede soportar tanto, si no fuera por la comprensión y la experiencia que tengo de haber visto muchísimos casos como este.

Toma de conciencia

Ella es el principal hándicap para el proceso normal de evolución de la familia. El verdadero problema es ella, pues está creando unas dependencias emocionales que impiden el desarrollo de madurez normal. Su aprendizaje fue condicionado por la ausencia de su madre –depresión–, que la llevó a ocupar su rol. De alguna manera, para su inconsciente ella está casada con su padre.

Reflexión

Hay que despertar: las lealtades familiares son una rémora para la evolución de un individuo hacia el camino de la madurez y para conformar una familia con responsabilidad y compromiso.

Veamos otro ejemplo de parentalización para despejar las dudas, ya que se repite muchísimo y tiene muchas caras.

Estamos cenando en casa con unos amigos de mi hija. La cena transcurre de una manera muy afable. Una amiga de mi hija, casada, empieza a hablar de su madre y dice la frase: «Mi hermano es un desastre». Nos miramos y, sonriendo, le digo: «Yo ahora vengo de "Júpiter", y no puedo entender que significa para ti que tu hermano sea un desastre. ¿Puedes describirme una situación para que pueda entenderlo?».

Motivo de la consulta

Mujer casada de unos treinta y dos años, que expresa que su hermano es un desastre.

Reflexión

El desarrollo de este caso es recurrente. Cuando queremos profundizar en un concepto, la mente consciente se cierra. Aquí tenemos una señal inequívoca de que estamos frente al conflicto. Empieza la indagación, el camino de deshacer justificaciones y de desbloquear creencias, muchas de ellas ancestrales.

La joven no entiende, y sigue dándome sinónimos de «desastre». Está bloqueada, no sabe qué decir, se incomoda (buena señal), aparta sus ojos y su mirada de la mía.

Escena

Yo insisto: «Solamente te estoy pidiendo que me describas una escena en la que me quede claro lo que significa para ti la palabra "desastre" en un contexto concreto. De esta manera sabré cuál es tu percepción y veré tu proyección para encontrar tus creencias ocultas».

Escena de estrés

Al final lo consigue: «Estoy en casa con mi marido, y mi madre me llama, una vez más, para decirme que mi hermano ha vuelto a suspender, que no estudia, y que, por favor, le diga algo».

«Sigue, por favor», la animo.

«Esto me pone muy nerviosa, porque nuestra madre me llama siempre cuando tiene un problema con mi hermano. Es como si yo fuera la madre de los dos», dice ella.

Escenario ambiente

Indagamos el ambiente emocional en el que fue engendrado su hermano. Su madre había dejado de trabajar y su padre estaba muy poco en casa. En este embarazo había un deseo oculto de su madre, una creencia: «Si me quedo embarazada, retendré a mi esposo». La madre proyectó sobre su hijo, de un modo inconsciente, la dependencia hacia él al estar su «hombre» ausente.

Toma de conciencia

Ella toma el rol de madre de su madre. Es el proceso de parentalización. Ella ya tiene dos hijos, que son su madre y su hermano.

Entonces le dije lo siguiente: «La experiencia me ha demostrado, en situaciones parecidas, que mujeres que vivís esta parentalización tenéis problemas para quedaros embarazadas». Su marido y ella mostraron una cara de sorpresa. Hacía poco que ella había sido operada de ovarios poliquísticos, que le impedían quedarse embarazada.

A modo de aclaración, les dije: «El inconsciente no distingue entre tu madre o que tú seas la madre de ella. Para él, todo es uno, solamente vive el estrés en un rol determinado, que en este caso es el de madre. Al sentirte frustrada en esta situación, el inconsciente te da una solución de adaptación, una solución biológica con una gran carga simbólica: tener hijos es un estrés que no te deja vivir».

Anthony de Mello en su libro *Autoliberación interior,* nos dice refiriéndose a Jesús: «Si no odias a tu padre y a tu madre... no serás tú mismo y no podrás seguirlo».

> Si alguno viene a mí y no aborrece a su padre y a su madre, incluso a su mujer y a su hijo, a sus hermanos y hermanas, incluso a su propia vida, no puede ser mi discípulo.
>
> LUCAS 14:26

¿Qué nos quiere decir Anthony de Mello haciendo referencia a estas palabras de Jesús? En realidad, ¿debemos matar a nuestros padres? Jesús mismo nos decía que la letra mata y el espíritu vivifica. Hay que ver la información que llevan estas palabras que se refieren a la programación que hemos recibido de nuestros padres y que nos impide emanciparnos.

Esta afirmación no está en contradicción con lo que dice el cuarto mandamiento: «Honrarás a tu padre y a tu madre»; honras a tus padres cuando te liberas de su programación, pues también los liberas a ellos. No estamos aquí para juzgar a nadie, más bien todo lo contrario. Nuestros padres recibieron la información que se les transmitió consciente e inconscientemente. Ellos lo gestionaron como pudieron o como les dejaron. Tenemos que despertar a la comprensión de que a nuestros padres se les debe respeto, si es que realmente son dignos de él. De no ser así, se les ofrece comprensión y perdón, pero nunca sumisión ni ligazones adictivas emocionales, esperando que ellos hagan o dejen de hacer aquello para lo que no están preparados y de lo que ni tan siquiera son conscientes.

— EL MITO DEL HÉROE. PROCESO DE INDIVIDUACIÓN —

Es la historia más vieja de la humanidad. Es un proceso para todos, pero no todos lo inician. Es un proceso doloroso, de un profundo desapego. Es el viaje con el encuentro del mal.

El mito del héroe está totalmente instaurado en nuestra sociedad. En cualquier película, sea del género que sea, siempre se representa el mito del héroe. Este es un personaje de muy poca relevancia hasta que se encuentra en una difícil tesitura que le hace tomar una decisión —hasta entonces impensable para él— y descubre su enorme poder. Entonces surge el héroe interior que todos llevamos dentro.

Empieza un proceso de dolor, de desapego, de perseverancia, de esfuerzo, de soltar cualquier expectativa, de eliminar toda la basura de la mente. Se ha iniciado el viaje. El primer y gran viaje que se nos presenta en la vida es la desparentalización. Muchas personas no superan sus etapas y se quedan atrapadas en las lealtades familiares, tal como hemos visto.

El mito del héroe ha existido siempre, y aquí pretendo hacerlo consciente y darles el debido reconocimiento a los autores que nos lo han presentado, Carl G. Jung, Erich Neumann y Joseph Campbell.

Para Erich Neumann el mito del héroe representa la consolidación de la personalidad en el aspecto masculino. A través de diversas pruebas, el héroe se reconoce como un transformador que adquiere consciencia desarrollando su propio «yo» y pasa por tres etapas:

1. El nacimiento del héroe.
2. El asesinato de la madre.
3. El asesinato del padre.

Es un camino que va del nacimiento hasta llegar al patriarcado, pasando por el matriarcado. Cuando el héroe supera el miedo a ser castrado, se libera del matriarcado; cuando supera el miedo a la autoridad, se libera del patriarcado. Es el camino, el desarrollo, que parte del niño y llega a la adolescencia. En esta etapa, a los padres ya no se les ve como antes y el mundo exterior llama a su puerta. El héroe encuentra su primera dificultad en su madre y seguidamente en su padre. La madre no ve que su niño ya es un hombre. Ella siempre le llama «mi niño», y a su hija, «la hija». El padre, por su lado, representa la prohibición y el permiso.

Quiero dejar claro —para comprender el viaje— la diferencia entre el proceso de individuación, que se produce gracias al ego, y el *Self*, que es el encuentro con el «sí mismo». El viaje del héroe es de ida y vuelta. Empieza con el proceso de individuación, el proceso de la expresión máxima de la dualidad. Luego llega el momento de la crisis existencial —el catalizador— para volver hacia el interior, el momento del despertar, y regresar a la conciencia de unidad.

A lo largo del viaje se producen dos procesos:

- El primero, una etapa de crisis existencial, una etapa que descentra al ego.
- El segundo, el encuentro con el «sí mismo». Para mayor comprensión, hay que tener en cuenta que el «sí mismo» es el arquetipo central del inconsciente colectivo y es la expresión de la «unión de los opuestos».

Estos dos procesos tienen un recorrido, los cuales se pueden presentar a cualquier edad, después del proceso de individuación. Se manifiestan más o menos en unas etapas, como veremos a continuación.

¿Quién es el héroe?

El héroe está en la psique de todos nosotros y, tarde o temprano, nos hace «despertar». Vivirá un viaje lleno de experiencias, de dolor y de sufrimiento que poco a poco darán paso a la esperanza, la fortaleza, la sabiduría... Pero hasta que llegue ese momento liberador, vivirá todo el proceso, desde el victimismo y la indefensión hasta que se haga la pregunta fundamental: ¿esto tiene que ser siempre así?

Por tanto, se sucederán una serie de etapas:

- ***La llamada (primera etapa)***
  Intuye que debe de haber otra manera, otro camino para experimentar este proceso que llamamos «vida». El héroe es desafiado a llevar a cabo una búsqueda que cambia su rutina.
- ***Aparece el mentor, el guía, el coach emocional***
  Puede ser un libro, una persona, un seminario que le hará tomar conciencia del poder que todos tenemos y de la programación que nos mantiene maniatados y dormidos. Este guía, este entrenador, le acompañará hasta el umbral. Nunca le dirá lo que tiene que hacer.
- ***El héroe empieza su viaje: cruza el umbral***
  El héroe debe vencer a los guardianes que le impiden salir de casa. Muchas veces están representados por un dragón. Se trata de la fusión hijo-madre de carácter incestuoso. Es la renuncia al infantilismo y a las dependencias familiares.
- ***La entrada a la cueva más profunda***
  Es la etapa de la integración de la sombra, la comprensión de las proyecciones que ha recibido. La sombra es el ego reprimido, se halla en el inconsciente, pues la culturalización lo ha llevado allí. El ego proyecta el mal o lo prohibido en los demás. Hay que reconocer las proyecciones como propias y aceptarse a uno mismo. Este es el proceso de integración que facilitará la aceptación y comprensión de los demás.
- ***La comprensión de que su alma tiene el aspecto masculino y el femenino***
  Comprender que hay una bisexualidad psíquica. Es la proyección de los hombres en las mujeres, y la de estas, en los hombres. En una primera etapa se encuentra con la dama que de alguna forma le impide hacer el viaje. En la segunda etapa la dama le acompaña en su vida.

- ***El acceso a la sabiduría***

  Pasará por un período de crisis, debido a que se siente importante. Es una etapa en la que pueden surgir enfermedades. Puede sentirse como encerrado en una cueva, y le sanarán seres muy débiles, como un pajarito, un anciano, un niño. A partir de esta experiencia, se convierte en un ser humilde, sencillo y sensato.

  Pero tal vez caiga otra vez en la tentación de sentirse superior. Puede vivir situaciones trágicas donde queda patente la limitación de sus poderes. Ello le permite conocer al sabio, la sabiduría interior, la que siempre ha estado allí, la conciencia de unidad.
- ***La recompensa***

  Tras un largo y penoso camino, el héroe llega a la meta y encuentra su tesoro. Es el encuentro del «yo» con el «sí mismo». Es el encuentro con el Ser. Ya no se alinea con las experiencias masificadas del mundo ni con las instintivas del mundo interior. El héroe se siente realizado y es prácticamente inmune a todo cuanto acontezca a su alrededor, es inmune a las calumnias, a las críticas, a los dramas que depara la vida, pues él ya sabe vivirlos desde su centro. Ha encontrado su poder interior, el «sí mismo», y puede mostrarse sin miedo alguno porque sabe que su vida, su proyecto y su trabajo es todo uno, todo es lo mismo, manifestado en múltiples facetas.

Recapitulación

El viaje del héroe no es más que un manual para vivir, un completo manual de instrucciones para el desarrollo del arte de ser humano. El viaje del héroe no es una invención, antes bien, se trata de una observación. Es el reconocimiento de un hermoso deseo, de unos principios que gobiernan la conducta de la vida.

Los mitos no son teorías abstractas ni las peculiares creencias de los pueblos de la Antigüedad, sino modelos prácticos de los que podemos extraer valiosas enseñanzas para vivir. El «mito del héroe» se nos presenta de una forma cotidiana en nuestra vida. El principal viaje, tal como ya he mostrado, es el de la emancipación de los padres.

Sin embargo, en este viaje, la mayoría de personas fracasan: es el caso de los hijos que no se quitan a sus padres de encima —lo digo de una forma literal—, porque siempre se inmiscuyen en su vida; padres que crean dependencias emocionales, atando a sus hijos con obligaciones y responsabilidades con una proyección, muy sutil, de culpabilidad.

Este fracaso se produce también en el ámbito laboral, donde hay jefes abusivos y autoritarios, o en aquellas relaciones tóxicas con amigos que nos atrapan en situaciones de obligatoriedad, de repetición de circunstancias y problemas.

El héroe se manifiesta cuando salimos de estas historias que retrasan nuestra madurez emocional, y comprendemos que estas ataduras son emocionales y que las mantenemos porque hay una necesidad interior no satisfecha. El viaje del héroe empieza cuando nos liberamos de dependencias emocionales y tomamos conciencia de que al único que le debes lealtad es a ti mismo. El viaje del héroe implica un cambio de creencias, un viaje a lo desconocido, lleno de incertidumbre, sin el cual uno nunca llega a saber quién es realmente y cuál es su verdadero poder. Es un viaje sin distancias, un viaje interior que se expresa con nuevas conductas en la vida cotidiana. Emerge entonces el auténtico sentido de la vida.

Veamos un ejemplo menos mítico y muy común, más práctico, para tomar conciencia de cómo funciona el mito en nuestra vida. Lo voy a desarrollar para que el lector vea hasta qué punto el acompañante en bioneuroemoción tiene una información integrada, que no muestra durante el acompañamiento.

Contexto antes de empezar la consulta

Una mujer joven, inteligente, con un trabajo de responsabilidad, casada y con un hijo pequeño, está asistiendo a un seminario sobre el mito del héroe. Ya se ha hecho las preguntas existenciales, reconoce su dolor, vive en el victimismo y se ha puesto como desafío cambiar su rutina. Está a punto para emprender el viaje.

En ese momento, yo soy su mentor, el que la cuestionará, el que la pondrá entre la espada y la pared, el que le demostrará que está en una permanente contradicción, el que la ayudará a encontrar sus bloqueos. Nunca le diré lo que tiene o no tiene que hacer. Aquí empieza el proceso de madurez emocional.

No olvidemos que no hay un único viaje del héroe, hay múltiples, y todos y cada uno de ellos están relacionados con nuestra apertura de conciencia. Cada salto de conciencia implica un viaje del héroe.

Motivo de la consulta

Le pregunto a mi consultante cuál es su mayor miedo. Esta pregunta sirve para tomar conciencia de cómo empieza el viaje del héroe. «Mi mayor miedo es tener que vender mi casa», me responde.

Escenario de estrés

—Mi marido ya me ha dado un ultimátum.

—¿Cuál es este ultimátum? —le pregunto.

—Que me decida de una vez por todas, o le digo a mi madre que no entre más en nuestra casa o la vendemos.

Aquí vemos el estrés. Está frente al dragón que defiende. Debe asumir una responsabilidad, es decir, debe tomar la decisión de a quién se le debe lealtad, a su madre o a su marido que representa un proyecto de vida.

Escena corriente de estrés

—¿Me describes las circunstancias, por favor? —le digo.

—Mi madre tiene la llave de nuestra casa y puede entrar en cualquier momento.

—¿Cómo? —la interpelo—. ¿Me dices que tu madre puede entrar en cualquier momento? Entiendo que, para que no lo haga, tienes que alejarte de ella. ¿No sería más fácil que le pidieras la llave y le dejaras claro que, si quiere venir, tiene que pedirte permiso y que muchas veces le dirás que no?

- **El cruce del primer umbral:** A través del primer umbral, el héroe abandona su mundo ordinario para entrar en un mundo diferente, especial o mágico. Se adentra en lo desconocido y deja atrás lo familiar. Es una experiencia que altera su visión de las cosas, que le lleva a un cambio de percepción para considerar que lo más importante es su vida. Empezará a hacer suyas frases como: «Morirse para los demás es un sinsentido»,«Tiene que vivir su vida y no la de los demás», «El amor empieza por uno mismo, cada uno tiene que recorrer su propio camino y ya se le presentará la oportunidad de cambiar».
- **Acercamiento a la cueva profunda:** El héroe avanza por el camino cosechando sus primeros éxitos. Supera las pruebas que se le van presentando, lleva a cabo nuevos aprendizajes y establece nuevas creencias. Esta es la fase en la que el héroe se prepara para la batalla central de la confrontación con las fuerzas del fracaso, la derrota o la muerte.

Mi consultante sabe que tiene que morir, es decir, tomar la gran decisión. Buscamos sus programas inconscientes, las proyecciones que ha recibido de sus padres. La ausencia de uno y la sobreprotección de la otra.

Escenario de estrés

Esto la lleva al **segundo umbral**, el enfrentamiento con lo paterno, que en este caso se le manifiesta en su jefe. Su jefe también se entromete en cualquier momento con el trabajo. Cada día la llama para consultar cosas. Esto la pone muy nerviosa, le quita el tiempo para ver sus programas favoritos o escuchar música. No sabe decirle «no».

Resonancia

Ve en su carencia de asertividad un miedo a no ser reconocida, que resuena en todo su árbol genealógico: una madre con un marido ausente. Ella no fue para nada deseada y se proyectó como la solución.

Las madres del clan vivieron un mundo alejadas de sus maridos. Ellas proyectaban en sus hijas sus frustraciones.

Toma de conciencia

Es el acceso a la sabiduría y su posterior recompensa.

Mi consultante comprende que ella le da la llave a su madre porque es ella la que la retiene, esperando que la reconozca. Es ella quien la tiene atada. Su madre es el espejo en el que la consultante puede darse cuenta de que la demanda de su madre es su propia demanda. Por eso le es tan difícil pedirle la llave.

En el caso de su jefe, no deja las cosas claras porque para el inconsciente es el arquetipo del padre. Mi consultante experimenta un miedo profundo a volver a perderlo si le dice que ya hablará con él cuando llegue al trabajo, porque ahora está conduciendo y debe prestar atención a lo que hace.

Toma una decisión, la gran decisión, la única decisión:

–Mi vida, mi proyecto de vida y mi trabajo tienen que ser uno solo.

· RECORDEMOS ·

- La evolución tiene una gran importancia e incidencia sobre el cuerpo, pero también la tiene sobre la psique.
- El inconsciente se divide en individual, familiar y colectivo. Su función más importante es almacenar información.
- El *modus operandi* del inconsciente es proyectar un mensaje exacto al mundo —la pantalla de la vida— que el sujeto necesita poder ver y comprender para, de esta manera, empezar el proceso de integración.
- La individuación es un proceso, es el camino hacia el «sí mismo», un camino de autorrealización, donde se junta el consciente con el inconsciente, donde se produce el encuentro entre lo masculino y lo femenino; donde se realiza la gestión entre lo que se considera bueno y malo.
- La información genética y epigenética nunca se pierden, se transmiten de generación en generación.
- El viaje del héroe implica un cambio de creencias, un viaje a lo desconocido, lleno de incertidumbre, sin el cual uno nunca llega a saber quién es realmente y cuál es su verdadero poder.
- El viaje del héroe no es más que un manual para vivir, un completo manual de instrucciones para el desarrollo del arte de ser humano.
- La parentalización implica la distorsión subjetiva de una relación, como si en ella la propia pareja, o incluso los hijos, cumplieran el papel de padre.
- Elimina de tu mente toda la basura, todos los pensamientos que no necesitas; elimina las expectativas y la creencia en el control. Ama lo que estás haciendo.
- El amor empieza por uno mismo, cada uno tiene que recorrer su propio camino.

CAPÍTULO VII

LA ILUSIÓN DEL CONTROL

Tu control y exigencia solamente reflejan tu miedo inconsciente.

....

Cuando comprendes que el control es imposible, alcanzas la libertad emocional. Has aprendido a fluir en el cambio, pues este es permanente. Ya no te abruma, es más, lo esperas sabiendo que te va a traer las circunstancias o las dificultades que convertirán tu vida en una maestría.

....

Una de las grandes ilusiones que tiene atrapada a nuestra mente es la creencia en el control. Esto nos lleva a hacer y decir las cosas de una determinada manera, pensando que así cumpliremos nuestros deseos. La manipulación se convierte en un arte.

Sin embargo, el deseo es una de las causas del sufrimiento, pues supone necesidad, apegos, ansiedades y miedos. La trampa del control por el control nos puede llevar a conductas obsesivas. El más mínimo cambio puede convertirse en un desastre. Las personas obsesivas afrontan sus miedos tratando de controlar los más pequeños detalles y siempre buscan un refugio donde todo esté «en orden». Viven con ansiedad los cambios, tratando siempre de volver a una rutina en la que saben lo que pueden esperar y todo es predecible. Son personas que no arriesgan, que buscan el «certificado» de que, si hacen tal o cual cosa, todo saldrá como a ellas les gustaría. El control por el control bloquea a las personas, es un anquilosamiento que tarde o temprano acaba manifestándose en su corporalidad.

Este capítulo tiene por objetivo liberarte de las cadenas que aferran la mente a conductas establecidas y a repetir experiencias que te desagradan. Sería como el agricultor que se lamenta de que su huerto solo da patatas esperando que dé tomates sin haberlos sembrado.

Tu mente es como un campo, en él solo pueden brillar o brotar ideas que sean alimentadas por creencias inconscientes. Tu labor es encontrarlas, para así poder cambiarlas y obtener nuevos frutos. Los «¿qué pasaría si...?», «no puedo», «tengo miedo», los famosos «y si...», tales como «y si no les gusta», «y si se enfadan» y un largo etcétera son fruto de una mente neurótica, angustiada, ansiosa y con miedo a volar, a experimentar la belleza de la incertidumbre. En definitiva, con miedo a saber vivir con plenitud el cambio como la única realidad posible de este mundo, a saber vivir en el aquí y en el ahora como el único instante de creación. Vivir en el estado presente, con coherencia, con asertividad, mantiene a tu mente en un equilibrio emocional que dará frutos en tu vida; el primero de ellos, tranquilidad de espíritu.

> Todo ser humano es el autor de su propia salud o enfermedad.
>
> Buda

— LO QUE CREO FRENTE A LO QUE QUIERO —

¿Te has preguntado alguna vez por qué haces ciertas cosas, cuando en realidad quieres hacer otras? Seguro que sí, y también estoy seguro de que tienes una multitud de razonamientos para justificar una conducta tan irracional, por no decir hipócrita. Conducta que, más tarde, te produce cierto resentimiento hacia aquella situación, persona o circunstancia familiar, porque en el fondo esperabas obtener algún reconocimiento que no ha llegado. De lo que quizá no seas consciente es de que estas conductas están programadas en tu inconsciente. La sociedad nos ha intoxicado con algo muy sibilino, la gratitud, convirtiéndola en una obligación. La sociedad de consumo ha montado un gran negocio con ella. Cuando haces un favor, antes de hacerlo, escucha a tu corazón. El significado de «favor» es algo que se hace para ayudar a alguien. Pero el «favor» ya no es tan gratificante cuando debemos «devolverlo», lo que significa que la persona que recibió el favor se siente en deuda.

Cuando haces un favor, ¿te preguntas con qué intención y para qué lo haces? ¿Has llegado a esta autoindagación? La mayoría de las personas me contestarían que no. El motivo es muy simple: estamos programados; nos han enseñado a estar en deuda, a dar con la esperanza de que nos devolverán el favor con alguna prebenda. Si cuando hiciéramos favores no llevásemos la cuenta, no esperaríamos agradecimiento. Está escrito «que tu mano derecha no sepa lo que hace la izquierda» (Mateo 6:3-13); o «no seáis como tumbas, blancas por fuera y podridas por dentro» (Mateo 23:27). Por eso, cuando hagas un favor, hazlo como si te lo hicieras a ti mismo, pues todo está conectado, todo es Uno.

Una trampa psicológica es el «qué pensarán de mí», un pensamiento que contamina la mente, pues es la manifestación de una necesidad compulsiva de controlar a los demás. Entramos en el juego de la manipulación, de dar una imagen, lo que implica esconder otra. Ya hemos hablado de la personalidad y de la sombra, pero hay que seguir haciéndolo, por la simple razón de que llega un momento en que nos identificamos tanto con una personalidad que la sombra acaba saliendo de una forma abrupta y descontrolada. Y cuando esto ocurre, somos capaces de decir cualquier cosa contra toda persona o situación que se hallen involucradas.

Muchas de nuestras conductas están muy condicionadas por estas creencias que nos han programado. Es urgente desentrañarlas porque, de no hacerlo, se acabarán manifestando en estados mentales y síntomas físicos no deseados. Tomar conciencia de ellas es un magnífico camino para deshacerlas y entrar de una vez por todas en la coherencia emocional.

Las creencias irracionales se alimentan de la proyección, de la creencia en la separación, de creer que la causa de todos nuestros males y nuestras dichas se encuentra en el exterior, y nosotros somos los que sufrimos los efectos. Estas creencias nos llevan a la necesidad del control por el control, a conductas que buscan la aprobación y la aceptación de los demás. No soportamos un «no», pues tenemos la certeza de que nosotros nos esforzamos por gustar, y que, por lo tanto, debemos recibir las prebendas en forma de aprobación, un «sí» sin condiciones. En definitiva, hacemos cosas para obtener algo a cambio.

Fruto de este comportamiento se desarrolla la creencia de que, si hago ciertas cosas, los demás harán aquello que yo espero de ellos. Espero agradecimiento, atención y, sobre todo, pienso que los demás están en deuda conmigo. Queremos gustar a los demás, ser aceptados, queridos; en definitiva, estamos manipulando los sentimientos de las personas que decimos que queremos. A esta conducta se le llama «tiranía de los deberías», una característica de personas que, por ejemplo, aseguran que: «Tengo que cuidarlo porque es mi padre»; «Debo hacerlo porque me preocupa lo que piensen de mí».

Motivo de la consulta

Una señora viene a mi consulta con un gran problema de piel seca.

Escenario de la primera reacción de la piel

Todo empieza a los veinticuatro años, cuando ella era independiente y tenía un novio. Esto generaba problemas con su padre porque la controlaba: «Vigila lo que dirán, lo que pensarán», «Mira cómo te comportas, no hagas...», etc. La madre encubría muchas cosas. «Yo no quería que se enfadara mi padre», dice mi consultante.

Escenario de la segunda reacción

Ella está casada, no tiene hijos. Al morirse un hijo de su hermana, que para ella era como suyo, le aparece la reacción de piel seca.

Escenario actual

Trabaja como profesora y vuelve a tener un estrés cuando la quieren ascender: teme no hacerlo bien y se preocupa por su imagen. Está en el permanente «debo», «tengo que». Aquí se le vuelve a manifestar la piel seca, la preocupación de no hacerlo bien, la imagen.

Reflexión

El sentido simbólico de la piel seca es reducir el contacto con lo externo, ser menos sensible.

Toma de conciencia

Su creencia tiene que ver con los hijos y la imagen. La primera reacción es la imagen; la segunda, la pérdida de un hijo. La madre encubría los desaguisados que hacían dos de sus hermanos. «Tener hijos es un problema, supone mucho estrés por la imagen que puedan dar», verbaliza mi consultante.

No tiene hijos biológicos, pero sí muchos hijos simbólicos, vive con mucho estrés ser profesora, pero siente que es su vocación (programación de tener hijos, pero no tenerlos).

— EL JUEGO PSICOLÓGICO DEL ARREPENTIMIENTO —

El auténtico arrepentimiento es morir en el pasado e instalarse en el presente mirándolo con ojos nuevos. ¿De qué te arrepientes? Quizá de haber hecho una cosa de una manera y ahora te das cuenta de que querías hacerla de otra forma. Aquí entra el juego psicológico del arrepentimiento, que tiene que ver con el control. Crees que has cometido un error, cuando muchas veces es un acierto. Compruebas que tus actos o tus opiniones no son aceptados, quizá son criticados, y entonces te arrepientes. ¿Por qué? Porque no recibes aceptación o aprobación y entonces buscas el perdón. Detente un momento y observa este juego psicológico que consiste en tirar la piedra y esconder la mano; si nos descubren, nos arrepentimos.

El auténtico arrepentimiento necesita autoindagación, observarte sin juicio, tomar conciencia de la intención que había detrás de tus actos. Exigen comprender que muchas de tus acciones son manifestaciones inconscientes, bruscas, que son reacciones que deben ser observadas sin sentimientos de culpabilidad y sí con mucha comprensión.

> El verdadero amor nace de la comprensión.
>
> BUDA

Muchas veces, detrás del arrepentimiento se esconde una actitud perfeccionista, exigente para con uno mismo, que acabamos proyectando en los demás. Otras veces tomamos conciencia de que las malas decisiones nos dejan totalmente indefensos y expuestos en un mundo insensible e indiferente, un mundo que rápidamente te juzga, y lo hace en muchas ocasiones sin información y sin empatía.

El arrepentimiento, en esencia, se produce porque se quiere cambiar algo. Aquí se encuentra la cuna del control, al querer que las cosas sean como nos gustaría que fueran y, si no lo conseguimos y subyace la creencia de que lo que hemos hecho está mal, nos arrepentimos de nuestra acción. Sin embargo, en realidad, muchas veces estamos actuando con coherencia con nosotros mismos, pero no de acuerdo con las normas sociales.

Todos cometemos errores, todos hemos tomado decisiones que más tarde hemos considerado equivocadas. La autoindagación te permite observarte, ver la intención, sin juicios y sin condenaciones. No se trata de ser condescendiente con uno mismo, sino de tomar conciencia de que tus actos, tus opiniones o tus juicios están condicionados por creencias impuestas.

Todos actuamos con alguna intención; el problema es cuando esta permanece oculta y la justificamos. Como dijo Epicteto: «La maldad está en la ignorancia». Cuántas veces emitimos juicios y condenas sin haber tenido en cuenta las circunstancias que cambian totalmente nuestra percepción. La ignorancia es la semilla donde se desarrolla lo que llamamos «mal». Entonces surge el arrepentimiento por el juicio emitido, por el error consumado, por el daño realizado. Es un sentimiento que todos hemos experimentado muchas veces en nuestras vidas. El arrepentimiento es una solución, pero sobre todo lo es cuando comporta una transformación interior y cambios en tu vida. Y es que en el auténtico arrepentimiento no hay culpa, hay una conversión. Este es el auténtico arrepentimiento y no la trampa de sentirme culpable, pedir perdón y, más tarde, repetir lo mismo.

— EL JUEGO PSICOLÓGICO DEL «SÍ, PERO» —

El juego del «sí, pero» es tremendo, causa muchísimo dolor emocional. Veamos cómo funciona y cuál es su dinámica.

Cada uno de nosotros desempeña en este juego tres papeles:

- El rescatador, que actúa bajo el influjo de la culpa.
- El perseguidor, que actúa bajo el influjo de la agresividad.
- La víctima, que actúa bajo el influjo del resentimiento.

Si entras en el triángulo, irremediablemente cargarás con las consecuencias: te quemarás.

Supongamos que llego a casa después de una dura jornada de trabajo, esperando ver mi serie favorita y tomarme una cenita regada con un buen vino. Ya estoy preparado, con mi bata puesta y sentado en mi sillón preferido delante del televisor. De repente, suena mi teléfono móvil mientras pienso que tendría que haberlo apagado, pero ya es tarde, veo que me está llamando un amigo. Me doy cuenta de que, como otras veces, está preocupado, pues su voz denota tristeza y desasosiego.

Mi amigo me cuenta la misma historia de siempre, y me voy sintiendo cada vez más resentido, pues me arrepiento de haber atendido la llamada y ver que me estoy perdiendo la serie. Me pongo furioso y le digo: «Ya está bien, siempre me llamas para contarme la misma historia. ¿No te da vergüenza?, ¿qué esperas que yo haga?».

Aquí vemos los tres papeles en la misma escena:

- De rescatador, cuando atiendo la llamada porque no sé decir que no.

- De víctima, cuando me doy cuenta de que es la misma historia de siempre, que pierdo el tiempo y no puedo descansar ni ver mi serie favorita.
- De perseguidor, cuando me pongo furioso y me enfado con él y le grito.

Una vez he colgado el teléfono, me quedo sentado en el sofá, incapaz de prestar atención a la serie. Empiezo a sentirme culpable y a arrepentirme. Mi mente se llena de: «Ya está bien, eres un gritón; qué va a pensar de ti; él te hizo un favor hace unos días y ahora le gritas, qué poca paciencia tienes...». Al día siguiente llamo a mi amigo, con mucha amabilidad, preguntándole cómo está y disculpándome. Él aprovecha para decirme lo preocupado que está y me cuenta la historia una vez más.

Como vemos, el círculo se inicia de nuevo, vuelvo a ser el rescatador, me siento utilizado, soy víctima y me prometo que esto no me va a pasar más, pues le voy a decir que deje de contarme la misma historia, mientras me vuelvo a poner furioso, y él está dale que dale. La responsabilidad de vivir en este circuito es solamente mía. No estoy siendo sincero con mi amigo, y sobre todo no lo estoy siendo conmigo mismo. Aprender a decir que no, es uno de los mayores regalos que puedes hacerte. Hay muchas soluciones; puedes decir: «Mira, este tema ya lo hemos hablado muchas veces y no estoy dispuesto a escucharlo más. ¿Qué te parece si nos tomamos unas cervezas y nos reímos un poco?»; «Oye, ahora mismo acabo de llegar a casa y estoy muy cansado, ¿qué te parece si hablamos mañana tranquilamente? Porque veo que es el tema de siempre y ahora no vamos a solucionar nada». O, sencillamente, dejar claro que no vas a hablar más de este tema, porque él no toma ninguna decisión al respecto y tú te limitas a escuchar sus quejas y ya estás harto de que no reaccione.

Hay que tener muy claro a quién abres la puerta de tu mente y de tu corazón. Los débiles se quejan y no hacen nada; prestarles atención, tiempo y energía solamente hará que te agotes. Esto es así porque tu inconsciente no puede discernir entre lo que te pasa a ti y lo que le pasa al otro, sencillamente porque no es dual. Si tú empatizas con el problema de otro, para tu inconsciente el problema es tuyo y te dará respuestas biológicas.

Yo tenía dos amigas, digo «tenía» porque ninguna de las dos vive. Una de ellas tenía cáncer, y su amiga se desvivía por ella. Al cabo de unos meses murió dejando a dos hijos pequeños.

Escenario de estrés

Ella me contó que no quería ser madre porque deseaba dedicarse por completo a su profesión. Sin embargo, su marido insistía e insistía en que quería hijos. Al final tuvo dos, pero siguió pensando que había truncado su vocación. No pudo encontrar el equilibrio entre ambas opciones y yo, en aquel momento, no supe ayudarle más.

Escenario de estrés de la amiga

Al cabo de unos meses a su mejor amiga le diagnosticaron cáncer. Lo más sorprendente es que era el mismo tipo de cáncer que el de su amiga recientemente fallecida.

Toma de conciencia

En realidad, la toma de conciencia fue mía. Por aquellos tiempos no sabía lo que ahora sé. Comprendí que mi otra amiga se había implicado tanto en el problema de su amiga –la primera– que lo vivía como si fuera propio; su sufrimiento, sus quejas eran también suyos.

Reflexión

Cabe preguntarse por qué nos involucramos tan intensamente en los problemas de los demás. Sí que me di cuenta de que el problema principal surge cuando estás involucrado en este triángulo que hemos visto más arriba y no sales de él. Llega un momento en que tu mente se colapsa, pues ves una y otra vez el mismo problema y siempre le das la misma solución: el inmovilismo total.

Una de las claves para entender nuestra conducta es el control, tal como vengo exponiendo. Nos preocupan las apariencias, el qué dirán, lo que puedan pensar las personas de nuestro círculo de amigos y conocidos. Solo el día en que no nos importe lo que piensen de nosotros ciertas personas, comenzaremos a saber amarlas y les daremos la respuesta adecuada.

Experimentamos una necesidad inconsciente de que nos necesiten. Por eso se ha dicho que «la necesidad que ves en el exterior es tu propia necesidad». Ya he hablado de la proyección y de cómo esta se percibe. La necesidad de ayudar es la necesidad de que nos ayuden. Nuestro inconsciente no sabe vivir en el dos, para él todo es uno. Por eso esta dinámica casi siempre empieza con el rescatador.

Eres un rescatador cuando:

- Te prestas a ayudar, muchas veces sin que te lo pidan, o cuando no lo ves nada claro y dudas si debes hacerlo.
- Cuando ayudas porque te lo piden, pero no tienes ganas de hacerlo.
- Cuando ayudas, pero te olvidas de saber si el otro ya ha tomado alguna decisión, o sigue dándole vueltas al asunto.
- Cuando el otro espera que adivines su necesidad, y le sigues el juego cada vez que se queja.

Desarrollar la asertividad se convierte en un requisito fundamental para poder trascender este tipo de relaciones y hacerlas más sanas. En muchas ocasiones, la condescendencia está muy lejos de ser la solución. Diría más, alimenta el problema, siendo la persona condescendiente la causa de la relación adictiva.

En estas conductas adictivas, subyace un conflicto de desvalorización, la persona busca ser reconocida, y muchas veces su comportamiento es intransigente, pues espera que los otros adivinen sus necesidades.

Las personas que se desviven por los demás, muchas veces, por no decir todas, esconden la necesidad de atención y aprobación. Si no lo consiguen, se vuelven déspotas y agresivas, se aíslan, con la vana esperanza de que les echen de menos y las busquen.

Motivo de la consulta:
Una mujer acude a mi consulta con rotura de menisco en la rodilla derecha.

«¿Desde cuándo?», pregunto. Su respuesta es: «Hace unos meses».

Reflexión
Sabemos, por experiencia, que la rotura de un hueso indica que la persona lleva tiempo soportando una carga, casi siempre simbólica. En este caso, la función del menisco es de «almohadilla». La rodilla tiene el sentido biológico de doblegar, que en este caso se traduce en un «me siento obligada». Aquí está la creencia. La rotura indica que no soporta más este peso, esta obligación. Tiene que acabar con él, parar.

Escenario neutro
«¿Cuál es el ambiente desde hace más o menos dos años?», le pregunto.

Vive con su pareja. Dice que está divorciada, aunque nunca ha estado casada. No tiene hijos, ni los quiere.

Escenario de estrés
Habla mi consultante: «Tengo que ocuparme de mi madre. Ella siempre está pendiente de mí para que le resuelva el más mínimo problema» (rescatadora).

Le pido que me dé un ejemplo de una de estas cosas que su madre le solicita. Y me dice: «No se sabe administrar económicamente y tengo que estar ayudándola. Me tiene harta, ¡no la aguanto más!» (víctima). Y finalmente añade: «Me siento responsable de ella, es como una hija».

Escenario cuando era pequeña
Veamos el ambiente emocional, el estrés considerado como normal, que mi consultante explica: «Mamá aguanta a papá, que es infiel y la maltrata verbalmente. Yo siempre me he ocupado de ella» (aquí empieza la parentalización).

«¿Tu relación con ella, ha sido siempre así?», le pregunto.

Su respuesta es: «Desde que recuerdo, sí. Muchas veces le he dicho que no quería saber nada más de ella, le he reñido muchas veces [perseguidora], pero siempre acabo volviendo, pues me siento culpable [rescatadora]».

Como vemos, es un círculo en el que mi consultante va aumentando el estrés hasta un punto crítico, que se manifiesta cuando ella tiene treinta y cuatro años.

Escenario actual

«¿Cómo estás actualmente?», pregunto.

«Me ocupo de mi madre y de mi hermano que tiene treinta y siete años», responde mi consultante.

Vuelvo a preguntar: «¿Tu hermano tiene algún problema para que tengas que ocuparte de él?».

«No, siempre ha sido el niño de mamá, y no sabe hacer nada.»

Reflexión

La madre proyecta sobre el hijo varón la frustración de no tener a su lado al marido. Es un claro ejemplo del síndrome de Edipo, donde la madre está casada con su hijo, y este es un inmaduro emocional, tan inoperante como la madre.

Resonancia

Mi consultante toma conciencia de que repite la historia de su madre (resonancia). Se separa de su primera pareja porque le era infiel. Su marido también era un hijo de mamá, muy inmaduro (resonancia de su padre y de su hermano).

Toma de conciencia

Ella no tiene hijos, porque para su inconsciente ya tiene dos, una de los cuales le genera mucho estrés. El inconsciente no juzga, es inocente, solamente recibe el estrés de una situación y de una persona que, en este caso, percibe como hija.

Ella verbaliza lo siguiente: «No he tenido hijos porque ya tengo una y muy pesada, mi madre».

La dignidad es el amor que nos debemos a nosotros mismos.

Enric Corbera

— EL CONTROL POR EL CONTROL: LA COMUNICACIÓN —

Una de las formas más sofisticadas de control, por no decir la mejor, es la manera de comunicarnos. La hemos desarrollado de tal manera que los expertos en comunicación nos dicen que hablamos más con la gesticulación corporal que con las palabras.

Las palabras son símbolos de símbolos, y están doblemente separadas de la realidad. El desarrollo del lenguaje simbólico ha sido y es un gran logro. Si, por ejemplo, digo «silla», todo el mundo puede representar en su mente una imagen de esta palabra y de lo que significa; lo que no está tan claro es el tipo de silla que se imagina cada persona. Esto es así porque los símbolos están muy ligados a las experiencias y, sobre todo, al contexto donde los ubicamos.

Ahora bien, todo cambia cuando tengo que comunicarme con alguien y no quiero decirle las cosas como son. Los motivos pueden ser diversos y muchas veces arbitrarios: puede interesar proyectar una determinada imagen, dar una opinión para agradar, mantenerse en silencio o explicar solo aquello que queremos que se sepa. Para abreviar, en estos casos solemos utilizar, por encima de todo, el lenguaje justificativo con el fin de ocultar nuestra verdadera intención.

Cuando hablamos, no somos muy conscientes de que lo hacemos desde una percepción muy subjetiva y contaminada de nuestras propias creencias, nuestras vivencias y nuestra programación. Una misma experiencia vivida por varias personas, especialmente si es realmente impactante, es razonada y percibida de muy distintas maneras. Estamos atrapados por nuestras programaciones inconscientes. Nuestras creencias vienen a ser como adoctrinamientos, las convertimos en verdades inalterables, las comparamos y todo aquello que percibimos diferente nos genera desconfianza, cuando menos, o una atracción fuera de toda razón. Nuestra forma de hablar, de comunicarnos, pretende muchas veces ocultar lo que realmente sentimos o lo que nos negamos a reconocer. Justificamos nuestros actos, nuestras opiniones y, lo que es más grave, nuestros juicios.

La comunicación en las redes

Vivimos en un mundo global, las noticias no corren, ¡¡vuelan!! Lo que ocurre en una punta del mundo se sabe en la otra casi al instante. Por desgracia, vivimos una época donde puedes morir sin una razón concreta o precisa, por ejemplo, durante un atraco. Puedes morir porque otra persona quiere imponer sus ideas de modo violento para vengarse de una cultura. Recientemente, un niño de tres años, vecino de mi población, fue víctima de un ataque terrorista. El padre de este niño dijo: «Quiero que la muerte de mi hijo sirva para algo». Lo explica apelando al carácter acogedor que históricamente ha tenido Cataluña, apelando a la alianza de civilizaciones. «Necesito darle un abrazo a un musulmán. Que esa gente no tenga miedo. Necesito hacerlo.» Horas después de pronunciar esta frase, el padre consoló con un abrazo las lágrimas del imán de la población.

He visto en las redes incluso chistes con relación al atentado, comentarios fóbicos, mil y una opiniones diferentes, reacciones de todo tipo, humanitarias, altruistas, de solidaridad y de odio, pues días después unos jóvenes propinaron una paliza a un chico musulmán. Todas estas reacciones, opiniones y actos, todas, tienen un trasfondo de programación basado en creencias religiosas, cultura, prejuicios o ambiente familiar, incluso la del perdón ejemplar de mi conciudadano.

El perdón también es una creencia, se nos ha enseñado a perdonar desde muy pequeños. La verdad es que no se nos ha enseñado el auténtico perdón, que es el que se deduce cuando comprendes hasta qué punto todos estamos programados y actuamos de un modo inconsciente. Mi conciudadano perdonó, pero no al criminal, sino a una cultura que está siendo criminalizada.

El lenguaje justificativo

Uno no se percata de que, cuando hablamos en relación a una situación estresante, muchas veces utilizamos palabras y expresiones que no dicen nada. Damos por supuesto que nos entienden, y aquí empieza el gran problema porque nuestro interlocutor interpreta lo que le decimos en función de sus vivencias, creencias y experiencias, y pone lo que se llama el «mapa mental», que es la manera personal de ver y entender el mundo, la proyección que cada uno hacemos de nuestras creencias y valores. Por ello hay tantos malos entendidos, porque nadie vive lo mismo de la misma manera.

Veamos algunas expresiones justificativas que he escuchado en mi consulta y las preguntas que me hago al respecto:

- «Se acabó el amor.»
  ¿Dónde lo venden?, ¿qué acabó realmente?
- «Estamos distantes.»
  ¿Dónde estáis?
- «Se enfrió la relación.»
  ¿Qué os hacéis?
- «No nos comunicamos.»
  ¿Qué os decís?
- «Me manipula.»
  ¿Cómo lo hace?
- «Es un pesado.»
  ¿En qué te basas para decir esto? ¿Qué te molesta? ¿Por qué aguantas? ¿Para qué aguantas?
- «No lo soporto.»
  ¿Qué haces tú? ¿Qué *feedback* le das? ¿Para qué le escuchas?
- «Mi jefe es insoportable.»
  ¿Qué no soportas de tu jefe?
- «Mi madre es una controladora.»
  ¿Qué hace?

- «Mi esposa me ahoga.»
  ¿Cómo lo hace?»
- «Mi amigo es como una madre.»
  ¿Qué tipo de madre?

Veamos un ejemplo en toda su extensión para que se pueda apreciar el lenguaje justificativo y la dificultad a la hora de utilizar un lenguaje descriptivo, sobre todo cuando la situación que se debe comunicar es muy estresante para el inconsciente.

Motivo de la consulta

Un mujer manifiesta en mi consulta: «Todas las parejas me van mal».

A partir de esta frase entablo un diálogo con ella.

–No entiendo a qué te refieres –comento.

–Siempre hay mucha desconfianza –dice ella.

–Sigo sin entender nada.

–Siempre que estoy en pareja, me obsesiono.

–No puedo entender nada... –le insisto–. Necesitas ser descriptiva, mientras sigas siendo subjetiva no llegaremos a ninguna parte.

–El problema es que no acepto que mi pareja me quiera –afirma.

–Quiero que me cuentes cosas objetivas, hechos irrefutables –le explico–. Por ejemplo: «Mi marido no mantiene relaciones sexuales conmigo».

Reflexión

Hay que tomar conciencia de que hablamos mucho y no decimos nada. Si me esfuerzo por entender a alguien, tengo que interpretar sus palabras, y esto es un error, pues nos alejamos de la verdad, de lo que yo llamo la «historia oculta».

Después de insistir un largo tiempo, mi consultante empieza a desbloquearse y se centra en la problemática que le incomoda. Es muy importante reencuadrar a la persona en el motivo de la consulta. Este tiene que ser claro y estar libre de interpretaciones.

—Tengo un problema con el sexo —afirma mi consultante.

—Explícate —le digo.

—Todas las parejas siempre acaban engañándome con otra persona.

—Esto sí lo entiendo. Pero para poder comprenderte mejor, descríbeme una escena, pues todas las demás están en resonancia.

—De acuerdo, tengo una —dice ella.

Escenario de estrés cualquiera

—¿Qué edad tenías cuando sucede lo que vas a contarme ? —pregunto.

—Tenía veitinueve años —contesta mi consultante.

—¿Vivíais juntos?

—Sí.

—¿Cuánto tiempo hace que vivís juntos? —le pregunto de nuevo.

—Cinco años —dice ella.

—Bien, ¿dónde estabas en aquel momento?

—En casa, con mi pareja.

—¿Y qué pasó?

—Pues que me enteré de que tenía una relación a distancia, por internet.

Reflexión

Como se puede ver, no permito que mi consultante se extienda en explicaciones, pues, de hacerlo, entraríamos de lleno en la justificación y en su proyección.

Le pido que me describa una escena concreta. Ella dice: «Llego a casa y me lo encuentro mirando pornografía, y en realidad era alguien con quien se veía a menudo».

Bien, ya tenemos una situación definida. Pero atención a las palabras «mirando pornografía». Aquí vemos una proyección de mi consultante.

Recordemos

El inconsciente no distingue lo real de lo simbólico. Si uno vive una situación como un engaño, para el inconsciente es un engaño.

Repeticiones

Busco las repeticiones, es decir, situaciones anteriores o posteriores en las que la persona experimenta un estrés similar. Y le pregunto: «¿Has tenido otras relaciones?».

Escenario actual

La pregunta anterior genera otro diálogo:

–Actualmente estoy con otra persona –contesta ella.

–Bien, ¿qué pasa con esta? –pregunto.

–No disfruto el sexo con ella.

–¿También te engaña? –vuelvo a preguntarle.

–Sí, ha seguido una relación paralela con su expareja.

–O sea, que está con dos –concluyo.

–Bueno, no hay relaciones sexuales, pero sí una relación paralela.

–Entonces ¿qué hace?

Como vemos, insisto en la descripción. Es muy importante que lo que dice la consultante sea lo que realmente quiere decir. No hay que interpretar nunca.

–Sigue llamándola cada día –contesta ella.

–Y tú lo vives como un engaño, ¿es así? –pregunto.

–Sí –responde ella.

Encuentro el hilo conductor de su malestar entre las distintas situaciones: el engaño siempre es a distancia; no hay contacto sexual.

Resonancia

Para que una persona viva un tipo de experiencia, tiene que resonar con su historia, alguien de su clan tiene que haber pasado por situaciones de estrés similares. Le pido que hable de las mujeres de su familia, empezando por su madre, en relación al sexo.

–Mi madre siempre ha tenido mucho asco al sexo... –dice mi consultante.

–Para que tu madre tenga asco al sexo, tu abuela materna tuvo que sufrir alguna experiencia desagradable relacionada con el sexo.

—Bueno, las relaciones que tenía con el abuelo eran muy forzadas.

La consultante vuelve al lenguaje simbólico en su respuesta. No entiendo «forzadas».

—La casaron con un hombre mucho mayor que ella, y vivía la sexualidad prácticamente como una violación —continúa ella:

—Entiendo que ella vivió un matrimonio en el que deseaba tener a su marido bien lejos —le comento.

A esto se le llama «encuadrar»; evito suponer nada.

—Así es —afirma mi consultante.

Reflexiones

Aplico la conciencia cuántica de la proyección haciéndome la pregunta crucial, que es siempre con relación a mí y no al otro: ¿Qué es lo que refleja la situación de uno mismo?

Deduzco la proyección: si en mi mundo vivo estas situaciones, soy yo quien tiene un conflicto con el sexo. No quiero contacto sexual con mis parejas. El campo de información me va enviando la misma resonancia para que yo pueda trascenderla y darle otra salida que las mujeres del clan no pudieron o no supieron darle.

Toma de conciencia

Tu madre es concebida con una información de no desear sexo, pues la abuela lo vivía con violencia y asco. Tú eres la solución, comprendes que no quieres mantener relaciones sexuales en un sentido literal, por eso tus relaciones, que son tu espejo y proyección, son a distancia. Así es de inocente el inconsciente.

Tú repites las relaciones tal como tu madre y tu abuela las quisieron vivir y no pudieron. Las vives para trascenderlas, para experimentar que puedes tener relaciones sanas y satisfactorias con los hombres. Como tú no tienes relaciones sexuales deseadas profundamente, el inconsciente de tus parejas lo siente y lo expresa de otra manera, relacionándose a distancia con hechos pasados.

— EL DIÁLOGO INTERIOR —

Nos comunicamos mal, no nos explicamos bien por una razón muy simple: «No sabemos escucharnos». Es imposible comunicarnos con los demás si no tenemos una buena comunicación con nosotros mismos. Para ser un buen escuchador, hay que desarrollar la escucha interior. Debemos estar muy atentos a nuestras palabras, entender por qué las decimos y con qué intención. Entonces nos daremos cuenta de que utilizamos el lenguaje justificativo casi compulsivamente; antes de dar una opinión, muchas veces ya nos justificamos y la razonamos para que sea aceptada socialmente. Invertimos una enorme cantidad de tiempo pensando cómo decir algo, la manera de decirlo, las palabras que debemos emplear, etc. En cambio, la escucha interactiva debe ser abierta, generosa e inquisitiva para conseguir lo que dijo el gran astrónomo Galileo Galilei: «No puedes enseñar nada a nadie, solo haz que se den cuenta de que las respuestas están ya dentro de ellos, en su interior».

Por ello pretendo que la persona conecte con su corazón, pues tal como dijo Saint-Exupéry, autor de *El Principito*: «Solo se ve con el corazón. Lo esencial es invisible a los ojos». De esta manera el consultante abrirá los ojos a una gran verdad: «Nadie puede traerte más amor a tu vida que tú mismo». La felicidad nace del amor a lo que hacemos diariamente.

No disponemos del poder absoluto para controlar lo que sucede. Sí que tenemos el poder de elegir cómo vivirlo. Aquí reside la madurez emocional.

Una mente sana es emocionalmente madura, inteligente; no divaga, sabe lo que quiere, escucha y actúa.

— EL LENGUAJE SIMBÓLICO —

Aunque no seamos conscientes de ello, los símbolos nos envuelven en nuestra vida cotidiana. Además de que son el lenguaje onírico por excelencia, con frecuencia recurrimos a términos simbólicos con el fin de expresar conceptos para los que no encontramos una definición exacta. Jung se dio cuenta de ello y formuló la famosa tesis del inconsciente colectivo que nos ayudará a entender el simbolismo que encierran los objetos o elementos más variopintos que nos rodean.

Por ello, para hacer consciente el inconsciente hay que trascender nuestro lenguaje y nuestra comunicación que es eminentemente simbólica. Este es el camino que propongo, en el método que he desarrollado, la Bioneuroemoción, para acceder a lo más profundo del inconsciente donde se hallan las tramas de nuestra vida y de nuestra experiencia. Todo nuestro mundo, el que llamamos «real», en el que se expresa nuestro consciente, es simbólico. Nuestro lenguaje es simbólico porque no sabemos expresarnos más allá del alcance del entendimiento humano. Por ello usamos constantemente términos simbólicos para representar conceptos que no podemos definir o comprender del todo.

Creamos representaciones simbólicas, como, por ejemplo, la del Espíritu Santo, al que nos imaginamos como una paloma. Cuando hablamos de inocencia, nos imaginamos una oveja o un bobo; representamos al mal con cuernos y fuego, y al bien, con alas y luz dorada.

La importancia de la educación

Nuestros hijos son los mejores espejos que podemos tener. Ellos reflejan con su estado de ánimo y sus síntomas físicos los estados emocionales de papá y de mamá. La mente de nuestros hijos, en las edades tempranas, está en estado *theta* y *delta*, lo que vendría a ser un estado hipnótico: todo lo que ven y lo que oyen, incluidas las frases lapidarias de los padres, se convierten en mandamientos, en creencias que condicionan su vida y su salud. Los padres deben ser conscientes de la importancia, ya no de lo que dicen, sino de cómo lo dicen.

Anthony de Mello, en su libro *El canto del pájaro*, incluye un cuento sobre la educación que sirve para ilustrar lo que acabo de decir:

> La pequeña Mary se hallaba en la playa con su madre.
> —Mami, ¿puedo jugar en la arena?
> —No, mi vida; no quiero que te ensucies el vestido.
> —¿Puedo andar por el agua?
> —No. Te mojarías y cogerías un resfriado.
> —¿Puedo jugar con los otros niños?
> —No. Te perderías entre la gente.
> —Mami, cómprame un helado.
> —No. Te hace daño a la garganta.
> La pequeña Mary se echó a llorar. Y la madre, volviéndose hacia una señora que se encontraba a su lado, dijo:
> —¡Por todos los santos! ¿Ha visto usted qué niña tan neurótica?

Reflexión

¿Quién es la neurótica?

Proyectamos en los demás nuestros miedos, nuestras inseguridades, en definitiva, nuestra programación, la que nos han inculcado desde pequeños. ¿Cómo creéis que se comportará esta niña cuando sea joven o madre? En este cuanto, queda claro el exceso de protección de la madre, hasta el punto de que la neurosis no le deja hacer nada. Habría que indagar qué sucedió con algún hijo de generaciones anteriores, de las que desciende esta madre.

Decir lo que pienso y lo que siento es tener el mayor respeto hacia el otro y hacia ti mismo. Saber decir que no, con educación, es un logro de coherencia emocional. Si no me atrevo, por ejemplo, por miedo, entonces entro de lleno en el control y para ello empleo razonamientos justificativos.

No se trata de decir lo que piensas,
sino de pensar lo que dices.
Así evitarás ser esclavo de tus palabras.

Una persona coherente es una persona libre, capaz de decir sí o no con la misma sencillez en cualquier circunstancia. Si dices sí, porque temes que el otro se va a enfadar, es una falta de profundo respeto. Mientes y lo haces a sabiendas, escondiéndote; eres un cobarde emocional. Si cuando dices no, tu amigo, tu interlocutor se enfada, entonces puedes ver perfectamente quién es en realidad esta persona. Tu coherencia emocional, que se expresa en tu lenguaje, manifestará en tu vida concreción, claridad de ideas y de emociones. A esto se le llama «respeto». Dirás lo que quieres decir, no otra cosa. La persona que te escuche sabrá lo que dices y no necesitará interpretaciones. Esto facilitará la comunicación, y, si esta se halla impregnada de reflexión, no proyectarás en el otro ningún tipo de culpabilidad. Hacer esto es abrirte a la posibilidad de conocerte a través de la experiencia en común. Dejar de hablar del otro para justificar tus conductas es un proceso de toma de conciencia y sobre todo de madurez emocional.

La inteligencia emocional nos enseña, tal y como dijo Aristóteles, «a enfadarse con la persona adecuada, en el grado exacto, en el momento oportuno, con el propósito justo y del modo correcto».

— EL GRAN SECRETO DE LA COMUNICACIÓN —

Nunca hables del otro con respecto a ti. Habla de ti con respecto al otro. Dicho de otra manera: no te justifiques hablando del otro. Deja de proyectar tu responsabilidad en el otro, en tu interlocutor, que puede ser tu pareja, tu padre o tu madre. Vigila tus pensamientos justificativos, pues son los que reafirman tu estado de infelicidad. Tienes que ser la presencia consciente de tus estados emocionales; debes observarlos, no justificarlos y mucho menos identificarte con ellos.

Mediante esta autoindagación, aprenderás a conocerte a ti mismo y encontrarás las creencias ocultas que bloquean tus decisiones. El gran cambio empieza con tu comunicación. Tus palabras son consecuencia de tus pensamientos y estos de tus creencias. Pregúntate:

- ¿Quién quiero ser yo en esta situación?
- ¿Con qué intención mantengo esta tensión?
- ¿Qué pretendo conseguir?
- ¿Cuál es mi miedo?
- ¿Por qué no actúo y cambio la experiencia?
- ¿Qué espero de los demás?
- ¿Quiero cambiarlos?

Y, por encima de todo, habla desde el corazón. Di lo que quieres decir, con respeto, con dignidad. Di «No» cuando quieras decir «No». Sé asertivo o asertiva. No hables por hablar. Cuando lo hagas, di algo concreto y con sentido. No chismorrees. Habla con conocimiento de causa. Evita caer en la trampa de la justificación. Si no sabes, ¡calla!

Si pones en práctica todas estas virtudes, la gente vendrá a ti a escucharte, sencillamente porque sentirán que escuchas.

— LA RENDICIÓN —

La rendición se produce cuando comprendes que el control es imposible. Es una apertura, una ampliación de nuestra comprensión de lo que es la «realidad», un cambio de paradigma que nos permite cambiar nuestra percepción liberándonos de los apegos y deseos que conllevan dolor y sufrimiento.

La base de la mayoría de los sufrimientos neuróticos de la humanidad está en pensar que hay una forma sagrada y otra sacrílega de actuar. Estoy hablando de la esencia del control, la que alimenta la dualidad, la separación, la de las cosas bien hechas y mal hechas, la del apego. Poner en duda o cuestionarnos seriamente nuestras creencias y nuestros valores, en definitiva, ser más flexibles, nos llevará a conservar la salud mental.

Cuando la conciencia no se deja atrapar por los ardides de la mente, cuando está en estado de no-hacer, es cuando se le abre la puerta a la consciencia y se le permite expresarse en esta situación y manifestar la solución más adecuada. Cuando no buscas lo que crees necesitar, cuando comprendes que no sabes cuál es la mejor solución y que la consciencia universal te inspirará o te mostrará la mejor solución a lo que tú crees que es un problema, esto es rendirse y es pura sabiduría emocional.

Rendirse es abrir tu mente a las infinitas posibilidades que el campo de la consciencia universal nos puede ofrecer. Rendirse es tener plena conciencia de que el control es imposible, es vivir con plena aceptación de que todo tiene su razón de ser. Es vivir el presente de manera incondicional, entregándolo todo en cada acción.

La auténtica «comprensión» lleva a la persona al estado de rendición. Es un estado de paz interior en el que sencillamente se fluye, se es consciente de que todo tiene su sentido y que todas las situaciones en las que uno se encuentra conllevan una enseñanza. Se relaciona con un estado de aceptación y de no-resistencia. En realidad, el verdadero problema es resistirse al cambio y a lo que viene, pues la resistencia se alimenta de juicios y emociones negativas. Rendirse es aceptar el momento presente de manera incondicional y sin reservas. Es saber vivir en la incertidumbre, tal como veremos más adelante.

La rendición es un fenómeno puramente interior, que no significa que uno no pueda intervenir en el exterior y cambiar la situación; no significa no hacer nada frente a un desastre o frente a una situación intolerable para nosotros. No debemos confundir el «estado de rendición» con la «resignación». La resignación no lleva a realizar ninguna acción, es más, nos frena y nos anquilosa. No se trata de aceptar una situación desagradable, pero sí de afrontarla sin expectativas a la hora de resolverla, sabiendo que, una vez hayamos realizado las acciones que creíamos oportunas, la situación se desarrollará de la forma que sea debida, al margen de nuestra voluntad personal y siendo conscientes de que todo tiene su razón de ser. No necesitas aceptar una situación desagradable. Reconoce que quieres salir de esta situación y céntrate en el momento presente. No hay juicios mentales sobre el «ahora».

Rendirse es vivir en la incertidumbre, es entender que la mejor solución a cualquier problema es evitar todo juicio, todo deseo de cómo te gustaría que fueran las cosas, porque no sabes lo que es mejor. No hay apego, puedo reconocer mi incomodidad y mi dolor sabiendo que detrás de ellos está la verdadera respuesta. He oído, innumerables veces, en relación a muy diversas situaciones: «Gracias a mi enfermedad, a lo que me parecía un gran problema, un gran sacrificio, un gran sufrimiento, ahora soy otra persona, con más asertividad y más respeto, más resuelta y, en definitiva, más sabia».

Las crisis son grandes oportunidades para crecer y aprender. El dolor es siempre inevitable, el sufrimiento es siempre una opción. Vivir en la incertidumbre es aceptar tu dolor, buscar las causas y comprenderlas; es dejar fluir tu vida sabiendo que las respuestas aparecerán en el momento oportuno. La mente estará quieta, no buscará, pero mantendrá alerta a la más mínima señal, y entonces sabrá actuar.

Si quieres controlar tu vida, deja de creer que sabes cómo hacerlo, déjate guiar en la soledad de una mente quieta, una mente despierta, una mente receptiva, y sabrás lo que tienes que hacer en todo momento, aquí reside el auténtico control. Vivir en el estado de rendición es saber vivir en el «aquí» y en el «ahora», sabiendo que no hay nada más y también que lo que pienses, sientas y hagas conformarán experiencias a las que llamamos «futuro». Vivir en la incertidumbre es saber que el único momento que tenemos es el presente y este es una consecuencia de tu pasado, es la posibilidad de crear un nuevo presente al que llamarás «futuro».

> Después vino la disciplina de actuar con amabilidad y perdón constantes y universales [...] A medida que entregaba a Dios cada pensamiento, sentimiento, anhelo o acto, mi mente se quedaba cada vez más silenciosa.
>
> DAVID R. HAWKINS

• RECORDEMOS •

- El deseo es una de las causas del sufrimiento, conlleva necesidad, apegos, ansiedades y miedos.
- La trampa del control por el control nos puede llevar a conductas obsesivas.
- «Todo ser humano es el autor de su propia salud o enfermedad.» (Buda)
- «El verdadero amor nace de la comprensión.» (Buda)
- Di lo que quieres decir, no otra cosa.
- No se trata de decir lo que piensas, sino de pensar lo que dices. Evita ser esclavo de tus palabras.
- Evita caer en la trampa de la justificación. Evita hablar del otro como la causa de tus problemas.
- La dignidad es el amor que nos debemos a nosotros mismos.
- No disponemos del poder absoluto para controlar lo que sucede. Sí tenemos el poder de elegir cómo vivirlo. Aquí reside la madurez emocional.
- La inteligencia emocional nos enseña a enfadarnos con la persona adecuada, en el momento oportuno, con el propósito justo y del modo correcto.
- Una mente sana es emocionalmente madura, inteligente; no divaga, sabe lo que quiere, escucha y actúa.
- Rendirse es abrir tu mente a las infinitas posibilidades que el campo de la consciencia universal nos puede ofrecer.

CAPÍTULO VIII

MIS PERCEPCIONES ESTÁN CONDICIONADAS

El apego a mi historia me impide comprender que mi percepción es una interpretación.

....

Si limpiásemos la mente de prejuicios y tabús, y cuestionásemos nuestras creencias, aparecería la auténtica realidad de lo que sucede frente a nosotros.

....

— ¿QUÉ ES LA PERCEPCIÓN? —

La percepción es la manera en que la mente interpreta los estímulos sensoriales que recibe a través de los sentidos para formar una impresión consciente del entorno. Por tanto, la percepción siempre es subjetiva, siempre pone en evidencia al perceptor. Esto supone una tensión, pues el perceptor siente la necesidad de defenderla, de tener razón. Como nuestras percepciones están condicionadas, debemos desarrollar la destreza mental suficiente que nos permita flexibilizarlas.

La gran mentira que alimenta las emociones y que nos hace vivir una determinada realidad se halla en la mente. Esta nos hace ver e interpretar lo que sucede a nuestro alrededor, condicionando nuestra vida y la manera de experimentarla con las emociones subsiguientes.

No somos conscientes de esta verdad: «No vemos, interpretamos lo que creemos ver». Los grandes enfrentamientos que ha vivido y sigue viviendo la humanidad, el famoso «choque de culturas», deberían traducirse como el «choque de programaciones». Nuestro lenguaje, sin ir más lejos, tiene un correlato inequívoco con nuestras conexiones neuronales. Un chino no percibe el mundo igual que un musulmán o un europeo. La escritura de un musulmán, que va de derecha a izquierda, determina su percepción. Y lo mismo ocurre con la escritura en forma de pictogramas de los chinos: para estos, el colectivo es más importante que el individuo, contrariamente a la cultura europea.

Tras el accidente nuclear de Fukushima, en Japón muchos móviles se quedaron sin cobertura. Se desató un pánico general, y todo el mundo fue a buscar una cabina telefónica para llamar y tranquilizar a sus familiares. Se formaron grandes colas. Lo más relevante fue lo siguiente: cada persona hacía una llamada y seguidamente volvía a la cola, de forma ordenada, para hacer otra llamada. Las personas eran plenamente conscientes de que su necesidad era la misma para todos. Hagamos una reflexión: ¿qué haríamos los occidentales?

> La cultura y la educación influyen en la toma de decisiones y en la percepción de la realidad de cada persona. Así, un occidental y un asiático no ven el mundo de la misma manera... Los occidentales toman, por lo general, un marco de referencia y luego desarrollan los detalles. Para los orientales, en cambio, los detalles son importantes y a partir de ahí se va construyendo, de forma sucesiva, la estructura que surge después. Dicho de otra manera, el occidental va de lo genérico a lo particular y los asiáticos al revés, en ellos prevalece lo particular.
>
> PIERGIORGIO M. SANDRI

El occidental busca la planificación y la prevención, mientras que el oriental es mucho más intuitivo. En relación al pensamiento, el oriental es muy metafórico, mientras que el occidental es más deductivo. Es obvio que la percepción del mundo no es la misma.

El gran problema es que seguimos insistiendo en que nuestra manera de percibir es la correcta y no la cuestionamos, lo cual acaba afectándonos tanto a nivel conductual como emocional. Estamos tan atrapados en nuestras percepciones que, aun a sabiendas de que esto es así y que produce muchas veces estragos en nuestras vidas, seguimos aferrándonos a ellas. Todo esto provoca un desequilibrio emocional que puede llevarnos a males mayores como, por ejemplo, el impacto de estas emociones en nuestra salud física.

Se hizo un experimento en el que dos grupos de personas, uno de occidentales y otro de orientales, observaron un cuadro donde había un grupo de personas. Se les preguntó qué creían que le pasaba a una persona determinada, en función de su expresión facial. Mientras que los occidentales se fijaban únicamente en esa persona en concreto, los orientales observaban las expresiones de todo el grupo. Los asiáticos perciben a la persona en función de su relación con los demás, y las expresiones faciales de la gente que gira alrededor son una fuente de información para entender la emoción particular, que se considera inseparable de los sentimientos de los otros.

La percepción, tal como la empleamos, tiene un gran defecto: es terriblemente enjuiciadora. De ahí que insista en la necesidad de desarrollar una percepción inocente, como paso previo a un estado mental de comprensión que lleve al individuo a un estado emocional libre de culpabilidades.

— NO VES LO QUE ES, VES LO QUE TÚ ERES —

Tú no te reconoces en lo que ves porque es una proyección que se manifiesta en tu percepción. Tu percepción pone de manifiesto tu estado mental; siempre es una elección del mundo en el que querrías vivir, y lo hace con la creencia de que es la verdad. Tu percepción determina tus conductas y tus palabras, condicionando irremediablemente tu vida y tus experiencias.

El gran cambio que tiene que realizar toda persona para entrar en otro nivel de conciencia es comprender que nuestra percepción es hija de la proyección. Vivimos con la creencia de que nuestra percepción, aquello que vemos, es lo que en realidad es. No nos pasa por la mente, ni por un instante, pensar que quizá lo que vemos —nuestra percepción de una situación— está totalmente mediatizado por nuestras proyecciones.

Ya hemos visto hasta ahora cómo nuestras proyecciones están sujetas a las programaciones que se hallan en nuestro inconsciente, y también cómo nuestras creencias, y consecuentemente nuestros prejuicios, impregnan cada una de ellas. Como vengo explicando y repitiendo a lo largo de este libro, es fundamental entender que nuestra percepción nace de la resistencia a aceptar nuestra sombra. En este sentido, también es importante que recordemos aquí que aquello que nos gusta o nos disgusta de una persona o situación es una proyección de nuestra sombra. Esto nos hace creer que lo que tiene que cambiar es lo que está fuera y no nosotros.

Nuestra percepción pone en evidencia nuestro estado mental. Dependiendo de cómo percibimos, así es como somos. Vemos las cosas de una manera determinada porque queremos verlas de esa manera. Todos nuestros argumentos están sujetos a esta ley: «Vemos lo que somos, no lo que es». La percepción, que es intrínsecamente enjuiciadora, postula y se sustenta en la creencia de que todo está separado. Esto provoca la creencia en el «hacer»; por ello, la percepción se basa en la escasez, pues, al creer que todo está separado, mi percepción me dice que, si yo doy, entonces pierdo, y que tengo que hacer algo para obtener. Convierto mi verdad en la verdad, sin tener presente que cada uno vive su propia verdad y esta se halla sujeta a la percepción.

El mundo es un ejemplo perfecto de lo que estoy exponiendo. Cada nación, cada cultura y cada persona que la conforma ve las cosas de una forma diferente. El problema no está en ver las cosas desde una perspectiva sino en creer que tu forma de ver y entender la vida es la mejor, y si por añadidura intentas imponer tu verdad o lanzar diatribas contra las otras culturas, entonces el problema se agrava hasta tal punto que puede llegar a ser totalmente insostenible y la confrontación se hace inevitable.

Nuestra sociedad está enferma, y esta enfermedad se expresa en nuestras vidas, en nuestros cuerpos y en todas nuestras relaciones. La cura hay que buscarla en la mente, es decir, en nuestras percepciones. Debemos comprender que nuestras percepciones son siempre interpretaciones de cómo creemos que son las cosas, que proyectamos en la pantalla del mundo, para luego juzgarlas como buenas o malas. Acostumbramos a juzgar los efectos, pero no nos paramos a buscar las causas.

— LAS LIMITACIONES Y LAS DEMARCACIONES —

Empecemos con una pregunta sencilla: ¿sientes que eres un cuerpo o que tienes un cuerpo?

La mayoría de las personas siente que tienen un cuerpo, como quien tiene una casa. Esta afirmación supone ya un límite, pues mi cuerpo no es «yo». Es una manifestación dual, ya que mi mente, mi identidad, no es mi cuerpo. Estas limitaciones también se proyectan en la psique, de tal forma que ciertos aspectos de esta se proyectan o se reprimen y escinden, convirtiéndose en nuestra sombra. Llegamos a afirmar: «Soy esto» y «No soy esto»; lo cual provoca varios niveles de identidad, que es lo que vive la conciencia porque, a medida que me voy desconectando de mi inconsciente, desarrollo una personalidad, con la que me identifico.

El ser humano vive en los opuestos, pero la naturaleza no sabe nada de ellos, pues no son opuestos, sino complementarios, es decir, el uno no puede vivir sin el otro. Los seres humanos queremos erradicar aquello que no nos gusta o nos molesta, y lo único que conseguimos con ello es reforzarlo. Como escribió Carl G. Jung: «A lo que te resistes, persiste».

La mente humana crea constantemente opuestos, como arriba/abajo, derecha/izquierda, cóncavo/convexo, bien/mal, dentro/fuera. Más tarde empezó con las demarcaciones: tierra, agua y fuego, que nos permitieron las categorizaciones y los símbolos, como, por ejemplo, las estrellas para dar categoría a un hotel. La mente dual utiliza rápidamente los símbolos para expresar situaciones, estados de ánimo o lugares. Decimos cosas como «La relación con mi pareja está fría», «Estoy hecho un lío», «Noto tirantez en relación a este tema».

La demarcación que nos saca del paraíso se representa en el árbol del bien y del mal, o el árbol del conocimiento. Quedémonos con la palabra «conocimiento» y preguntémonos a qué se refiere. Para poder responder, nos vemos abocados a un dilema:

- Distinguir entre el bien y el mal, enfrentarlos, pretendiendo eliminar uno, que sería el mal, o la percepción de lo malo. Esto nos lleva a la separación.
- Comprender que dependen el uno del otro para poder existir. Ello nos lleva a la integración.

Cuando se nos habla del «árbol del conocimiento», dicho «conocimiento» consiste en la integración de los opuestos para vivirlos como complementarios. Por eso el árbol da dos frutos, el del bien y el del mal. Cuando conseguimos integrar esto, nuestra mente entra en el paraíso.

Es el momento de analizar las siguientes reflexiones:

- La mente dual, al trazar la línea y las demarcaciones, lo que está haciendo es indicar dónde librar la batalla. La mayoría de la gente piensa y cree que para ser feliz hay que eliminar uno de los opuestos, y este es el gran error, ya que no es posible.
- Creemos que las demarcaciones y los opuestos son irreconciliables, y esto nos lleva a la percepción de que tenemos la salud o la enfermedad, dios o el diablo, la vida o la muerte, alegría o tristeza... sin posibilidad de encontrarse. Nuestra sociedad persigue la salud, nuestra religión, el bien, sin comprender que estas categorías se reconocen y se alimentan de sus opuestos. Para alcanzar la maestría, hay que sufrir dificultades; para ser fuerte física y mentalmente, se necesitan derrotas. Debemos cuestionarnos para sa-

car lo mejor de nosotros mismos; para sacar nuestra mayor luz, hay que descender a los infiernos más oscuros.
- La física moderna proclama que la realidad solamente puede ser considerada como la integración de los opuestos. En la teoría gestáltica de la percepción, se nos dice que jamás aprehendemos ningún objeto, acontecimiento o figura, si no lo contraponemos a un fondo que le sirve de contraste. Para poder ver las estrellas, necesitamos la oscuridad. Jamás tendremos una relación de placer si no conocemos la del dolor. Decir que la realidad fundamental no existiría sin los opuestos es lo mismo que decir que las fronteras, los límites y las demarcaciones no existen, pues son pura ilusión.
- Nuestras percepciones están condicionadas por estas limitaciones y demarcaciones, de ahí que veamos lo que somos —creencias— y no lo que es. Por eso se le llama «liberado» o «despierto» a aquel que ve a través de la ilusión de los opuestos.

— EL MAPA MENTAL —

Nuestras palabras, símbolos, signos, pensamientos e ideas son meros mapas de la realidad, no la realidad misma, porque el mapa no es la realidad. Aplicado a la palabra, esta no es lo que representa. Se utiliza muchas veces la percepción para dar un significado diferente a una palabra y hacerla entendible para una determinada comunidad. Ejemplos de semántica connotativa serían: «Lleva una vida de *perros*»; «El *burro* de Pepe no entendió nada». Las palabras «perro» y «burro» tienen diversas connotaciones —interpretaciones— según el observador, por eso siempre debemos pedirle a quienes vienen a nuestra consulta que nos describan qué hace una persona para que se la compare con «perro» y «burro».

Podemos dividir nuestra percepción en tres niveles:

- El descriptivo
- La suposición
- El juicio

El segundo y tercer nivel, o sea, la suposición y el juicio, están condicionados por nuestras creencias, por eso vemos lo que queremos ver. Esta forma de percibir viene condicionada por las resonancias de nuestros familiares, de tal forma que nuestra percepción nos hace vivir en nuestra propia «realidad», el sueño del cual no somos conscientes.

Ken Wilber, filósofo y psicólogo, dice en su libro *La conciencia sin fronteras*:

> En Oriente, cuando se dieron cuenta de que la realidad no era dual, no-dos, vieron que todas las demarcaciones eran ilusorias. Por eso nunca cayeron en la falacia de confundir el mapa con el territorio, las fronteras con la realidad, los símbolos con lo simbolizado, los nombres con lo que se nombra. Nuestras percepciones son simples apariencias, entendiendo aquello que se revela por los sentidos y a la mente que discrimina. A partir de estas experiencias se forman las ideas, y decimos: «Esta es tal cosa, y no otra», «Eso es el nombre». Cuando se contraponen las apariencias y se comparan los nombres, decimos: «Esto es un caballo», «Esto es un perro», «Esto es un coche». Cuando el sabio deja de lado las experiencias y los nombres, cesa la discriminación, lo que queda es la naturaleza verdadera y esencial de las cosas, aparece lo que se llama la «talidad de la realidad», universo inescrutable.

La percepción no-dual no niega las montañas, la luna, el sol y todo lo que hay en nuestro mundo llamado Tierra. Comprende que no hay demarcaciones, ve que todas las cosas tienen sus opuestos, que todo se complementa y que todo está interrelacionado. Lo que entendemos por «separación» o «categorizaciones» son estructuras mentales, que se expresan verbalmente. Para una persona que viva en el Mediterráneo, un copo de nieve es simplemente un copo de nieve; un finés, en cambio, para referirse a un copo de nieve puede emplear hasta cuarenta palabras, mientras que un noruego tiene unas setenta palabras para referirse al estado del hielo. Estamos aferrados a las demarcaciones, pero la «realidad» no conoce fronteras. En la naturaleza no existen. Están en nuestra mente, y la cultura no es más que ideas que nos separan. Por ello es tan importante observarse sin críticas, sin justificaciones ni sentido de culpabilidad.

Cuando etiquetamos, vivimos el personaje de la etiqueta y no la persona. Decimos cosas como: «Juan es autoritario»; para nosotros, en Juan sobresale la palabra «autoritario», y todo lo que Juan es desaparece. Entonces es cuando confundimos el mapa con el territorio. Mi mapa es que Juan es autoritario y, cuando pienso en Juan, que es un territorio, solamente veo mi mapa.

Despertar a otro nivel de conciencia es comprender que mi mapa no deja de ser una reacción a mi programación. Cuando somos conscientes de ello, nos permite conocernos a nosotros mismos y trascender nuestro mapa y ver en él el territorio. En este caso sería ver a Juan en toda su plenitud, con sus virtudes y sus defectos.

Hay una gran resistencia a aceptar que no vemos las cosas como son sino como queremos verlas. En el mundo real no existen las demarcaciones, las fabricamos. El problema siempre es el mismo: tomamos nuestra percepción como verdad o como si fuera la realidad. Vemos el mundo separado, desfragmentado, lo vemos muchas veces como algo que nos confronta y entonces empieza la verdadera locura: defender «mi verdad» frente a la verdad de los otros.

No se trata de negar que las cosas están separadas, pues lo están, sino de creer que las cosas están separadas en un concepto absolutista o determinista. Los místicos, los sabios orientales y actualmente los físicos nos han dicho que todo está interrelacionado y, además, los físicos nos hablan del efecto del observador, cuya conciencia individual afecta a lo que está observando. Por ello, es tan importante tomar plena conciencia de que mis percepciones deben ser auto-indagadas para poder comprender cómo afectan en mi vida, en mi forma de ver y entender lo que me sucede.

Los físicos nos empiezan a decir que todo lo que observamos, las diversas formas, proceden, son sustentadas por una energía; algunos, como Max Planck, dicen que son sustentadas por una mente, una matriz. Qué más da que a esta energía, a esta mente se le dé un nombre, llámesela Dios, Tao o cualquier otro. Al final es inteligencia manifestándose. Todo es consciencia y nosotros somos una partícula; mi observación, mi percepción influye en este todo, en este mar de inteligencia.

> La diferencia entre pasado, presente y futuro es solo una ilusión persistente.
>
> ALBERT EINSTEIN

— PERCEPCIÓN INOCENTE —

Es preciso darse cuenta de todas las reacciones emocionales que surgen al mirar a una persona o un paisaje, o al mirarse uno mismo. Debes observar cómo reaccionas, qué palabras vienen a tu mente, y empezar a darte cuenta de cómo empiezas a categorizar. Si quieres ver, tienes que dejar de poner etiquetas y hacer valoraciones, porque de lo contrario pierdes la percepción perfecta o inocente. Hay que dejar un vacío mental, y simplemente observar con una mente parecida a la de un niño cuando ve algo por primera vez; lo más normal es que se asombre, no ponga etiquetas ni llame a las cosas por su nombre. Esto ocurrirá más tarde y le llamamos «educación» y «cultura».

La gran fragmentación, ocasionada por la mente dual, vendría a ser, en términos comparativos, como «el pecado original», por eso fuimos expulsados del paraíso, pues este es la máxima representación de la integración —equilibrio— de los opuestos. Para poder volver al Edén, es imprescindible una percepción como la de los niños, una percepción inocente, pues la inocencia es la cualidad esencial para trascender la dualidad, la dicotomía bien/mal. A partir de ese momento, lo que antes se había proyectado hacia fuera ahora se ve hacia dentro, y ahí el perdón deja que desaparezca.

> Y Dios dijo: «Ama a tu enemigo»; entonces yo lo obedecí... y me amé a mí mismo.
>
> GIBRAN JALIL GIBRAN

Cuando hablamos del perdón, se hace desde una visión de unidad, no hay nadie a quien perdonar, salvo a uno mismo por haber percibido separación y creer que son las causas externas las que nos producen desasosiego, en vez de mirar en el interior. Esta es la clave de la percepción inocente: tomar conciencia de que nos estamos proyectando constantemente.

Cabría preguntarse, entonces, quién ve y por qué ve lo que ve. Cuando te distancias de tus juicios, de tus categorizaciones, te das cuenta de que tú no ves, sino que es una proyección de tu mente inconsciente. Y, lo que es más impactante, te das cuenta de que ves lo que ves como pura interpretación, fundamentada en tus programas inconscientes que resuenan en la pantalla de tu vida. Nuestros ojos no ven, lo que ve es nuestro cerebro y este contiene la información que le proporcionan las experiencias de sus ancestros y de la vida que estás viviendo.

Veamos un ejemplo de lo que vengo diciendo. Estoy buscando en casa una caja de papel para la higiene personal y mi mujer dice que está encima de una cómoda. Me pongo frente a esta y no la veo. Entonces le digo a mi mujer que la caja no está sobre la cómoda. «Sí, es una caja de color azul», dice ella. De repente, veo la caja, como si hubiera aparecido de la nada. ¿Qué ha ocurrido? La respuesta es muy simple: yo buscaba una caja de color rosa, pues hasta ese momento las cajas de papel para la higiene personal eran siempre rosas. Por eso no la veía, porque nosotros no vemos a través de nuestros ojos, sino que proyectamos una imagen que ya conocemos y buscamos la comparación en nuestro entorno. Vemos desde nuestro cerebro, allí se acumulan las experiencias y las categorizaciones, y las proyectamos. Lo mismo ocurre con nuestras creencias, que condicionan nuestra forma de ver y de entender el mundo.

En Bioneuroemoción enseñamos a desarrollar una «mente de detective», que es la que busca sin buscar y evita proyectar. Esta aptitud mental permite ver cosas que los demás no ven, pues están cegados por sus proyecciones, por sus mapas mentales. Cuando alguien te pide que le ayudes a buscar algo que ha perdido, lo primero que haces es preguntar: ¿Qué es lo que busco?; y lo segundo: ¿Cómo es? De esta manera puedo proyectar como si enfocara con una linterna.

Ver no es solo una cuestión de abrir los ojos, vemos lo que vemos porque hemos desarrollado nuestro cerebro utilizando todos nuestros sentidos. De esta manera aprendemos a ver —comprender— lo que percibimos y le damos nombres. Hoy en día sabemos, gracias a múltiples estudios neurocientíficos, que en la visión hay habilidades innatas y otras adquiridas. Así, por ejemplo, detectar colores y sombras, percibir el movimiento o la luz son algunos de los rasgos más innatos de la visión y no se necesita estrictamente un aprendizaje previo.

La recuperación de la visión puede ser algo que provoque una gran confusión a personas que han sido ciegas desde sus primeros años, como si ante ellos se abriera un mundo nuevo que rompe con todos sus «esquemas» cerebrales. Hay casos de personas ciegas de nacimiento, que han recuperado la vista y nunca se adaptaron al nuevo sentido; incluso algunos se suicidan por no comprender lo que veían.

¿Qué quiero decir con todo esto? Pretendo que se tome conciencia de que nuestra percepción es pura interpretación, y que esta se halla totalmente condicionada por nuestra cultura, la cual alimenta unos prejuicios y sustenta nuestras creencias.

Hay una ley fundamental de la mente que consiste en «compartir» nuestra percepción y solamente se puede hacer de dos maneras:

- Mediante una conciencia de unidad, la que te permite verte a ti mismo en los demás. Es la mente que te abre al autoconocimiento.
- Mediante una conciencia dual o de separación, la que te permite proyectarte en los demás sin reconocerte a ti mismo, pues crees que tú no llevas la información que ves fuera.

De la misma forma que tenemos que aprender a ver, también tenemos que aprender a percibir lo que vemos. En este caso, yo no puedo ver que «Juan es autoritario», pues para verlo tengo que haberlo aprendido y, sobre todo, tengo que tener esta información en mi inconsciente en forma de experiencia. Por eso no vemos lo que es, sino lo que somos.

El primer ejercicio que todos tendríamos que hacer, si realmente queremos ver, es cuestionarnos a nosotros mismos, cuestionarnos nuestras verdades. Cuando yo veo que Juan tiene una conducta, que he aprendido a definir como «autoritaria», tengo que indagar qué hay detrás de ella, qué intención subyace y qué creencias la están condicionando. Abrir mi mente a la comprensión y evitar todo juicio es entrar de lleno en una percepción inocente, donde lo que veo adquiere otra interpretación que, además, me resuena y me permite conocerme mejor. Está escrito: «Es imposible no creer en lo que ves, pero es igualmente imposible ver lo que no crees».

— VIVIR EN LA INCERTIDUMBRE —

Saber vivir en la incertidumbre es tener plena conciencia de que lo mejor que te puede pasar para desarrollar tu «conciencia de unidad» es emplear una percepción inocente, que es la que no espera ver nada concreto, sino la manifestación de lo mejor en cada momento. Vivir en la incertidumbre es también dejar de creer que el control es real, que puedo determinar lo que debe ocurrir en cada instante de mi vida. Es dejar que la vida te presente las posibilidades de acción en cada momento de tu vida. Es sentir que tu mente, y por ende tu percepción, están soportadas por una matriz, a la que ya me he referido y de la cual nos han hablado los místicos de todos los tiempos. Los sutras budistas dejan muy claro que la matriz está formada por la interconexión de todo: «En la lejana morada celestial del gran dios Indra, hay una maravillosa red que ha sido colgada por algún astuto artesano de tal forma que se extiende infinitamente en todas las direcciones» (Gregg Braden, *La matriz divina*). El mismísimo Max Planck, en el discurso que pronunció en 1914 cuando le entregaron el premio Nobel, aseguró: «¡No existe la materia como tal! Toda la materia se origina y existe solamente en virtud de una fuerza que hace vibrar las partículas de un átomo y mantiene unido este minúsculo sistema solar del átomo. Debemos asumir, tras esta fuerza, la existencia de una mente consciente e inteligente. Esta mente es la matriz de toda la materia».

Este principio mental está relacionado con el principio físico de la incertidumbre, que fue expuesto por Heisenberg y que llamó «la disolución del marco rígido». Las demarcaciones se mostraron como ilusorias, las realidades fundamentales del universo no tenían fronteras definidas y no se podían medir adecuadamente. Con ello también se demostró que no existen las cosas separadas.

Saber vivir en la incertidumbre es un logro extraordinario para nuestra mente. Saber estar alerta, sin permitir reacciones de nuestra mente, nos proporciona una quietud mental que nos conduce a otro nivel de percepción, el cual hará posible:

- Conocerte, pues tu observación habla de ti.
- Desarrollar una conciencia de unidad porque todo está interrelacionado.
- Reconocer a los demás como tus complementarios. Somos información.
- Alcanzar la libertad emocional, saber gestionar tus estados emocionales, evitando así la identificación plena y no confundiendo los pensamientos con el pensador.

Observar sin identificarte es tener conciencia de que
tú no eres lo que la mente te muestra. Tú no eres tu mente.
Cuando te identificas con lo que ella te muestra, quedas
atrapado, y crees que tú eres la mente. Este es el sueño
que tú llamas «realidad».

Para poner un ejemplo de lo que estoy diciendo, nada más simple que imaginarte que estás en el cine viendo una película —en una pantalla— que te atrapa emocionalmente, hasta el punto de que te identificas con lo que sucede en ella. Tu psique no puede diferenciar —no puede separar— lo real de lo virtual. Tu identificación te hace expresar toda una serie de pensamientos, sentimientos y emociones, y ellos se expresan en tu corporalidad.

Cuando no te posicionas y no juzgas, las soluciones surgen solas. Como no te identificas, te conviertes en un observador de lo que acontece frente a tus ojos. Estás viviendo en la tensión de la incertidumbre. Sabes que el otro es tu espejo y que lo que te molesta de él es tu sombra. Cuando tu percepción alcanza este nivel de madurez, tus pensamientos y sentimientos son otros, tus emociones fluctúan sin ninguna incidencia en la corporalidad, provocando incluso un cambio neurológico, tal y como asegura el doctor Davidson: «Una nueva percepción es un cambio neurológico que permite ampliar nuestra conciencia».

— UTILIZAR LA PERCEPCIÓN —

Vamos a recapitular todo lo que he presentado en este capítulo, que para mí es la clave del libro.

Es importante que seamos plenamente conscientes de que mi percepción siempre es una interpretación. Albert Einstein decía que «interpretamos igual que recordamos». Cuando estamos ante una situación que percibimos parecida a otras anteriores que fueron desagradables, nuestra tendencia será reaccionar emocionalmente de la misma forma. Así, lo que llamamos «presente» es la vivencia de nuestro pasado.

Cuando cambiamos la emoción asociada a una experiencia, transformamos nuestra percepción sobre la misma y también todas las experiencias parecidas. De esta manera, nos liberamos del pasado y proyectamos un nuevo futuro al que, más tarde, llamaremos «presente». Este tiene nuevas cualidades, pues está libre del pasado. Ya no repetimos historias. Vivimos plenamente el presente al liberarnos de los condicionamientos del pasado. A este proceso se le llama «despertar».

La forma de percibir nuestras experiencias viene determinada por las creencias de nuestro inconsciente familiar, de nuestro inconsciente colectivo, y por nuestras primeras experiencias de vida.

Trascenderlas es el gran objetivo para liberarnos de las pesadas cadenas del pasado.

¿Cómo nos percibimos?

El ego es todo aquello que «creemos que somos», aquellos estados con los que nos identificamos. Aquí se desarrolla lo que se llama «persona». La sombra son todas las cualidades que no se adecúan a nuestra imagen. Cuanto mayor sea la identificación del ego con lo que creemos ser, mayor será la sombra que surgirá complementariamente y mayor será también nuestro desequilibrio emocional.

La percepción de los demás sobre ti puede ser un auténtico tesoro. Es una oportunidad para conocer tu sombra. Saber aceptarla te permite aumentar tu conciencia gracias a la integración de tu personalidad y de tu sombra. Si lo que escucho es algo que me molesta, detrás hay un aprendizaje por integrar. El auténtico poder está en percibirlo no como una dificultad sino como una oportunidad para aprender e integrar aspectos de uno mismo.

En un capítulo de la serie *The Crown*, Jacqueline –la mujer del presidente John F. Kennedy– visita Londres y es recibida por la reina Isabel. Esta le enseña las dependencias del palacio de Buckingham. Durante la visita, ambas se sinceran y hablan de sus respectivos matrimonios. La reina Isabel queda gratamente sorprendida de la inteligencia y del saber estar de Jacqueline. Aquí podemos ver una percepción, la de la reina, en la que aprecia las cualidades de su invitada.

Escenario de estrés

Al día siguiente, la reina manda llamar a un miembro de la corte que asistió a la recepción, y le pregunta qué opinión tenía Jacqueline de ella. Entre otras cosas, le dijo que Jacqueline comentó en público lo poco inteligente que era la reina, que parecía mentira que fuera la jefa del Estado. Criticó también el palacio y aseguró que la monarquía pertenecía a otra época, etc., etc.

Escenario actual

La reina Isabel, demostrando su inteligencia emocional, aceptó las críticas al comentar al miembro de la corte: «Pues tendremos que invitarla otra vez».

La reina recibe a Jacqueline, en una segunda ocasión, con un vestido moderno; lo hace muy afablemente, y la invita a merendar. Le comenta que, después de la recepción anterior, quedó gratamente satisfecha de la complicidad que habían mantenido y que le habían sorprendido sus comentarios. Jacqueline quiere justificarse y le explica que los médicos les dan a ella y a su marido una especie de cóctel vitamínico para estar siempre estupendos y en forma; aquella noche se había reunido con unos amigos y le había pedido a su médico algo para animarla y «el efecto, como usted ya puede ver, majestad, fue nefasto». Jacqueline sigue hablando: «Quiero decirle que admiro muchísimo cómo lleva la carga del Estado, su saber estar, y cómo antepone sus obligaciones a sus necesidades emocionales y de mujer».

Toma de conciencia

Como podemos ver, en este relato se pueden apreciar varios aspectos derivados de la percepción, que, como ya se ha dicho, es la hija de la proyección.

En la percepción de la reina, esta aprecia lo que ella no es. En la serie queda muy claro que la educación de la reina fue muy pobre. Está proyectando, en forma de admiración, lo que cree que ella no es, o sea, su sombra. La reina no recibió educación académica. Ella tenía que ocultar esta creencia (sombra), por eso admira a Jacqueline y su inteligencia. En la serie se muestra lo mucho que sufrió la reina al encontrase en su posición y depender en exceso de los consejeros, pues ella no se consideraba preparada para actuar sin ellos.

<u>La sombra de Jacqueline en la fiesta</u>. Sus ácidas críticas son la expresión de su sombra, que alberga su rechazo a las normas y a lo que ella considera fuera de época. Se ve claramente la sinceridad de Jacqueline –aceptando su error– al hablar de cosas muy íntimas, pues lo que cuen-

ta sobre los cócteles vitamínicos no es una excusa banal, más bien es una apertura llena de sinceridad y de confianza hacia la reina. Jacqueline, con sus palabras y al aceptar la invitación por segunda vez, muestra la integración de su sombra, haciendo una saludable autocrítica y dando unas disculpas llenas de sinceridad, que la reina recibe gratamente.

¿Por qué nos aferramos a nuestra percepción?

En vez de arriesgarnos a cambiar, nos aferramos a nuestra vida y nos resistimos a la incertidumbre de lo desconocido. La resistencia es el apego a mi historia, es no aceptar que el cambio está en nosotros, es creer que los demás están equivocados. Esta resistencia es la causa de la proyección, es un intento vano de quitar de nuestra mente aquello que nos molesta, creyendo que, si lo proyectamos en el otro, nos liberamos. Lo cierto es que, cuanto más proyectamos, más vivimos en nuestra mente como si fuera absolutamente nuestro y eso es así porque el inconsciente no distingue entre «yo» y el «no-yo», para él todo es «yo».

Cuando te sientas incómodo, párate un momento y analiza tu percepción:

- Deja de posicionarte.
- Deja de emitir juicios.
- Deja de justificarte hablando del otro.

Tu incomodidad, tus molestias residen en ti; por lo tanto, el cambio que tanto anhelas de la situación o experiencia está en ti y no en el otro.

— A MODO DE CONCLUSIÓN —

Hay que tener siempre presente que no podemos dejar de percibir, pero sí podemos aprender mucho de nuestra percepción. Acepta tu incomodidad, acepta tu enfado, déjalos fluir, pues ellos hablan más de ti que del otro. Nadie te está diciendo que aquello que ves, aquello que tanto te molesta, no sea real. Lo que es una ilusión es tu interpretación. Si Juan grita, pues grita, esto es un hecho. A nadie le gustan los gritos, pero a veces son necesarios. Si Juan te resulta insufrible y por ello lo juzgas, pregúntate qué experiencia tuviste, qué hace que te moleste tanto y que inunde tu percepción acerca de quién es realmente Juan. Ponerse en el lugar de otro no solo significa tener sabiduría, sino también compasión.

Y recuerda el consejo del gran maestro:

> Todo lo que te molesta de otros seres es solo una proyección de lo que no has resuelto de ti mismo.
>
> BUDA

• RECORDEMOS •

- No vemos, interpretamos lo que creemos ver.
- Tu percepción pone de manifiesto tu estado mental.
- Tu percepción es siempre una elección del mundo que quieres ver.
- La percepción es intrínsecamente enjuiciadora y se sustenta en la creencia de que todo está separado.
- La integración de los opuestos es el reino de los cielos, aquí en la tierra.
- La percepción inocente no juzga. Siempre vemos lo que somos.
- La mente desarrollada en la conciencia de unidad te permite verte a ti mismo en los demás.
- Es imposible no creer en lo que ves, pero es igualmente imposible ver lo que no crees.
- El cambio de percepción produce un cambio neurológico que permite ampliar nuestra conciencia.
- Interpretamos tal como recordamos.
- La resistencia es el apego a tu historia.
- El inconsciente no distingue entre el «yo» y el «no-yo»; para él todo es «yo».
- El cambio que tanto anhelas está en ti y no en el otro.
- Lo que es una ilusión es tu interpretación.

CAPÍTULO IX

¿QUÉ NOS PROYECTAN NUESTROS PADRES?

La culpa es proyección, el perdón es comprensión. Da las gracias por la experiencia.

....

Al final de todo, se trata de comprender nuestra historia para elegir libremente cuál debe ser nuestro presente. De esta forma, evitamos repeticiones que nos llevan a experiencias dolorosas.

....

Ser conscientes de las informaciones que heredamos de nuestros padres se convierte en una necesidad de primer orden. No nos percatamos de que nuestras vidas, nuestras decisiones están condicionadas permanentemente. ¿Cómo es posible que una persona viva en un estado de indefensión constante a lo largo de muchos años, con una situación económica y de salud más que deplorables y no haga nada para cambiar? La oyes hablar y lo único que expresa son quejas y más quejas, en relación con lo que él o ella considera la causa de todos sus malestares. Muchas veces, esta persona no se hace la pregunta fundamental: ¿Por qué sigo manteniendo esta situación? Normalmente vive en el «por qué», y este siempre encuentra la respuesta en el otro.

Como vengo exponiendo en el libro, la proyección se alimenta de la creencia en la separación. Si bien es cierto que nuestros cuerpos están separados, no es menos cierto que somos energía y que esta se halla plenamente integrada en este todo, la «inteligencia universal», que recibe multitud de nombres: Dios, Brahma, Alá, Buda, etc.; aunque yo siempre me refiero a ella como «consciencia de unidad», y a la ilusión de la separación como «consciencia dual», teniendo muy claro que, gracias a las enseñanzas de grandes maestros, sabemos que no existe la separación entre la creación y la evolución. Ambas son la expresión de esta inteligencia universal, cuya esencia es el potencial infinito de manifestación —creación— y la manifestación propiamente dicha: evolución.

La expresión de esa evolución está en relación directa con la vibración según el nivel de conciencia de los seres que conforman un mundo en el cual experimentan el milagro de la vida. Parafraseando a David Bohm, la creación sería un orden implicado —potencialidad infinita de manifestación—, y la evolución, tal como la vemos, sería el orden explicado. Ello nos sugiere que, el mundo que vemos, el que vivimos, es la expresión de este orden implicado. Bohm dice que la conciencia se encuentra en el orden implicado y que no es algo distinto a esta. Igualmente, el tiempo y el espacio forman parte del orden implicado. En cualquier período de tiempo dado, puede estar incluido todo el tiempo y contiene toda la información sobre él, al igual que en la memoria el pasado está contenido en el presente. Haciendo una analogía con la tecnología de internet, el orden implicado sería internet, ya que en él se encuentra «toda» la información, mientras que tu búsqueda, que está relacionada directamente con tu nivel de conciencia, se expresa en los contenidos que se muestran en la pantalla del ordenador. La pantalla de la evolución, en este caso, sería el mundo en el que vivimos.

> Lo que reconocemos clara y terminantemente como existencia debe empezar por la vida y la percepción. ¿Qué sentido podría tener la existencia si no hubiera conciencia de ninguna clase?
>
> ROBERT LANZA

Tenemos la capacidad de desarrollar nuestra conciencia individual para alcanzar mayores niveles de manifestación o de evolución. Aquí reside nuestro poder.

— LA PELÍCULA *AVATAR* Y LA CONSCIENCIA DE UNIDAD —

Para comprender el propósito de este libro, y concretamente de estos últimos capítulos, voy a explicar la esencia de la película *Avatar*. Es una analogía perfecta para entender que todo está unido, que una energía fluye a través de todo y de todos, la consciencia de unidad. Esta, como ya vengo diciendo, se expresa a través de cada conciencia individual, en función de su vibración y apertura de mente.

Desde el punto de vista de la religión hindú, «avatar» significa la manifestación corporal de una deidad. En la película, «avatar» es un cuerpo que genéticamente está formado la mitad por un ser humano y la otra mitad por la especie que vive en el planeta Pandora, llamada Na'vi. El avatar puede albergar la conciencia de un humano y de esta manera puede interaccionar con los Na'vi.

Los humanos terrícolas habitan en este planeta porque Pandora contiene un mineral que necesitan, cuya principal propiedad es su gran conductividad. La Tierra está moribunda, los humanos la han esquilmado y han eliminado casi toda la vegetación.

La película explica la vida del clan Omaticaya, que se refugia en un gran árbol, llamado Árbol Madre. Es muy bonita y significativa la expresión «Te Veo», cuyo significado es: «Te respeto, te saludo, te honro, te reconozco, te recibo, me conecto contigo. Veo quién eres realmente».

En la película, Eywa es la energía que lo une todo, que fluye a través de todos y de cada uno, y es la deidad de los Na'vi. Se encarga de mantener la naturaleza y la vida de Pandora en perfecto equilibrio, y los Na'vi la conocen como Gran Madre. Conectan con ella a través del árbol de las almas, que se encuentra en el lugar más sagrado de Pandora. Este árbol conecta con toda la sabiduría de los ancestros, y está siempre a disposición de todos los habitantes de Pandora.

En el mundo de Pandora existe una especie de conexión electromagnética en las raíces de todos los árboles. Cada árbol tiene 10^4 conexiones con los árboles de su alrededor. En Pandora hay unos 10^{12} árboles, y esto representa más conexiones que las del cerebro humano. Es una red global, y los Na'vi pueden acceder a ella, pueden cargar y descargar datos, vivencias y, en definitiva, experiencias para los descendientes.

Es relevante la reflexión de nuestro héroe cuando trata de comprender la conexión que tiene este pueblo con todo lo que le rodea, con las plantas y con los animales. Podemos destacar la conexión con una especie de aves, según la cual, si el ave te acepta, intentará atacarte y uno debe domesticarla y conectarse con ella.

Los Na'vi tienen conciencia de que: «Toda la energía es solamente un préstamo que algún día hay que devolver».

Cuando nuestro héroe va a cazar y hiere a un animal, le dice: «Te Veo, te doy las gracias. Tu espíritu se va con Eywa».

En la película *Avatar* se expresa una de las claves de este libro. Esto sucede en una escena en la que se da mucha importancia a las informaciones de nuestros ancestros. Los protagonistas de la película, la hija del jefe de los omaticaya y el héroe que está en el avatar, se encuentran paseando en un bosque de sauces, cuyas ramas están iluminadas. La hija le está explicando al hombre la importancia de estos árboles, llamados «árboles de las voces».

«En este sitio se pueden oír las oraciones y a veces tienes respuestas. Se les llama los "árboles de las voces", porque podemos oír la de nuestros ancestros», relata la hija del jefe Omaticaya.

Nuestro héroe se conecta con una de las ramas, a través de la coleta de su pelo, que todos los Na'vi tienen, exclamando: «¡¡Las oigo!!».

«Las voces están vivas», le responde la mujer.

Es preciso recalcar la importancia que le doy en este libro a saber escuchar, saber reconocer las voces de nuestros ancestros, que se expresan a través de nuestro inconsciente, y que podemos contemplar y reconocer a través de nuestras proyecciones. Todo está unido, y los clanes, las familias, tienen sus conexiones totalmente abiertas para que la información no se pierda.

La doctora —la otra protagonista de la película— hace unas reflexiones para convencer a los invasores de que no deben destruir la cultura de esta civilización. Los terrícolas quieren destruir el gran árbol, la Gran Madre, pues debajo de él se encuentra una gran cantidad del mineral, la causa de la invasión. Para conseguirlo, no tienen ningún miramiento.

Dice la doctora: «La riqueza de este mundo no está en el suelo, está en todo el entorno, la Gran Madre, como la llaman los Na'vi, es la que vela por todos, siendo una de sus mejores características que Ella nunca toma partido por nadie, ella solamente busca el equilibrio».

Y es sorprendente la reflexión final de la doctora, que lleva la labor de investigación de los avatares: «Para compartir este mundo con sus habitantes, primero hay que comprenderlos».

La comprensión es la consecuencia de aceptar e integrar nuestras percepciones, que son las hijas de nuestras proyecciones. Para alcanzar este nivel de conciencia, hay que saber ponerse en el sitio del otro, de sus creencias, de su cultura, y, sobre todo, en nuestro caso, conocer las vivencias, los diversos escenarios estresantes que experimentaron nuestros ancestros.

Vemos claramente que no somos un cuerpo y sí conciencia, como se aprecia cuando nuestro protagonista decide quedarse con ellos. Se trasvasa de conciencia del cuerpo humano al del avatar a través del árbol de las almas, el cual lleva toda la información de un cuerpo al otro. Es el único que puede hacerlo, porque su conciencia es prístina.

— COMPRENDER NUESTRAS PROYECCIONES —

Comienzo este apartado con un ejemplo aclaratorio:

Motivo de la consulta

Viene a mi consulta una joven de veinticuatro años para buscar los programas inconscientes que se expresan en su vida en un desorden alimenticio, en este caso bulimia.

Escenario de estrés

Escenario donde se expresa este desorden y el estrés consiguiente. Ella me comenta que empezó cuando se fue a vivir sola, y el estrés está relacionado con su madre, que la llama constantemente y le dice lo que tiene que hacer y cuestiona todo lo que ella hace.

Escenario cuando era niña

En este escenario busco el estrés ambiental, el que conforma a los hijos cuando son pequeños. Recordemos que a edades tempranas la mente está en estado hipnótico (delta).

Mi consultante recuerda rápidamente algo muy sustancial: «Tengo tres años, mi madre me pone un disfraz para el colegio, viene mi padre y riñe a mi madre diciéndole que si no le da vergüenza vestir a su hija así. Mi madre me quita el vestido y siento mucha tristeza, no entiendo nada».

Resonancias

Voy a buscar resonancias, otros escenarios, en este caso cronológicos.

Le pido a mi consultante que me describa otras situaciones parecidas en las que su padre le recrimina algo sobre la vestimenta. Ella contesta que, desde siempre, su padre le dice a su madre cómo debe vestir y muchas veces comenta: «Además, estás fea y gorda».

Resonancias anteriores

Mi consultante, su madre y la abuela llevan una información de que «las mujeres no sirven para nada». Esta información se muestra en mi consultante en su forma de vestir. Nunca se pone un vestido de mujer, durante una época iba vestida totalmente de negro. Rechaza la feminidad por una información heredada de la abuela. Por eso vemos que la vestimenta tiene tanto impacto emocional y es un factor disparador del conflicto de ser mujer. Además, con la agravante de la frase: «Eres fea y gorda».

Reflexión

Quiero recordar que nuestro inconsciente no distingue lo que me ocurre a mí y lo que le ocurre al otro. Para él, todo es uno, es no-dual. En este caso de estrés, con relación a la vestimenta, es una resonancia de mi clienta al verlo con su madre.

Proyecciones

«¿Qué es lo que más te molesta de tu madre?», le pregunto. Ella responde lo sumisa que es, hace todo lo que le dice su padre.

Toma de conciencia

Mi clienta toma conciencia de que, cuando su madre le dice lo que tiene que hacer, siente un profundo rechazo hacia ella. Este tiene que ver con el rechazo de su madre porque siempre obedece a su padre. El rechazo, propiamente dicho, es a recibir órdenes, y menos de su madre.

La madre, arquetípicamente hablando, es el alimento. Nuestro inconsciente no discrimina entre alimento emocional y físico. La consultante recuerda que su madre empezó a engordarse cuando ella y su hermana se fueron de casa para estudiar fuera. Cuando su madre la llamaba, siempre empezaba diciendo «Cuánto te necesito», «Te echo tanto de menos» y frases parecidas.

Tengo mucha experiencia en relación a este problema. He tenido varias hermanas que han manifestado este problema de desorden alimentario, con mayor o menor intensidad. Es más, una de ellas murió a causa de la anorexia. Conozco muy bien cuál es el ambiente emocional del que se nutre este desorden dentro del nido familiar. Las mujeres —hijas— no tienen un referente femenino adecuado, en muchos casos la madre está ausente emocionalmente del cuidado de sus hijos, y en otros lo hacen de una forma excesiva. Sea cual sea el caso, la madre desempeña un papel primordial en este desorden. Hay que tener en cuenta que esta consultante también ha vivido en su infancia una carencia afectiva por parte de su madre. Por eso es necesaria una gran dosis de comprensión y de toma de conciencia para trascender este conflicto emocional y saber encontrar una relación adecuada con la madre, llena de respeto y no de demanda por ambas partes.

Como siempre digo, hay que huir de las culpabilidades y centrarnos en nuestras responsabilidades. Una forma de hacerlo es auto-indagar qué información ha sido depositada en mi mente.

Hoy en día puedo plantearme que la causa de mayor sufrimiento de las personas es no saber con plena conciencia que funcionamos la mayor parte del tiempo en modo «robotito». Lejos de estar locos o dementes, lo que realmente estamos es atrapados por nuestras creencias y por todas aquellas experiencias que nuestros ancestros vivieron y que se manifiestan en nuestras vidas. Estoy dedicando mi vida a encontrar los entresijos que maniatan nuestra mente y que nos mantienen esclavizados.

Llegado a este punto, cabe decir que el camino que he encontrado tiene que ver con una «conciencia cuántica», también llamada «conciencia de unidad». Puedo predecir y encontrar dónde —en qué familiar— se encuentra la información y también cómo se manifestará esta en los diferentes miembros. Toda esta información está regida por las leyes de la física cuántica —aunque no es el propósito de este libro desarrollarlas—, tales como la polaridad, la complementariedad, la resonancia, la transmisión de información o la no-localidad, las cuales se manifiestan plenamente en nuestras familias, en los inconscientes familiares y en el inconsciente individual. Muchos psicoanalistas ya descubrieron que las informaciones de nuestros ancestros no se pierden. Y no solamente esto, sino que las repetimos en mayor o menor medida.

En el método que he desarrollado —llamado Bioneuroemoción— se aplican, entre otras, las propiedades cuánticas antes mencionadas, permitiendo acompañar a nuestro consultante a una toma de conciencia plena, y ayudarle a salir de sus programas, de un modo rápido, pues con una consulta es suficiente. Si se repite la consulta, es sencillamente porque está en otro estado de cosas, en otros escenarios, gracias al cambio de conciencia que ha experimentado. El proceso consiste, básicamente, en llevarle desde una percepción dual hasta otra de unidad. Se trata de cambiar la percepción de la experiencia conflictiva, buscando la solución en uno mismo y no en el cambio exterior.

Si conseguimos ser conscientes del estilo emocional que opera en nuestra mente, cuáles son nuestros pilotos automáticos, nuestras reacciones, es posible que la próxima vez, «antes de reaccionar», actuemos de otra forma. Esto es simplemente operar con conciencia de sí mismo, estar en sintonía con lo emocional y con las señales que el cuerpo nos va enviando, y se le llama «estado mental de alerta».

— LAS RELACIONES INTERPERSONALES —

Las relaciones interpersonales son el marco adecuado para conocernos a nosotros mismos. Estas no son producto de la casualidad. Las relaciones expresan nuestras informaciones inconscientes, se complementan. Normalmente, donde hay un exceso en nosotros, vemos lo «opuesto» en el otro. Esta situación se puede dar, por ejemplo, en una pareja donde uno habla mucho y el otro siempre está callado. A esto se le llama «estado resonante», es decir, se trata de la misma información expresada de forma polarizada. No nos reconocemos a nosotros mismos y nos peleamos con el otro, cuando en realidad nos estamos peleando con nuestra sombra. Tomar conciencia de ello, que es uno de los objetivos de este libro, nos permite considerar al otro como un espejo, en el que podemos ver reflejado aquello que por nosotros mismos no podemos ver. A este fenómeno se le llama «efecto espejo». Recordemos que los espejos reflejan nuestra imagen especular, es decir que no nos vemos como nos ven;

si, por ejemplo, tú levantas la mano derecha, en el espejo ves a alguien que levanta la izquierda.

Escogemos a nuestras parejas por su voz, por su porte, por su pelo, por sus manos y por una infinidad de detalles, y resonamos con una información que llevamos dentro, que la proyectamos en los demás, y sentimos atracción o rechazo, según sea esta. Ser conscientes de que nuestras respuestas emocionales están condicionadas la mayoría de las veces es dar un paso firme para encontrar el camino de la autogestión emocional y liberarse de culpabilidades. Aquí reside la clave para la comprensión, no solamente hacia uno mismo, sino también, y sobre todo, hacia los demás.

El enamoramiento es la resonancia del Universo
para reconocerse a sí mismo.

Veamos unos ejemplos muy sencillos y a su vez muy esclarecedores. La experiencia me ha enseñado que no hace falta recurrir a grandes dramas para demostrar hasta qué punto vivimos hipnotizados. Nuestros sufrimientos más comunes se nos muestran diáfanos a la luz de una conciencia no-dual, una conciencia que comprende que siempre se está proyectando y que interpreta lo que ve.

Antes de empezar una consulta, siempre reencuadro a mi cliente para tener la certeza de qué es lo que realmente quiere consultar y cuál es su intención.

Motivo de la consulta

Una mujer me explica lo que quiere consultar: «Vivo sola y estoy incómoda con eso. Tengo problemas para vivir en pareja».

En lo sucesivo, utilizaré la letra «A» de Acompañante, para indicar mis intervenciones ante la consultante.

Escenario de estrés

A.– ¿Qué le incomoda exactamente? Puede escoger cualquier momento en el que haya tenido una experiencia de pareja en la que se haya sentido de esta forma.

El estrés sucede cuando mi consultante tenía sesenta o sesenta y un años, y su hija, veintiocho. Su hija vivía ya en pareja desde hacía un año más o menos. En aquel momento mi consultante estaba divorciada desde hacía 17 años, y vivía con un hijo de 26.

A.– ¿Cuál es el estrés específico con su hija? ¿Qué pasa para que se estrese? ¿Qué hace su hija para que usted se estrese?

Dice que no la llama por teléfono, ante lo que la señora hace el siguiente juicio: «Si no me llama, es que me ignora». Pero esto no es relevante ya que no es objetivo, es una interpretación.

A.– Veamos, ¿no la llama nunca?

La clienta dice que no la llama nunca, pero se corrige diciendo que esto es lo que sucede en la actualidad, no en aquel momento.

Aquí podemos ver perfectamente cómo la mente justificativa, controladora, se resiste a mantenerse en la situación de estrés. Es algo muy común.

A.– Entonces, cuando ella tiene veintiséis años, ¿qué pasa?

Ella dice que la suele llamar para «reclamar» (otra interpretación). Uno no puede saber qué significado tiene la palabra «reclamar» para ella. Hay que buscar la descripción.

A.– Cuando la llama, ¿qué le dice exactamente?

El ejemplo que cuenta mi consultante había sucedido justo después de la celebración de un cumpleaños. Había sobrado mucho pastel, ante lo cual ella le dijo a su hija: «¡Cuánto pastel sobró!».

Más tarde, su hija la llama y le dice: «¿Por qué hiciste este comentario delante de las demás personas que había allí?». Le comenta que se sintió avergonzada, y continúa quejándose por otra serie de comentarios que también le habían molestado con anterioridad.

Analicemos la proyección

Lo que le está mostrando su hija, diciéndole esto, es el propio juicio que tiene la señora acerca de los comentarios de la gente. Es decir, la consultante se está diciendo esto a sí misma a través de su hija (aquí tenemos una proyección).

Resonancia

En este caso la resonancia tiene que ver con la relación que mi consultante tuvo con su madre en su juventud. Ella dice que su madre era muy autoritaria, que «chocaban», pero que mantenían muy buena relación. Todo son interpretaciones, así es como las personas viven, con la mente justificativa, la mente que se lo explica todo, pero que evita cualquier tipo de indagación.

Escenario cuando era niña o muy joven

Busco un escenario donde se muestre el ambiente emocional que vivió mi consultante. Por ejemplo, la edad en que se pasa de niña a mujer, que es una edad crítica.

A.- Objetivamente hablando, cuando tenía usted entre doce y catorce años, ¿cómo era la relación con su madre?

Dice que discuten bastante, pero que no se acuerda de qué exactamente. Lo que a mi consultante le molesta de su hija es lo mismo que le molestaba a su madre, pues esta le corregía a ella constantemente todo lo que hacía.

A.- Entonces ¿cuál es el estrés con su madre?

Aquí podemos buscar la escena que sea más estresante. La persona no recuerda ninguna situación concreta. Es su defensa psíquica, está en un bloqueo, como consecuencia de creencias bloqueantes que impiden el acceso al inconsciente.

Cambio de escenario. Sigo buscando su experiencia, su sentido de mujer, por otro camino.

Escenario de mayor

A.- ¿Cuándo se casó usted?

Contesta que a los treinta y ocho años.

A.- En ese momento, ¿qué relación tenía con su madre?

La consultante dice que, cuando se casó, todavía vivía con su madre, y en ese momento se fue a vivir con su marido, aunque visitaba a sus padres una o dos veces por semana, y los fines de semana comían también todos juntos con sus hermanos. Sigue contando que su madre juzgaba sus comportamientos; le decía, por ejemplo: «Esto no me gusta». La consultante repite esta historia con su hija, porque para su inconsciente su hija es su madre, su madre es su hija. Para el inconsciente todo es uno, y con esto quiero decir que una hija puede desempeñar el rol de madre y a la inversa.

A.- ¿Cuál es la relación de su madre con su padre?

Vuelvo a insistir en el escenario anterior, cuando se quedó bloqueada entre los doce y los catorce años, pero desde otra perspectiva.

La consultante dice que su madre tenía un carácter «dominante».

Situación de estrés

Tenían que organizar un viaje, su padre no decía nada y su madre... (la consultante se queda en silencio). No puede hablar de su madre, la protege constantemente, que es lo mismo que protegerse a sí misma. Sigue el bloqueo, pero ya estamos más cerca.

Cambio de escenario, pero no pierdo el hilo conductor –el hilo de Ariadna– que es la relación madre/hija.

Escenario de relación con los ancestros

A.- ¿Cuál es la relación entre su madre y su abuela materna?

Dice que su abuela tenía más carácter que su madre. Esto me indica que en esta parte de la familia son las mujeres las que toman las decisiones.

A.- ¿Por qué se separó su abuela de su marido, cuál fue el motivo?

Dice que eran como agua y aceite (sigue sin ser descriptiva; el ser humano está atrapado en explicaciones simbólicas que requieren interpretación).

A.- ¿Qué hacía su abuelo que no le gustaba a su abuela? (insisto).

Dice que era muy despectivo, y por fin describe una escena: Durante la comida, cuando la abuela, o cualquier otra persona, hacía un comentario que el abuelo no compartía, este recriminaba lo que se decía.

Escenario de su separación

A.– ¿Me puede decir cuál fue el motivo de su divorcio? (recordemos que vive sola).

Su respuesta, por primera vez, fue tajante y sin rodeos: «Por lo mismo».

Aplicación de la proyección en sí misma

Las preguntas que tiene que hacerse son: ¿Qué se recrimina la persona a sí misma?, ¿Cómo se ridiculiza la persona a sí misma?, ¿Qué es lo que la persona está haciendo y no quiere hacer, o qué le gustaría hacer? Esto no es algo propio de la consultante, sino que está viviendo, proyectando, una información familiar inconsciente.

La madre no soporta estar con ella misma. Está pendiente de lo que puedan decir los demás sobre lo que ella hace. Evita hacer lo que quiere o siente, para hacer aquello que cree que será visto con buenos ojos por los demás.

La reacción exagerada de la hija –de mi consultante– denota que en el clan fueron y son todos muy sensibles a lo que dicen los demás. Esta información se proyecta en los demás. Buscan la soledad como solución. No tienen conciencia de que sus parejas les proyectan lo mismo. Todas son inquisitivas con lo que ellas hacen.

Toma de conciencia

Mi consultante vive con su madre hasta los treinta y ocho años, cuando se casa, aunque luego está permanentemente vinculada a ella, está atrapada en una relación adictiva con su madre. La hija de mi consultante lleva la misma información, pero ella repara no callándose nada, no permitiendo que su madre se entrometa en su vida. Es una reacción muy exagerada, pero no hay un drama relevante, aunque sí dolor y sufrimiento. Mi consultante vive en el dilema aceptación/rechazo de su madre, una de las características de las relaciones adictivas, y también toma plena conciencia de que nunca ha sido ella misma. Tiene una necesidad inconsciente de ser reconocida y esto lo consigue con la atención que recibe de su madre, al igual que hizo esta con la suya y con su marido. Al estar sola, mi consultante proyecta esa necesidad sobre su hija, que la rechaza. Aquí encontramos la famosa incomodidad de la consulta: su hija es el espejo que le permite reconocerse a sí misma, permitiéndole vivir su vida en plenitud. Llegado a este punto, la persona ha de tomar una decisión: vivir su vida sin esperar aprobación de los demás, sino tan solo de ella misma.

Motivo de la consulta

Una mujer acude a mi consulta y manifiesta que sufre desgaste del menisco y rotura.

A.- ¿Desde cuándo?

El año anterior, con treinta y seis años, fue al médico porque le dolía la rodilla y este le dijo que tenía el menisco roto por desgaste.

Escenario neutro

Mi consultante explica que cuando le diagnosticaron el problema vivía sola con su hija. Y concluye: «Soy madre soltera».

A.- ¿Puede usted aclararme lo de «madre soltera»?

La consultante dice que se quedó embarazada y no sabía quién era el padre. Tenía entonces treinta y un años. Compartía piso desde hacía unos pocos meses con un hombre que en ese momento se dedicaba a la música y estaba de gira por España.

Escenario previo

Busco muy a menudo este escenario para saber de dónde viene la persona, qué información lleva.

Mi consultante llegó a España con veinticuatro años. Hasta los veintiocho vivió con su hermano, compartiendo piso, y desde entonces hasta los treinta y uno fue viviendo en distintos pisos. Relata que mantenía relaciones sexuales con su expareja y con un amante.

A.- Si es tu expareja, ¿por qué no tomas precauciones para no quedarte embarazada?

Mi consultante dice que es una irresponsable. Tilda su conducta de esta manera para darse una explicación satisfactoria. Aquí vemos la programación inconsciente. Ella está haciendo cosas que no tienen ningún sentido, pero no lo puede evitar. Está recibiendo una proyección de sus ancestros que manifiesta en el tipo de relaciones que mantiene. El inconsciente no puede discernir que tiene relaciones con su expareja, ya que para él lo sigue siendo. Lo otro es una justificación.

Escenario crucial, la gestación

Busco el ambiente emocional de su madre, cuando estaba en el período de gestación de la consultante.

Su madre, cuando llevaba treinta años casada y tenía cuatro hijos, se enamoró de su vecino, con el que mantuvo relaciones sexuales.

Como vemos, es la misma historia que la consultante está repitiendo. Aquí tenemos la programación hipnótica: tanto ella como su madre viven con un hombre al que no aman y tienen relaciones con otro.

Resonancia

En su momento, la consultante no hizo los análisis para saber quién era el padre, ya que ambos se desentendieron del hijo, por lo que ella fue madre soltera.

¿Quién repite esta historia? Veamos las resonancias.

La consultante cuenta que su abuela se quedó embarazada de un músico (sin comentarios). Para la familia era una vergüenza y la enviaron al pueblo para que tuviera a su hija sola, y luego su abuela y la hija de esta –que es la madre de mi consultante– fueron tratadas como hermanas por su bisabuela.

Escenario actual

A.- ¿Cuál es la situación en la actualidad?

La consultante cuenta que tiene una hija que deja en casa para que la cuide una expareja de la adolescencia con la que vive, que también es músico. Esto es lo mismo que hacía su abuela con su madre. Se repite la misma historia.

Escenario de estrés

Actualmente la consultante tiene treinta y siete años. Vive con su hija y comparte piso con un amigo, que es una expareja. En este momento la hija tiene seis años. Para el inconsciente esto es una situación en la que hay un padre, una madre y una hija. No está separada, está casada simbólicamente (viven juntos).

¿Cuál es el estrés? Es una temática de pareja. El programa es el mismo que el de su madre; está viviendo con un hombre, pero quiere encontrar un amante. Este es el conflicto del menisco, que está soportando una situación estresante durante un tiempo prolongado, hasta que al final se rompe. El simbolismo podría ser: «Me obligo a soportar una situación no deseada, no quiero doblegarme ante ella».

Reflexión

Cuando mi consultante fue al médico –momento de la rotura– coincidió con el hecho de que había conocido a otra persona (aquí tenemos una predicción).

A.- ¿Qué pasó entonces?

Mi consultante se enamoró de un hombre, pero este no quería tener una relación seria. Esto es así porque la persona no está buscando una relación seria (proyección) sino un amante, como su abuela y su madre (resonancia).

Proyección

Mi consultante sigue proyectando la información de las mujeres del clan: buscar parejas que se comporten como amantes. Recordemos que ella, en este momento, vive con un hombre –que fue su pareja– que ejerce de padre de su hija y con el que no mantiene relaciones sexuales.

Toma de conciencia

Mi consultante se pone a reír de una forma histérica, es una manera en que el inconsciente se manifiesta. La persona percibe de otra forma la situación problemática. Para su inconsciente, el hecho de que busque un amante supone que repite la misma historia que las mujeres de su clan. La pregunta que tiene que hacerse ahora es: «¿Qué quiero hacer con esto?». Para su inconsciente no solo está casada, sino que ha aceptado que el hombre con el que vive es como el padre de su hija (cosa que nuestra clienta confirma). Ante esta situación, la persona puede hacer lo que quiera, pero sin caer en el victimismo.

La ruptura del menisco tiene que ver con la falta de coherencia de la persona, que aguanta una situación en la que no quiere vivir. Para trascenderla no hace falta hacer nada, pero no puede cambiar su experiencia a no ser que cambie su situación actual, su ambiente emocional.

Su semblante, su postura corporal y su sonrisa en la cara denotan un cambio perceptual y un estado de comprensión. Se queda relajada, tranquila, poniéndose de vez en cuando las manos en la cabeza. Comprende que, si quiere cambiar su situación y vivir con una pareja como se entiende normalmente, tiene que desbloquear la situación actual. No hace falta sacar a nadie de casa, pero sí hacerse plenamente consciente de que, para su hija, este amigo es su padre simbólico y tiene que ir con mucho cuidado.

— LA PANTALLA —

Nos estamos proyectando constantemente en lo que yo llamo «la pantalla del mundo». En ella podemos ver las informaciones heredadas de nuestros ancestros, de nuestro árbol genealógico, de mamá y de papá. Nuestras proyecciones acostumbran a ser imágenes especulares: por ejemplo, si yo he tenido un papá maltratador, caben muchas posibilidades de que busque como marido a uno que tenga una de las dos polaridades siguientes:

- Uno que también me maltrate.
- Uno al que yo pueda dirigir y que esté supeditado a mí.

Conocer qué tipo de personas y de experiencias viven conmigo me permite conocerme mejor a mí mismo, y tomar decisiones plenamente conscientes y libres de sentimientos y emociones. Al comprender que las informaciones no son mías, sino que vienen a mí a través del proceso de vibración, de resonancia, puedo gestionarlas emocionalmente de otra manera, es decir, «con plena conciencia».

El gran problema

El gran problema se convierte en la gran solución cuando acepto que estoy o que me siento atrapado en una relación, sea de pareja, de amistad, de trabajo, etc. Te darás muy buenas razones para justificar el hecho de seguir la relación. «Es el padre de mis hijos», «En el fondo, es buena persona», «No quiero hacerle daño», «Hice una promesa cuando me casé con él», «Tendría muchos problemas económicos», «No sabría adónde ir o qué hacer», y un largo etcétera.

Hay una verdad intrínseca en toda relación: cuando te des el poder de terminar con ella, puedes realmente comprometerte con ella. En mi caso, cuando empiezo una relación, del tipo que sea, siempre digo: «Hola y adiós». Es la forma consciente de saber que lo que empieza siempre termina. Debes ser consciente de que tienes el poder de decir «no», entonces podrás decir «sí» a tus relaciones, a tu trabajo y, en definitiva, a tu vida.

Tienes que tener muy presente que tus acciones o inacciones van a tener consecuencias, y, al aceptarlo, tienes el poder de decidir quién quieres ser en todo momento y en cada situación. Esto es libertad emocional, la vida pasa de ser una obligación a convertirse en una oportunidad de ser quien quieras ser en todo momento. Esto es un gran regalo que le haces a la vida.

Y ahora te pregunto: ¿Ya sabes lo que es escoger? Escoger es dejar algo que quieres por algo que quieres más. Tus elecciones serán libres cuando vivas con coherencia y no sometido a la esclavitud de tus justificaciones, que te hacen vivir una vida sin sueños y sin inquietudes; una vida anodina, sin *feeling*, sin estremecimientos, ni vértigos; una vida insulsa atrapada en una aparente seguridad.

— RECUPERAR NUESTRA VIDA —

Somos menos libres de lo que pensamos. Nuestra libertad pasa por recuperar la memoria de nuestros ancestros, darle otro sentido y otra percepción y trascenderla de una forma emocional. Está claro que hay cosas que no se pueden cambiar, pero siempre tenemos el recurso de «cambiar» la forma de verlas y de vivirlas. Este proceso nos permite reescribir nuestra historia, que es el objetivo fundamental del método, consistente en repasar las experiencias vividas bajo otra visión, bajo otro estado emocional.

El proceso se inscribe a través de pasos pequeños para permitirnos alcanzar grandes metas. Esta es la ley de la naturaleza. Se trata de crear muchos pequeños éxitos, para alcanzar el éxito mayor. Lo importante no es fijar los límites; estos aparecen en tu visión de la vida si tratas de alcanzar la meta en pocos pasos.

Para ser más explícito, cuando empecé a ir en bicicleta con mi mujer, al llegar a una gran pendiente, ella siempre decía que era muy pronunciada y muy larga. Mirándola, le hacía ver que no hay pendiente pronunciada y larga que no se pueda subir. Le decía: «Solamente tienes que centrarte, en este caso, en dar pedaladas pequeñas y en tu respiración, y nunca mires hacia arriba». Cada pedalada es un avance, cada pedalada es un instante de éxito que te llevará al éxito mayor. Así funciona cualquier proceso de la vida. Si tienes ansiedad por llegar, estás perdido.

Si este pensamiento lo aplicamos a las relaciones y quieres que estas sean como a ti te gustaría que fueran, te obligarás a no ser tú mismo, o tú misma, para contentar al otro, con el dolor y sufrimiento que eso supone. Si, por el contrario, te abres a la experiencia de compartir tu vida con la otra persona, la relación —dure lo que dure— alcanzará su propósito, que es conocerte a través del otro.

A mucha gente ya no le sirven respuestas metafísicas, como la del karma, la cruz que Dios te ha enviado o la situación de las estrellas cuando uno nació. Ni siquiera que el «destino» esté tajantemente marcado. Cuando tomamos plenamente consciencia de los programas heredados, podremos tomar decisiones coherentes emocionalmente, reescribiendo de esta forma nuestras vidas y liberándonos de estos programas que nos maniataban. Entonces el «destino», la dirección o flecha de movimiento cambia radicalmente. Nuestro trabajo consistirá, a partir de este momento de luz, o de despertar, en tomar decisiones coherentes, sin culpabilidades y victimismos, conscientes de que estábamos proyectando informaciones en la pantalla de la vida.

Este es mi trabajo y el de este libro, permitir a sus lectores recuperar su vida, haciendo conscientes los programas inconscientes de sus ancestros, las proyecciones de sus padres, y que dejen de victimizarse y sentir culpa por hacer aquello que no quieren hacer, pero que se sienten obligados a hacer.

Hay que dar a las personas los recursos necesarios para evitar repeticiones innecesarias, que «gobiernan» sus vidas de una forma inconsciente. Muchas veces estas informaciones se manifiestan en nuestro cuerpo en forma de dolor y enfermedades. Vendría a ser el lenguaje silencioso del cuerpo, del inconsciente biológico. Cuántas veces no habré visto a lo largo de todos estos años mujeres que no consiguen quedarse embarazadas y, estudiando e indagando sus programas inconscientes, encontramos bloqueos psicológicos que se expresan en su biología.

Veamos un ejemplo de proyección de parentalización, un concepto que ya traté anteriormente, en el capítulo sexto.

Motivo de la consulta
Una mujer manifiesta que tiene alopecia.

Escenario neutro
Vive en París con una familia francesa que consta de una señora que está casada por segunda vez, dos hijas del primer matrimonio y una del segundo. Estudia árabe en un instituto especializado.

Nuestra clienta es abogada, le interesa el tema de la inmigración y por ello estudia árabe. Ella se siente «Teresa de Calcuta», y está interesada en hacer justicia.

Escenario de estrés
El síntoma empieza a los treinta y dos años. Está estudiando el Grado en Educación Primaria... aunque no sabe si se está equivocando (no tiene identidad). Ha estudiado Derecho. Por su letra, muy pulcra y cuidada, parece que tiene que mostrarse muy bien al mundo.

A.- ¿Cuál es el estrés en este escenario?

Nos cuenta: «Recibo una llamada de mi hermana, diciéndome que tengo que regresar por temas fiscales y comprar un piso en una ciudad». Ella –mi consultante– es cabeza de clan, es la jefa de todos, no hay decisión familiar que no se le consulte.

En estos momentos está en París, no ingresa dinero y no encuentra trabajo porque está enferma. Cuenta que, antes de llegar a París, sufría trastornos alimentarios que se terminaron en cuanto llegó a la capital, pero entonces empezó a tener hemorragias menstruales.

Reflexión
Vemos que, al cambiar el ambiente, cambia la expresión del conflicto emocional a otro síntoma biológico; cambia la enfermedad.

Cuando su hermana la llama, se pregunta por qué no tomó el avión y volvió (rechazo inconsciente). La familia la ve como la jefa del clan. Su padre es como su hijo. Ella es como un fantasma, que tiene que estar sin estar, tiene que hacer sin hacer... tiene muchas identidades y ninguna; es como si fuera adquiriendo muchas cosas y las mezcla todas. Tiene una gran pérdida de identidad.

Toma de conciencia
Si tiene la capacidad de ponerse en una identidad y desarrollarla, tiene también la capacidad de discernir. Cuando tienes la capacidad de hablar muchos idiomas, puedes ponerte en la piel de muchas personas. Ella tiene dotes de mediación. Tiene que aprender a estar en el mundo sin estar en el mundo, porque empatiza demasiado con las personas con las que interactúa. Ella vive más la vida de los demás que la suya propia. Se siente la gran protectora.

Su alopecia tiene un significado simbólico de «cabeza de clan», cosa que ella rechaza. Su lealtad invisible, su síndrome de parentalización, actúa constantemente. Está atrapada en dos direcciones, la lealtad familiar, ser cabeza de clan, y su vocación de liberar a las personas de sus desplazamientos y desarraigos. La vocación y la lealtad son el mismo programa mostrado como polaridades complementarias.

Su solución pasa por integrar a ambas y vivir su propia vida sin culpabilidades, dejando que cada miembro de su familia se responsabilice de su propia vida y así liberarlos de la dependencia hacia ella. Debe tomar conciencia de que su proteccionismo no beneficia a nadie.

— REFLEXIÓN FINAL —

Muchas veces, cuando las personas ven y entienden lo que acabo de explicar, me preguntan: «¿Esto es muy difícil?». Y yo les contesto: «¿Qué es muy difícil...?»:

- ¿... perdonar a los demás?
- ¿... comprender que todo es uno?
- ¿... dejar el control?
- ¿... dejar de desear que los demás cambien?

- ¿... dejar de desear que las cosas sean como tú quisieras? ¿No será tu resistencia a cambiar tú?

Les recuerdo una vez más:

- Cuando hables del otro, que sea como tu espejo.
- Pregúntate qué hace esta persona en tu vida. ¿Qué te refleja?
- Tú eres una polaridad, el otro es la otra.
- ¿Eres consciente de que te estás proyectando?
- ¿Recuerdas que te resistes a reconocerlo?

Cambia tú y cambiará tu universo.

• RECORDEMOS •

- Nuestro poder es desarrollar nuestra conciencia individual para alcanzar mayores niveles de manifestación o de evolución.
- ¿Cómo podemos entonces «ver» a los demás? Primero nos tenemos que reconocer a nosotros mismos, honrarnos, aceptarnos, respetarnos... pues, al hacerlo, podremos «ver» a los demás y reconocernos en sus ojos.
- Ser conscientes de nuestros estados emocionales y de los síntomas que nos producen nos permitirá reaccionar de otra manera ante un evento parecido.
- Las situaciones y las acciones no son buenas ni malas, lo importante es que las vivamos sin juicio.
- Todo proceso se inscribe a través de pasos pequeños, para permitirnos alcanzar grandes metas. Esta es la ley de la naturaleza.
- Cuando te sientes solo, es que no estás contigo mismo.
- En toda relación, cuando te das el poder de terminar con ella, te puedes comprometer, pues ya eres libre.
- Desarrollar la ternura, la amabilidad y la bondad es garantía de salud mental y física.
- No puedo cambiar los acontecimientos, pero sí la forma de vivirlos.
- No son las circunstancias ni los demás los que nos hacen sentir como nos sentimos, sino nuestra manera de procesar estos datos, seamos o no conscientes de ello.

CAPÍTULO X

DE VÍCTIMAS A MAESTROS

Las experiencias más dolorosas son las que tienen mayor poder de transformación.

....

La vida es una experiencia, uno tiene el «poder» de decidir cómo vivirla, de darle un sentido que puede transformarla y sentir que su vivencia es un ejemplo para aquellos que sufren y no encuentran la salida a su sufrimiento y a su dolor.

....

La intención de este capítulo es acompañar en el desarrollo de la resiliencia, de la capacidad de ser fuerte emocional y psicológicamente, de saber superar las adversidades y afrontar con determinación los problemas de la vida.

El guerrero pacífico (el film de Victor Salva) está basada en una historia real y es un magnífico ejemplo de resiliencia. Su protagonista, Dan Millman, ha sufrido un accidente de moto. La pierna se le ha partido en varios trozos y tienen que ponerle titanio para sujetarlos. El diagnóstico médico es de extrema gravedad: le será muy difícil poder andar y queda descartado para volver a practicar la gimnasia deportiva, especialidad en la que era una figura de gran proyección para los juegos olímpicos.

En una escena, Dan se muestra hundido anímicamente, después de esforzarse mucho para poder andar y volver a subirse a las anillas. El comité olímpico le pregunta a su entrenador si Dan puede seguir compitiendo. El entrenador, sin tan siquiera haber visto a Dan, responde que no, que no se arriesgará a que se caiga y no pueda volver a andar jamás.

Pero en un diálogo que mantienen Dan y Sócrates, su mentor espiritual, podemos comprobar dónde está la clave de la superación:

DAN.– No sé qué hacer ahora.

SÓCRATES.– Primera acción de un guerrero consciente... No saber.

DAN.– (*se echa a llorar*) ¿Qué me está pasando? Nunca lloro.

SÓCRATES.– Pues ahora sí.

DAN.– Me violenta.

SÓCRATES.– Las emociones son naturales, como los cambios de tiempo.

DAN.– ¿Qué haces cuando pierdes todo lo que da sentido a tu vida?

SÓCRATES.– Todo en la vida tiene un propósito, incluso esto, y depende de ti descubrirlo. Tu entrenamiento empieza en la segunda fase, buscar las respuestas a tus preguntas... desde tu interior.

Veamos algunos de los consejos que Dan recibe de Sócrates:

- «Un guerrero no se rinde ante lo que le apasiona... encuentra el amor en lo que hace.»
- «Saca de la cabeza todo lo que no necesitas, te sorprenderás de todo lo que puedes hacer. Las verdaderas batallas se libran en el interior.»

Al igual que le ocurre a Dan, este capítulo tiene por objetivo ayudarte a sacar tu guerrero interior, a encontrar esta fuerza que todos tenemos y que nos permite sobreponernos a las situaciones más duras que nos puede deparar la vida.

— LA RESILIENCIA —

La resiliencia, según la definición de la Real Academia Española, es «la capacidad de adaptación de un ser vivo frente a un agente perturbador o un estado o situación adversos»; o dicho de otro modo: la capacidad humana de asumir con flexibilidad situaciones límite y sobreponerse a ellas. Aunque yo me atrevería a añadir algo más: dicha capacidad también nos permite salir fortalecidos de esas crisis o situaciones traumáticas.

¿Qué hay en la psique de las personas que, frente a las mismas circunstancias estresantes, reaccionamos de formas tan diversas?

Los acontecimientos más normales —por decirlo de alguna manera— que pueden provocar un giro radical en nuestra vida serían aquellos que se repiten en muchas personas, tales como un accidente, un divorcio, la muerte o enfermedad grave de un familiar, la pérdida de un trabajo o simplemente ver cómo se esfuma un sueño. Ante estas situaciones, solamente tenemos dos opciones: dejarnos ir, abatirnos, sumirnos en estados melancólicos o depresivos, en definitiva, dejar de vivir; o, todo lo contrario, afrontar la situación, vivir con el dolor, pero sin dejar que nos hunda, mirando a nuestro alrededor, aprovechando las posibilidades que pueden abrirse al día siguiente y, por tanto, salir fortalecidos. La primera opción es la del victimismo, y la segunda, la de la maestría. Estas opciones están solamente en ti y todos tenemos la capacidad de desarrollar la fuerza y la entereza para seguir adelante y convertirnos en una persona que sirva de referente a otras que atraviesan por situaciones parecidas o ya las han vivido. En este apartado voy a dar algunos consejos y actitudes para desarrollar esas capacidades y vivir una vida con más sentido y coherencia emocional.

La capacidad de desarrollar la resiliencia tiene que ver directamente con tu cuna emocional. Hay personas que han tenido unos referentes en sus padres que les han permitido aprender, de forma casi innata, recursos para afrontar los problemas de la vida; por lo contrario, en otras se han repetido las quejas constantes y conductas de victimismo y de pasividad. Tal como vengo desarrollando a lo largo de este libro, no debemos olvidar que hemos heredado creencias y valores —información— que nos hacen vivir ciertas circunstancias igual que las vivieron nuestros padres y abuelos.

— DESARROLLAR LA RESILIENCIA EN NUESTROS HIJOS —

He compartido muchas veces que mi máxima preocupación son los niños, pues ellos son los que van a proyectar en sus vidas, y por lo tanto en el mundo, nuestros deseos, nuestros traumas y toda la información que lleva nuestro inconsciente colectivo y familiar. El cambio que tanto deseamos en el mundo o se hace desde la «semilla» que florece en el útero materno, o no florecerá jamás.

Mi trabajo emocional es enseñar a los futuros padres la importancia de la cuna emocional. La información del padre y de la madre que se unen en el instante de creación puede ser transformada en función del desarrollo de sus conciencias. Su coherencia, su compromiso, en definitiva, su estado emocional, serán los catalizadores que permitirán al nuevo ser desarrollarse en su vida, según haya sido este instante de poder de la naturaleza.

Los hijos se «amamantan» de las emociones de los padres hasta un punto que muchos padres no llegan ni a imaginarse. Lo que hablamos, lo que sentimos, lo que ocultamos, nuestros anhelos secretos y nuestros deseos más profundos alimentan la psique inconsciente de nuestros hijos. La manera en la que afrontamos nuestras dificultades, la forma de gestionarlas y cómo las vivimos van a conformar un *software* que se manifestará en su debido momento cuando ellos —los hijos— repitan los ambientes y condiciones parecidas a las que vivimos nosotros, los padres.

Una de las conductas más comunes de uno o de los dos progenitores es la sobreprotección, que vendría a ser un exceso debido a nuestro «amor» y que nos genera miedo a que les ocurra algo malo, limitando de esta manera que encuentren recursos para un futuro que está más cercano de lo que pensamos. La sobreprotección, lejos de ser algo positivo, se convierte en una debilidad. Los hijos que han vivido esta «violencia de amor» acaban pagando un peaje muy elevado cuando son adultos. Esto no quiere decir que tengamos que abandonarlos a su suerte, más bien al contrario, hay que dejar que ellos mismos descubran sus límites, que los expandan sin miedo, sabiendo que los padres seguimos estando ahí. Debemos enseñarles que, detrás de cualquier experiencia desagradable, se esconde una enseñanza y que es el momento en que se hagan preguntas como: «¿Qué puedes aprender de esto?» o «¿Qué puedes sacar de bueno de esto que ha ocurrido?».

Veamos un ejemplo de cómo unos padres pueden «castrar» a los hijos:

Motivo de la consulta

«Me encuentro con personas que me desprecian», manifiesta mi consultante.

Aclaración previa

A la hora de entrar a la consulta grupal –consulta a la que asisten varias personas a la vez y que son observadas por los alumnos– me fijo en una mujer que está sentada al final de la clase, haciendo movimientos erráticos con el formulario que debe rellenar con sus datos para la consulta. Cuando voy a empezar la consulta, la señora deja el formulario en la silla de delante, donde las personas que vienen a la consulta se sientan. Le pregunto si es una alumna. La persona, dubitativa, responde que es una alumna y que acude para ver las consultas, y acto seguido se vuelve a sentar al final de la clase.

En los prolegómenos, pongo al corriente de cómo se va a realizar la sesión, puntualizo cómo va a ser la consulta y cuál va a ser la dinámica, también para dejar muy claro cuáles son las conductas que se espera de los asistentes. De repente, la mujer se levanta de su asiento y viene a sentarse a una silla de delante. Debo aclarar que, en una consulta grupal, asisten alumnos que han terminado la formación y docentes para actualizarse. Sorprendido, le digo: «¿No decías que eras alumna, qué haces ahí sentada?». La mujer responde que le da vergüenza sentarse delante. En mis notas, ya me había dado cuenta de que me faltaba un cliente, a veces ocurre que hay una baja de última hora, y leo que el motivo de su consulta es: «Me encuentro con personas que me desprecian».

Le digo: «Lo que acabas de hacer es un ejemplo perfecto del motivo de tu consulta. ¿Ves cómo te desprecias a ti misma? Con esta conducta que acabas de realizar, tendría que invitarte a que te fueras, y ello reafirmaría tu creencia de que siempre te encuentras con personas que te desprecian, que, en este caso, sería yo. Pero quiero que aprendas la primera lección: los demás siempre reflejan la forma en la que uno se trata a sí mismo».

Empiezo las consultas, dejándola a ella para el final, con la intención de que fuera observando la dinámica. Cuando le toca el turno, la apremio: «Ahora que ya has visto las consultas y cómo funciona el método, ¿cómo redefinirías el motivo de tu consulta?».

Motivo de la consulta

«El motivo de mi consulta bien podría ser, simplemente, "me desprecio"».

En este momento empiezo diciéndole: «¿Cómo te desprecias concretamente?».

No contesta. Está claro que aplica la lección dada por comprensión cognitiva. Voy a indagar cuál es el contexto y los diversos escenarios.

Escenario neutro actual:

«Tengo cuarenta y cuatro años, estoy casada desde los veintiocho años, y tengo una hija de ocho años», dice la consultante.

Escenario de estrés actual

La mujer dice que no trabaja, su marido sí y que les cuesta llegar a final de mes. Dice que los estafaron anteriormente. El estrés parece ser el dinero.

Averiguo que cuando se casaron se fueron a vivir a un apartamento que se encuentra encima de la casa de sus suegros. También me doy cuenta de que su marido está «secuestrado» por su madre. Aplico el principio de complementariedad: si su marido está secuestrado por su madre, hay muchas probabilidades de que ella –la consultante– lo esté por la suya. Indago, voy a otro escenario.

Escenario cuando era joven

«¿Es esto así?», le pregunto.

Ella cita textualmente: «Mi madre me ha jodido la vida». Cuenta que no le dejaba salir a la calle, que la ha tratado, desde siempre, como a una niña pequeña, etc.

Una madre que trata así a un hijo no es por casualidad. Hay informaciones que se repiten (resonancias).

Resonancia

Indago en un escenario muy importante, relacionado con el ambiente emocional de cuando la consultante es pequeña, y el referente «padre» tiene relevancia.

«¿Dónde está tu padre? ¿Qué relación tiene con tu madre?», pregunto.

La consultante muestra un escenario en el que ella tiene unos ocho o nueve años. Su padre ha realizado turnos en el trabajo, pues alternaba el de mañana con el de tarde o el de noche; le avisaban con poca antelación y le cambiaban continuamente los turnos, por lo que estaba siempre cansado. Para su madre, su padre nunca estaba, porque no se podía contar con él para nada.

Proyecciones

Con el fin de buscar complementariedades, paso a analizar el «espejo», que es su suegra. El inconsciente no diferencia entre la madre y la madre política. Recordemos el efecto «pantalla del mundo» que hemos explicado anteriormente.

Le pregunto: «¿Qué tipo de relación tienes con tu suegra?».

Dice, y cito textualmente, que su suegra «les ha jodido la vida». De nuevo lo mismo y con la misma expresión sobre lo que piensa de su madre. Es la misma información la que está proyectando en ambas.

Reflexiones

Recordemos, una vez más, que el inconsciente no es dual, no diferencia entre la madre de ella y la madre de su marido. La información siempre se complementa, pudiéndolo hacer de una forma polarizada o, como en este caso, directa.

Escenario actual con su madre

Le pregunto a mi consultante: «¿Cómo es la relación con tu madre?».

Contesta que su madre la llama mucho por teléfono, y ella quiere dejar de hablar con ella, pero no lo hace. Está en situación de hipnosis, pues mi consultante siempre ha estado sometida a su madre; esta no le dejaba hacer nada y siempre la corregía.

Reflexión

La información se almacena, «momento semilla», desde edades muy tempranas y en el seno materno. La voz de su madre vendría a ser como una «orden» hipnótica a la que la persona debe someter su voluntad.

Sigo con el acompañamiento.

Escenario ya casada

Ella nos sitúa a los 38-39 años, su hija tiene 8-9 meses, vive en una casa que está cerca de la de sus suegros, con su marido y su hija. Su suegra quiere entrar en casa, aporrea la puerta hasta que le abren y, cuando entra, empieza a gritarles diciéndoles que no entiende que estén tan cansados para no pasar tiempo con ella. La suegra siempre quiere quedarse en su casa.

«Yo quiero que se vaya, porque estoy muy cansada y no tenemos nada de intimidad», sigue narrando. La suegra se enfada y grita. «Mi marido no hace ni dice nada, está totalmente "castrado" por su madre.»

Escenario actual

«¿Cuál es el estrés en casa?», le pregunto.

Mi consultante dice que ha querido separarse de su marido en varias ocasiones.

«¿Por qué?»

Ella contesta que no le aporta lo que ella quiere.

«¿Qué no aporta?», insisto.

Mi consultante dice que no aporta dinero, trabaja de administrativo.

«¿Qué más no aporta?», digo para profundizar.

No contesta, está bloqueada. Estamos llegando al quid del problema. Busco otra entrada en su laberinto.

Escenario más actual

Veamos otro escenario en el que ella tiene cuarenta y dos años. Pregunto: «¿Qué pasa para que te quieras separar de él? ¿Qué no hace?».

Dice que no se implica en las tareas de la casa. Normalmente, trabaja de siete de la mañana a tres de la tarde, y cuando sale del trabajo le gusta hacer deporte.

Proyecciones dentro de este escenario

–¿Qué te gustaría que hiciese él? –pregunto.

–Que saliese a comprar, por ejemplo –responde mi consultante.

Aquí hay que dejar muy claro que mi consultante no trabaja y dice que tiene que asumir muchas responsabilidades en casa.

– ¿Qué más no te gusta de tu marido? –sigo indagando.

–No hace nada en casa –repite mi consultante.

Hay que llevar a la persona a confrontar lo que dice con lo que hace.

Reflexiones para que vea su incongruencia

Le hago reflexionar acerca de que su hija ya es mayor, y que ella puede aportar algo de dinero en casa, realizando algún trabajo extra mientras la niña está en el colegio, por ejemplo. Ella tiene tiempo de ir a comprar y hacer las tareas de la casa, entre otras cosas. En definitiva, le hago ver que tiene tiempo libre.

Ella me mira con cara de no entender nada. No sabe qué contestar. Esto reafirma hasta qué punto se encuentra en «modo programa», en «modo hipnosis».

El hecho de que su marido no haga nada en casa no es importante en este caso, por lo menos no tanto para que sea considerado un motivo de separación. Esto es un exceso, una exageración, una resonancia que tiene que ver con una información familiar.

Sigo con la indagación, pues donde hay un «exceso» está la puerta de acceso al conflicto arraigado en un programa inconsciente.

El padre de mi consultante tiene ahora problemas de salud y su madre está pendiente de él. Su madre siempre se ha ocupado de la casa, igual que la consultante, poseyendo a sus hijas como ya hemos averiguado. Esta es la hipnosis que tiene la clienta, repite la historia de su madre. Su hermana, mayor que ella, siempre ha vivido con los padres, está «abducida» por ellos, en palabras de la consultante. Esta, aun así, sigue queriendo mantener el contacto con ellos para que, por lo menos, hablen con su hija. Dice que no la ve tan mala persona, al referirse a su madre, a pesar de que ya ha comentado anteriormente que le ha «jodido la vida». Está en permanente contradicción. Le recuerdo que su hermana, que es mayor que ella, no tiene ni ha tenido pareja, vive con sus padres y nunca ha vivido por un instante su vida. Le recuerdo que sus padres no son ni buenos ni malos, ellos también están desarrollando conductas programadas.

Toma de conciencia

La hipnosis de mi consultante es la queja constante de su madre para con su padre; que es la misma queja que tiene la consultante sobre su propio marido. Es lo que esta última ha vivido desde siempre.

La persona comprende que el camino que debe tomar es vivir su vida con su marido, no con sus suegros ni con sus padres. Pero lo tiene que hacer no desde la obligación, sino desde el respeto y la coherencia consigo misma. El respeto y la comprensión hacia sus padres son fundamentales. También tiene que entender que sus responsabilidades, que tanto aduce como justificación, forman parte de su programa, pues, si su hija ya tiene nueve años, ella puede hacer muchas cosas, sobre todo aportar algo de dinero en casa.

— CARACTERÍSTICAS DE LAS PERSONAS CON RESILIENCIA —

Las personas resilientes suelen reunir las siguientes características:

- Afrontan los problemas con serenidad, reflexionan antes de tomar una decisión, saben escuchar sus sentimientos y sus emociones; tienen plena conciencia de su poder interior.
- No se dejan abatir por las circunstancias adversas. Se levantan tantas veces como haga falta. Aprenden de cada experiencia. Desarrollan una flexibilidad mental para adaptarse. Siempre están dispuestas a cambiar.
- Son personas con gran sentido del humor. Saben dar la vuelta a una situación muy dramática, son oportunas y nunca desconsideradas, pues empatizan muy bien con el dolor ajeno. Esto no quiere decir que se dejen llevar por los sentimientos y emociones de los demás, sino todo lo contrario, se ponen rápidamente en el sitio de la persona ofreciéndole otra visión de la «realidad».

  Un ejemplo sería el de un cliente que ha tenido un cáncer de testículo. Estamos analizando e indagando juntos los diversos escenarios y los programas ocultos cuando, de repente, toma conciencia de la esencia del conflicto. Entonces le digo: «Esto que has descubierto te ha resultado muy caro: te ha costado un cojón»; y él rompe a reír a carcajada limpia. Aunque cueste creerlo, esto es fundamental para reescribir la experiencia, pues un cambio de emoción es la condición *sine qua non* para poder hacerlo.

- Son tenaces y a la vez flexibles, y buscan la mejor manera de actuar, pues tienen una gran capacidad de observación y saben «navegar» con todos los vientos.
- Saben vivir en la incertidumbre y están abiertos a cualquier posibilidad, pues tienen plena conciencia de que el control nunca es posible, este es una ilusión, un engaño de la mente dual, la mente que se cree separada de todo y de todos. Vivir en la incertidumbre es una mente abierta a cualquier posibilidad, sabedora de que dejar el teórico control es un acto de sabiduría y de conocimiento.
- Saben moverse en las diversas polaridades y posicionamientos. Saben ponerse en el lugar del otro, tienen plena conciencia de que las cosas que muchos llaman «malas» encierran muchas maestrías y potencialidades. Para estas personas no existen cosas buenas y malas, y sí cosas adversas y cosas que son favorables. Aprenden que la maestría se adquiere en las adversidades, tal como reza la frase: «Nunca un mar en calma hizo buenos marineros».
- Saben cuándo abandonar y cuándo un proyecto ha llegado a su fin. Recogen la sabiduría obtenida y se proyectan hacia otro camino. El cambio es una cualidad de la vida, es la vida misma. Todo tiene un principio y un final.
- Cuidan su cuerpo, para tenerlo preparado ante cualquier eventualidad que la vida les depare. Es un estar siempre presto y listo. Como alguien dijo: «Cuando creas que has llegado, anda una milla más».
- Viven con una mente de conciencia de unidad. Son personas que viven en el presente, en el aquí y en el ahora. Saben que el sentimiento de culpabilidad es un lastre de la mente dual, todos cometemos errores y son la esencia de la maestría. Saben aplicar la «rendición» en su vida, que nunca confunden con la resignación. Reconocen que lo que les ocurre les incomoda, aceptan la situación y procuran moverse para transformar esta incomodidad. Desarrollan una conciencia plena de vivir en la presencia.

Los sueños están en las estrellas. Los sueños siempre son las inspiraciones que la inteligencia universal nos envía. Nunca estamos desconectados, el interruptor es la culpabilidad, cuando esta aparece entonces el ego domina nuestra voluntad.

— LA DISTANCIA EMOCIONAL —

Cuando alguien toma conciencia de su problemática, que, como vengo diciendo, tiene un marco de relación interpersonal, la pregunta que se manifiesta es: ¿Qué tengo que hacer? Y el dilema que surge al instante es si debo alejarme, poner distancia física, «bunkerizarme», o permitir la injerencia constante de la persona o personas en cuestión.

Cuando uno comprende que la otra persona es su complementario —el efecto espejo—, comprende también que oponerse, someterse, resistirse, luchar o huir no tiene ningún sentido. El inconsciente no percibe distancia física, ni resistencia, ni pasividad; el inconsciente solamente vive la emoción, tu atención. La persona debe buscar el equilibrio entre las polaridades, rechazar, poner distancia o ser permisiva.

Esta tensión la vive una mente dual, porque cree que para encontrar la solución debe conseguir que desaparezca una de las polaridades. El rechazo, lejos de aislarte, refuerza tu juicio y te consume.

Debo dejar muy claro que no estoy promoviendo la distancia física, porque esto supondría caer en la trampa de la dualidad. Lo importante, lo más importante, es que, hagas lo que hagas, no te dejes embargar por la emoción. Lo que ocurre es que, muchas veces, para conseguir esta distancia emocional, se hace imprescindible poner una distancia física con la persona o situación problemática para evitar la influencia —hipnosis— que puedas sufrir.

La distancia física permite al individuo aislarse emocionalmente y sustraerse a los efectos de anclajes inconscientes. La distancia física le permite entrar en el centro, cuestionarse, buscar el equilibrio emocional, evitar juicios y conductas redundantes, que caen muy fácilmente en la justificación. La distancia física y el afecto o peligro están inextricablemente ligados, porque el principio de que «distancia es igual a seguridad» está profundamente arraigado en la composición biológica de los seres humanos.

Juzgar es engañarse a uno mismo
con sus propios conceptos.

Veamos un ejemplo aclaratorio de lo que estoy exponiendo:

Es el caso de una consultante que, además, viene realizando varios cursos o seminarios en mi institución. Estamos en un seminario poniendo en práctica lo aprendido del método de Bioneuroemoción.

Motivo de la consulta
Expone que «odia a su madre». Su gran estrés consiste en que no se la puede sacar de encima.

Escenario concreto a cualquier edad
Analizamos una situación concreta, para dejar muy claro lo que quiere decir con que «no se la puede sacar de encima». Ella nos relata la situación: «Invito a mi madre a que venga a pasar unos días en mi casa porque es Navidad».

Reflexiones
Siempre procuro, al comenzar, que mi consultante reflexione para buscar la incongruencia.

«¿Cómo es que invitas a una persona, aun odiándola, a tu casa en un día tan especial?», le pregunto.

Por supuesto no obtengo respuesta, porque ella sabe que cualquier cosa que me diga estará en el orden de la explicación y/o de la justificación. Mi objetivo es hacerle tomar conciencia de que está sumida en una incongruencia. Es evidente que a mí no me importa que su madre vaya o no a su casa. Pero le hago reflexionar en que, con su actitud, se está confrontando a sí misma y está creando una disfunción emocional que, tarde o temprano, acabará manifestándose en su biología.

Seguimos con el escenario

«¿Qué pasó?», pregunto.

«Ella no solo estuvo unos días, sino ocho meses. No quería irse», me cuenta la consultante.

Mi sonrisa y la de sus compañeros se hacen patentes en la sala.

Reflexiones

«Como podéis ver –digo, dirigiéndome a todos los alumnos–, tenemos el ejemplo perfecto de incongruencia y de justificación. Pensamos que la culpa de esta situación la tiene el otro, pues la madre es la que no quiere irse. Desde una visión no-dual, el otro lo único que hace es reflejar nuestro estado emocional; en realidad, no es que la madre no quiera irse, es la hija quien, en su inconsciente, no la deja marchar. Es la hija quien la retiene emocionalmente, es la hija la que está en una incongruencia, en una contradicción; es la hija quien no perdona, la que no pone distancia emocional. Es la hija la que tiene atada a su madre a ella, gracias a una tremenda fuerza emocional que se llama "odio".»

Escenario actual

Actualmente, según me cuenta ella, mantiene una distancia física, un rechazo, un aislamiento, pero empieza a tomar conciencia de que permanece atada a ella, que tiene que trascender esta emoción tan anquilosante que no la deja vivir.

Toma de conciencia

No sirve de nada aislarse físicamente, si antes no se ha encontrado el equilibrio emocional. Puedes distanciarte de esa persona, pero mentalmente –que es lo único que entiende el inconsciente– seguirás atado a ella.

La comprensión es el primer paso para liberarse de estados emocionales tóxicos y permitirse vivir sin apegos y relacionarse con los demás desde esta visión de que todo está conectado y que cada uno es el espejo del otro. Desde este punto de no injerencia, uno puede vivir un estado de equilibrio emocional.

No amas a quien tratas de aprisionar.

— LA COHERENCIA EMOCIONAL —

Cuando alguien se pregunta qué es la coherencia emocional, pueden surgir muchas dudas y sobre todo una confrontación de valores y de creencias que luchan entre sí para ser las prioritarias.

¿Alguna vez te has planteado si tus pensamientos son tuyos? ¿Alguna vez has pensado que tus palabras y tus razonamientos son tuyos? ¿Estás seguro, o estás segura, de que son *sui generis*? Si entendemos como «coherencia emocional» el hecho de hacer aquello que uno siente y desea hacer, ¿por qué es tan difícil llevarlo a cabo?

¿Hace falta hablar de coherencia, cuya base siempre es emocional? Pienso que, lamentablemente, sí. Si queremos algún día alcanzar la libertad emocional, que es el propósito de este libro, tendremos que indagar en nuestro inconsciente para saber qué es lo que nos impide vivir nuestra vida sin contrasentidos.

Cuando tienes que tomar una decisión, observa tu mente, comprobarás que no para de generar opiniones y pensamientos, hay una manifestación de ideas y sobre todo hay una explosión de emociones que luchan entre ellas para sobresalir.

Hagámonos otras preguntas: ¿Soy yo el que pienso o son lo que yo llamo «mis pensamientos», es decir la información que está en mi inconsciente?; y si es así, ¿quién o qué los puso allí?

A lo largo de todo el libro he ido explicando que «no nacemos como si fuéramos un papel en blanco», nacemos con nuestros traumas, con nuestras neurosis, con unas «semillas» de información que solamente necesitan del ambiente adecuado para brotar y manifestarse en nuestra mente. Esta información la heredamos de nuestros ancestros, de nuestras familias, y conforman un gran entramado de ideas y de experiencias que llamamos «creencias».

Siempre recordaré las palabras de mi padre —de ideas religiosas fundamentalistas—, cuando hablaba de la religión que él profesaba: «Si hay tantos millones de personas que creen lo mismo, seguro que tiene que ser verdad». Yo le contestaba, no sin que él dejara de fruncir el ceño: «Es verdad para estos millones de personas, pero no lo es para mí».

¿Qué es lo correcto? Para mí solo hay una respuesta, y es muy simple: lo que dicte mi corazón, no mi mente. Pienso y siento que en el corazón se hallan las respuestas adecuadas para cada momento y para cada situación. Sin embargo, no se puede confiar en la mente porque está atiborrada de razones, de buenas intenciones y de no tan buenas. Es un pozo sin fondo de justificaciones, de palabrerías, y es impulsora de actos que no se pueden justificar jamás, actos de valores que solo están en la mente de los hombres y no en la naturaleza, que no entiende ni de patria, ni de bandera, ni de naciones, ni de fronteras, ni de religiones. Nuestra variedad, las diferentes formas de manifestar la información inconsciente debido a la cultura, a las religiones, a las creencias ancestrales, etc., es la prueba del potencial infinito de la naturaleza. La variedad, lejos de separarnos, debería unirnos y alegrarnos.

Ya que me estoy refiriendo al corazón como el centro neurálgico de nuestras decisiones, y sobre todo de nuestra coherencia, querría mencionar el Instituto HeartMath, que nos habla de la inteligencia y de la coherencia del corazón. Nos habla del campo electromagnético que sale de nuestro corazón y de la importancia que tiene para nuestra salud. Cuando sentimos rabia, ira u odio, las señales electromagnéticas procedentes del corazón son muy caóticas. Si sentimos emociones, como la compasión, el cuidado y la gratitud, se observa un campo muy diferente, un campo coherente que beneficia la salud.

Este campo electromagnético es similar al que tiene la Tierra y el que nos protege de la radiación solar. Haciendo un símil, puedo decir que el campo electromagnético de nuestro corazón nos protege de las influencias disonantes, de campos de otros corazones que no están en coherencia. Nuestros corazones se unen y empatizan con los corazones de otras personas, sobre todo cuando estamos en «modo compasión», y se cierran cuando estamos en «modo rechazo», en «modo rabia, ira u odio».

En el corazón se encuentran cuarenta mil neuronas, que no son muchas si las comparamos con las que tiene el cerebro y hasta con las que tienen nuestros intestinos. La inteligencia del corazón es muy rápida y de naturaleza intuitiva. Es la que nos da la guía, la orientación que necesitamos para tomar decisiones. Lo lamentable es que muchas veces perdemos la conexión con esta inteligencia que se ocupa de nosotros y de los demás.

El corazón es un órgano eléctrico, manda señales a todas las células de nuestro cuerpo y, además, crea un campo que envuelve a todo nuestro cuerpo y que cambia según las emociones que estemos experimentando. El estrés tiene un impacto nocivo para nuestro campo electromagnético, y por supuesto para nuestra salud. Cuando nuestras decisiones son coherentes con nuestro corazón, nos sentimos en paz, hay una «dicha» interior. Somos coherentes, no nos engañamos y no engañamos, y esto se traduce en una limpieza de campo, limpieza literal porque en tu vida desaparecen personas y situaciones que te estaban intoxicando. No hay culpabilidad, aun cuando los que no están en coherencia con nosotros hagan todo lo posible para que hagamos lo que ellos creen que deberíamos hacer.

Cuando estamos en coherencia con los dictados de nuestro corazón, nos sentimos mejor, pero para mí lo más importante es que se produce una apertura de conciencia, que nos hace sentir que estamos conectados con un todo, con la vida. Es muy importante alinear nuestra mente con el corazón, y una ayuda para conseguirlo es autoindagar qué es lo que bloquea esta conexión. Por eso vamos a adentrarnos, una vez más, en las creencias que bloquean esta conexión mente/corazón.

He aprendido, desde hace mucho tiempo, que repetir ciertas enseñanzas, ciertas lecciones, es importante para tomar conciencia.

— LAS CREENCIAS IRRACIONALES —

Debemos entender por «creencias irracionales» aquellas que condicionan nuestra vida, las que bloquean nuestras decisiones y, sobre todo, las que nos desconectan de nosotros mismos y hacen que actuemos como simples robots.

¿No has pensado alguna vez: «Es que es mi padre, y debo cuidarlo» o «Tengo que atenderlo»? Seguro que sí. Pues quiero que sepas que así comienzan todas las creencias irracionales, las que nos mandan y nos quitan nuestra libertad emocional. Y las que nos enferman, pues estas obligaciones autoimpuestas intoxican nuestra mente, alteran nuestro corazón y se reflejan en nuestro cuerpo. Nuestra mente y nuestro cuerpo están interconectados. Es más, esta interconectividad está en todo y en cada parte. Todos los organismos vivos tienen campos bio-eléctrico-magnéticos, llamados también biocampos. Nuestras emociones, nuestros sentimientos no solo afectan a nuestra mente y a nuestro cuerpo, sino a todos los campos afines.

Para explicitar mejor la idea que quiero exponer y desarrollarla, me referiré a la película *Coco*. Mi interés por conocer la cultura mexicana, sus valores y sus creencias me hizo ir a verla, para poder entender un aspecto muy importante de su cultura, me refiero a la celebración del Día de los Muertos.

Motivo de la consulta

Conocer la creencia que hay en la celebración del Día de los Muertos, que es una fiesta muy importante en México. En esta magnífica película, se refleja de forma magistral esta creencia y su correspondiente celebración.

Polaridades y resonancias

Como todo en este mundo, en la película se manifiestan las dos polaridades –creencias– que convergen y luchan entre ellas. También expresa y explica, de una forma maravillosa, la importancia de recordar a nuestros ancestros.

Venerar a los ancestros: recordarlos

Las ataduras emocionales entre los que están en este mundo y los que residen en el otro se convierten en el *modus vivendi*, llegando a su máximo esplendor precisamente en el Día de los Muertos. Los muertos solo pueden regresar al mundo de los vivos si son recordados; cuando se olvidan, desaparecen de su mundo, situación que se vive como algo terrible, aunque cuando alguien desaparece de este mundo –que yo voy a llamar «intermedio»–, en la película se aprecia que se va en paz.

Creencia irracional

La película es un entresijo de cultura, creencias, valores, pero sobre todo de una ligazón emocional que impide a los miembros de las familias realizar sus propias vidas, pues hay una creencia que domina: la familia es lo primero. Puede resultar muy bonito, en primera instancia, pero desastroso para la libertad individual y el proceso que ya conocemos como individuación, también llamado «mito del héroe».

El héroe

En esta película, el héroe es un niño que quiere ser cantante y músico, pero resulta que la memoria familiar impide que pueda desarrollar esta actividad por la sencilla razón de que hay un trauma con un tatarabuelo que era músico y dejó a la familia. El niño es el héroe, porque es el que puede reparar el trauma familiar deshaciendo todos los entresijos y los malos entendidos.

La abuela es la que se encarga de mantener el orden en la familia y «atizar» con su zapatilla a todo aquel que intente convencer a su nieto de que cante y toque la guitarra. Aquí apreciamos las lealtades familiares vistas anteriormente. La atadura es muy simple: «Debes ser zapatero, porque lo fue tu bisabuelo, lo fue tu abuelo y tu padre». La abuela le recuerda una y otra vez que la familia es lo primero y que se debe a ella. Pero nuestro héroe –el que está siempre en nuestro corazón– se revela y hace todo lo posible para cantar. Adora a un gran guitarrista que según la historia era un gran cantante y compositor. Sin saber el cómo, nuestro héroe puede acceder –hay que ver la película– al mundo de los muertos y, en sus aventuras, descubre la verdad de lo que sucedió con el ancestro «culpable». El famoso guitarrista y cantante no componía las canciones, sino que era el padre de su abuela Coco y, bajo amenazas, tuvo que seguir con el guitarrista y abandonar a su familia. En el mundo de los muertos demuestra su don con la música y la guitarra. Lo más maravilloso es que en todo momento estuvo acompañado por el que fue el padre de la abuela Coco y comprueba cómo este ya está despareciendo hacia otro mundo porque empieza a ser olvidado.

Con sus vicisitudes devuelve la alegría a la hija –Coco– que fue abandonada, y con ello, nuestro héroe demuestra que la familia es muy importante para permitir que cada miembro desarrolle sus mejores cualidades.

La gran enseñanza es: que la familia sea un trampolín para el amor, y no para la obligación, y que la lealtad que se presupone a cada miembro de la familia resplandezca desde el corazón; de esta manera se terminan los «debo» y los «tengo que». La familia es muy importante, pero los deberes nunca tienen que superar a las obligaciones.

— ASERTIVIDAD. SABER DECIR QUE NO —

Que tus palabras sean dignas de lo que siente tu corazón.

Una persona asertiva dice lo que quiere decir y lo hace por respeto a sí misma y por respeto al otro. Cuando dices o haces algo que no sientes, el primer perjudicado eres tú. Ser asertivo tiene mucho que ver con la autoestima y, sobre todo, con lo que hemos aprendido cuando éramos pequeños en el nido familiar.

Ser asertivo es una habilidad que se puede desarrollar, que te permite lidiar con situaciones estresantes, sin ser agresivo. Es una gestión emocional en la que equilibras el enfado y el respeto contigo y con el otro. Te permite mostrar tus opiniones con respeto y te libera de obligaciones. La asertividad te permite dar tu opinión, mostrar tus sentimientos y rechazar peticiones sin herir sensibilidades.

Una persona asertiva cuestiona tradiciones y autoridades. Sale de su mente de robot, no hace las cosas porque sí o porque se han hecho siempre así. Se pregunta el para qué, qué intención tiene cada tradición, cada reunión, cada encuentro con personas allegadas o personas que se dirigen a él, sean conocidas o no. Sabe cómo evitar futuros conflictos, ponerse en el lugar del otro.

Uno de los mayores beneficios de ser asertivo es que te despeja el camino de personas aprovechadas, que buscan su propio interés en ti, que no pretenden aportar nada, que se alimentan de tu bondad, de tu complacencia. Son esa clase de personas que te hacen sentir culpable una vez sí y otra también, que te recuerdan lo mucho que hicieron por ti, que juegan a la culpabilidad y que maniatan tu voluntad.

Ser asertivo es muy bueno para la salud y para las relaciones. Recuerdo que alguien una vez me dijo: «Gracias por estar aquí celebrando mi fiesta. Sé con toda seguridad que tú estás porque quieres estar, y no estoy tan segura con los demás. Me costó entender tu comportamiento, pero ahora me doy cuenta de que tú eres quien quieres ser y te muestras tal cual eres. Gracias una vez más».

Si desarrollas la cualidad de ser asertivo, aumentará tu autoestima y tomarás conciencia de que tu coherencia es un regalo para los demás. Desarrollarás una predisposición a cambiar tus creencias, a reconocer los errores cometidos, a huir de los estereotipos, de las verdades establecidas, a aceptar a los demás como algo obligado.

No repitas el mismo error dos veces.

Alguien dijo que, si te engañan una vez, puedes perdonarlo; si te engañan dos veces, prepárate para la tercera. No prestes dinero a quien no te lo devuelve la primera vez. No hagas favores una y otra vez a la misma persona si observas que sigue con sus actitudes, porque no le estás ayudando, sencillamente lo estás haciendo dependiente de ti. No vayas donde no quieres ir, no escuches a quien te atosiga y pienses que es un pesado. Aprende a decir «no»; más vale ponerse una vez colorado que ciento amarillo, como reza el refrán. Cuando estás en deuda o te hacen sentir en deuda, aléjate. Las cosas se hacen desde el corazón, o simplemente no se hacen; que tu sentir esté en correlación con tu hacer y tu pensar.

Respeta tus sentimientos, no los justifiques, cuida tu estado emocional, escúchalo, préstale atención e indaga qué hay en tu percepción con lo que ocurre a tu alrededor, qué es lo que te hacer vivir la experiencia de esta manera. No interrumpas tus objetivos, tus metas y tus deseos frente a las peticiones de los demás. Cuando hables, sé lo más concreto posible, no intentes convencer, expón tus ideas, sé creativo, acepta la crítica constructiva y reafirma lo que tú crees, siempre con respeto. Cuando expones una idea, evita todo juicio, deja claros tus objetivos para que tu interlocutor pueda entenderlos, sé claro, preciso y conciso.

Cuando hables de ti con relación a un problema, hazlo desde ti y no desde el otro. No digas: «Me has tratado muy mal últimamente»; más bien di: «Me he sentido apartado en esta situación». Es importante hablar de ti con relación al otro y no del otro con relación a ti.

Nunca olvides que tu percepción es una interpretación.

Una gran cualidad de las personas que son asertivas es que contagian sus emociones porque se las percibe auténticas. Las personas asertivas también lo demuestran con su postura corporal, se muestran todas ellas, no se encogen, muestran su pecho y mueven sus brazos. Muestran su cara, no esconden su mirada, miran de frente y a los ojos de su interlocutor.

Una persona asertiva, en una reunión, se permitirá decir si la interrumpen: «¿Me permites que termine de exponer mis argumentos?». Evitará sentirse o hacer sentir culpable a nadie. Cuando reciba una petición o sencillamente la lleva a cabo, estará dispuesta para decir aquello que quiere decir; no dirá «sí», si quiere decir «no», y evitará mentiras y excusas. Si el otro muestra enfado, ya sabrá con quién está tratando. La persona que te respeta acepta tu opinión.

— LA MAESTRÍA —

Una persona que ha desarrollado la maestría se convierte en una persona que piensa con una mente global, con una gran capacidad de autoindagación y autogestión de las emociones. No vive de las excusas, aprende de las experiencias para comprender que todo tiene su razón de ser. Vive desde la plena comprensión, porque los caminos fáciles no llevan lejos. Entiende que las dificultades propias de la vida son oportunidades de fortalecer el carácter. Un maestro de la vida se levanta tantas veces como haga falta, es la inspiración para muchos, pues comparte sus vivencias y alienta a los demás a que tomen esta actitud frente a la vida. Convierte los problemas en oportunidades, busca soluciones y no cae en la trampa de sentirse víctima de las circunstancias. Su capacidad de adaptación es evidente; su disposición a cambiar, su ley. Su entusiasmo por la vida es contagioso, y la capacidad de servir es su propia vida.

Un maestro desarrolla la compasión y sus acciones intentan evitar el sufrimiento de los demás. No lo hace desde «pobrecito, qué pena me das», sino más bien todo lo contrario, lo hace para activar el poder de transformación que todos tenemos dentro. Enseña que vivir desde «el pobre de mí» aniquila lentamente hasta extremos inimaginables, pues la persona se convierte en una carga para uno mismo y sobre todo para los demás.

Un maestro de la vida es un guía, un motivo de inspiración, un compañero de viaje. Es alguien que te dirá lo que quiere decir, lo que espera de ti, simplemente porque cree en ti y en sí mismo. Ser maestro de la vida es sencillamente una opción entre el inmovilismo de esperar que los demás cambien, o la comprensión de que el cambio solo reside en uno mismo.

Cada instante de tu vida es una posibilidad de elección.

Las tres preguntas para desarrollar la maestría

Érase una vez un monarca que tenía tres preguntas que martilleaban su mente. Nadie sabía responderlas, hasta que un día le dijeron que un sabio que vivía en las montañas quizá podría darle las respuestas. Después de pasar un tiempo con el sabio, este no le decía nada. El rey se impacientaba y empezó a ocuparse de cosas que iban aconteciendo. Llegado el momento, el sabio le dijo que ya sabía las respuestas a sus preguntas.

¿Cuál es el momento más oportuno para hacer una cosa?

El aquí y el ahora.

Ocúpate de lo que estás haciendo y no de otra cosa. Solamente existe el aquí y el ahora.

¿Quiénes son las personas más importantes con las que tratar?

La persona con la que estás.

Las personas son todas importantes. Cada encuentro puede ser una oportunidad para conocerte. Mantente atento a lo que sucede en tu vida, sobre todo a cada persona.

¿Qué es lo más importante que debe hacerse en todo momento?

Ser bondadosos y compasivos allí donde estemos.

Compórtate con los demás de la misma manera que quieres ser tratado.

La vida es una elección constante, vive el presente pues marcará tu futuro. No le llames «destino», pues lo que tú vives son las semillas que has sembrado y cuyo fruto llamamos «futuro».

• RECORDEMOS •

- La conciencia de los padres es el catalizador en el crisol de la vida.
- Los demás siempre reflejan la forma en la que uno se trata a sí mismo.
- Tú tienes el poder de decidir cómo vivir cada experiencia.
- El inconsciente no percibe distancia física.
- El rechazo, lejos de aislarte, te consume.
- Juzgar es engañarte a ti mismo con tus propios conceptos.
- No amas a quien tratas de aprisionar.
- Que tus palabras sean dignas de lo que sientes en tu corazón.
- No repitas el mismo error dos veces.
- Habla de ti expresando lo que sientes, lo que crees y lo que opinas. No te excuses en el otro, así conseguirás que se te escuche.
- Explica cómo te sientes, de esta manera los demás empatizarán mejor contigo.

CAPÍTULO XI

LIBERACIÓN EMOCIONAL

La compasión es la fuerza que te liberará del miedo.

....

Cuando estés viviendo una situación de estrés de forma continuada y te esté consumiendo, abandona tu modo de vida y aprovecha al máximo tu tiempo de vida. He visto a muchas personas hacer esto y sus enfermedades se desvanecen.

....

Estamos llegando al cenit de este libro y de sus propuestas. Los seres humanos nos hacemos muchas preguntas existenciales, y una de ellas es: «¿Qué tenemos que hacer para alcanzar un estado de paz interior y dejar de ser unos monigotes en manos de nuestras emociones?». Vivimos en un mundo convulso, donde las noticias se suceden tan rápidamente que, cuando aún no hemos tenido tiempo de digerir una noticia, ya tenemos conocimiento de otra más estremecedora. Para aprender a aislarse mentalmente del alud de información se requiere una gran capacidad de discernimiento y de tranquilidad mental.

La propuesta de este libro, desde el primer momento, es alcanzar un estado de conciencia que nos permita mantener un equilibrio emocional. Desde el inicio, propongo desarrollar una conciencia de unidad. Debemos tomar conciencia de que vivimos en un mundo que creemos dual, pero ya desde la Antigüedad los grandes maestros nos han dicho y nos han enseñado que todo está unido, interrelacionado, conectado, que todo es vibración, información. La ciencia nos enseña que el universo es fractal, que las formas geométricas se repiten desde lo más pequeño hasta un universo macrocósmico. La ciencia nos enseña que el universo es holográfico, de tal forma que el todo contiene las partes y estas contienen el todo. Un ejemplo más que evidente es nuestro cuerpo: formado por millones de células, cada una contiene la información para hacer un individuo igual a nosotros. Esta es la gran magia, no hace falta ver el todo, sino conocer la parte en profundidad. Esta parte se manifiesta en nuestra conciencia, y esta, a su vez, se proyecta en lo que vengo llamando «pantalla del mundo». Esta percepción se puede manifestar de dos maneras: la más común es pensar que lo que vemos no tiene nada que ver con nosotros y que estamos supeditados a la buena y a la mala suerte; la otra es tener la certeza de que lo que hay frente a nosotros tiene que ver, precisamente, con nosotros y con nuestra conciencia.

— ¿CUÁL ES, ENTONCES, NUESTRA CONCIENCIA? —

Nuestra conciencia tiene una vibración —información— y esta resuena con el campo de conciencia universal o conciencia de unidad. ¿Qué quiere decir esto? La respuesta es muy simple y tiene que ver con la resonancia, con el nivel de frecuencia que nosotros proyectamos como observadores del mundo. Esta conciencia atrae a nuestras vidas situaciones y personas que están en consonancia con nosotros; como dice la sabiduría popular, «Dios los crea y ellos se juntan». Desde una visión dual, es decir, de creencia en la separación, es fácil creer y pensar que las situaciones que se nos presentan no tienen nada que ver con nosotros. De aquí nace muchas veces una necesidad compulsiva de control, que se alimenta de una emoción que domina este mundo o universo dual, me refiero al archiconocido miedo. Esta emoción se expresa en frases que denotan que lo que nos ocurre, o lo que puede llegar a ocurrirnos, es fruto de la casualidad o de las coincidencias, como cuando decimos que tenemos miedo: de quedarnos sin pareja, de quedarnos sin trabajo, de no encontrar pareja, de que nos roben, de la soledad, del abandono en general, de la ruina, de contraer una enfermedad incurable, etc., y así podríamos hacer una lista que no terminaría nunca, pues ella misma se retroalimenta hasta el infinito.

Desarrollar la conciencia de unidad no consiste en negar la «realidad» en la que estamos viviendo, en negar que hay guerras o que el mundo está lleno de situaciones dramáticas, de gente que se tiene que desplazar, de enfermedad y de muerte. Esto es así y, como vengo diciendo, forma parte de la condición humana repetir y repetir las mismas experiencias, desde que el mundo es mundo. A este proceso se le llama «historia», y se repite porque aplicamos las mismas soluciones a los mismos problemas. Einstein ya dijo que si hay una Tercera Guerra Mundial la siguiente sería con piedras, si es que queda alguien para tirarlas, pienso yo.

La conciencia de unidad enseña a comprender que el mundo que nos rodea es la manifestación de nuestros pensamientos, nuestros sentimientos y nuestras creencias. Nuestra conciencia separada solamente puede vivir experiencias de separación, y, si desarrollamos la comprensión de que todo está interrelacionado, dejaremos de creer que lo que nos ocurre es algo externo a nosotros, y comprenderemos que es una experiencia propia, y que el único cambio posible está en nosotros mismos.

Como ejemplo, veamos una experiencia personal que tuve con una alumna mientras daba clases:

> Estoy impartiendo una clase, concretamente en Ciudad de México, explicando una etapa del viaje del héroe. Pongo un fragmento de la película *La leyenda de Bagger Vance*, que tiene como hilo conductor un torneo de golf. En esta se ve al protagonista dar un golpe malo en la salida de un hoyo y la bola acaba en el bosque. Al adentrarse en él para buscarla, el protagonista rememora la experiencia traumática que sufrió en la Primera Guerra Mundial. Se aprecia cómo empieza a sudar y a

temblarle las manos cuando va a coger la bola; está reviviendo el drama en el que se produjo la muerte de sus soldados.

En esta escena, una alumna empieza a toser de una forma compulsiva y muy extraña. Como veo que están llegando algunos alumnos con retraso, decido repetir el pase del vídeo. Cuando se llega a la misma escena, la alumna en cuestión vuelve a toser de la misma manera que la vez anterior. Entonces espero a que termine mi clase, que duró una hora y media más, observando en todo momento si la alumna volvía a toser igual, cosa que no ocurrió.

Motivo de la consulta

Le pregunto si se había dado cuenta de que había tosido dos veces en la misma escena de la película. Ella me contesta que no, que sí recuerda que había tosido como si algo le molestara en la garganta, pero que ahora está bien. Le recuerdo la escena, se la detallo, percatándome a través de su lenguaje no-verbal de que se incomoda otra vez.

Escenario de estrés

«¿Podría decirme –le interpelo– qué recuerdo en forma de imagen le viene a su mente (resonancia) cuando ve esta escena?»

Ella baja la cabeza, se le altera la respiración, se atraganta y le cuesta hablar. Le pido que se aleje mentalmente de esta escena y que la describa. Levanta la cabeza y empieza a describirla: «Tengo diez años, mi madre está fuera dejándome a cargo de mi hermano, que está muy enfermo, y le estoy preparando la medicación que debe tomar. Él no se la quiere tomar, y al poco rato muere». Mientras está contándome todo esto, su mano le tiembla igual que al protagonista de la película y vuelve a toser, y carraspea una y otra vez. De pronto dice algo que nunca había expresado: «Llevo la carga de la muerte de mi hermano».

Reflexión

El protagonista lleva «la carga de la muerte de sus soldados», pues él era el capitán, y en este momento de crisis el actor que hace de acompañante en el torneo le dice: «No hay una sola alma en la tierra que soporte una carga que no entiende, no es usted el único [...] siga adelante y suéltela. Tiene que elegir o quedarse o empezar a caminar [...] hacia donde ha estado siempre».

Toma de conciencia

La alumna toma conciencia de la carga que lleva encima desde hace muchos años y que le ha marcado toda su vida. En esta clase, en la que estábamos trabajando una de las etapas del viaje del héroe, se trataba de que cada alumno encontrara la carga que lleva en su inconsciente y que le impide avanzar en su vida y así poder cruzar el umbral hacia algo nuevo.

Reflexiones finales

Y ahora dirán: «Bueno, muy bien, muy bonito, y qué?».

Lo primero a tener en cuenta es que la alumna nunca había visto la película; por tanto, no sabía de qué trataba. La grandeza, y lo que a todos nos dejó boquiabiertos, fue que el inconsciente de la alumna, al ver la película, resonó con una información afín, manifestando los mismos síntomas que el protagonista, comprendiendo que la tos es un recurso del cuerpo para eliminar sustancias nocivas, como en el caso de la historia de la película en la que los soldados murieron por culpa de un gas. Todos nos estremecimos, incluso yo mismo, al tomar plena conciencia de que la inteligencia universal contiene toda la información y que todos estamos conectados a ella, algo que es indudable al ver lo que sucedió.

Conclusiones

Como hemos ido viendo, el inconsciente no distingue personajes, solamente situaciones afines, y todo ocurre aquí y ahora. Ni que decir tiene que la alumna en cuestión se levantó con lágrimas en los ojos, diciendo: «¡¡¡Gracias, gracias!!!». Su semblante reflejaba una paz interior y se sentía libre de toda carga. Esto es libertad emocional, la liberación de una culpa inconsciente que nos amarga e hipoteca nuestra vida sin que tengamos constancia de ello.

— LA CONCIENCIA DE UNIDAD —

Cuando hablamos de «conciencia de unidad» casi todo el mundo entiende este concepto, pero la pregunta que deberíamos hacernos es: ¿Vivimos con conciencia, estamos despiertos a esta realidad?

Lamentablemente, vivimos en una ilusión que, en general, creemos que es la verdad. Esta se basa en la creencia de que todo está separado, como sucede con nuestros cuerpos. Por otra parte, es habitual referirse a la fuerza de la naturaleza o a la evolución de la naturaleza, o a que la naturaleza lo pone todo en su sitio, y muchos hablamos de las leyes de la naturaleza, de lo cual se deriva que esta es inteligente. Pero la conciencia dual, la conciencia que cree y que piensa que todo está separado, vive de espaldas a este inmenso poder, que no se acaba de comprender: la naturaleza.

Max Planck, uno de los padres de la mecánica cuántica, decía: «Detrás de esta fuerza, hay una Inteligencia, una mente, que es la matriz de todas las cosas». Hoy en día se habla de que vivimos en un universo participativo, donde la conciencia individual interactúa con esta matriz o mente universal, que también se llama «efecto del observador». El observador somos todos y cada uno de nosotros, y nuestra observación afecta al mundo. Dicho de otra manera, la conciencia individual afecta, interactúa, con esta conciencia no-dual, llamada «conciencia de unidad». No se puede obviar que existe una gran polémica entre los físicos con relación al efecto del observador, pero hay que resaltar que todos los experimentos realizados confirman que la conciencia afecta a lo observado. Cabría preguntarse hasta qué punto somos conscientes de este fenómeno, tanto a nivel individual como colectivo. (El lector interesado en el efecto observador puede informarse leyendo el famoso experimento de la doble rendija.)

La mente, consciente de este poder, desarrolla unas características muy precisas: la bondad y la compasión. En cambio, una mente que vive en la dualidad percibe miedo a su alrededor, no piensa ni por un instante que es su forma de ver y de entender la vida la que hace que estos pensamientos se manifiesten. Es una mente que vive de espaldas a un poder infinito.

Nosotros no podemos impedir que este poder se manifieste, pues tal es su naturaleza que lo sostiene todo, lo penetra todo y le da existencia a todo. Nuestra creencia en la separación, en manos del ego, hace que nos sintamos desamparados y, por lo tanto, experimentemos miedo. Esta creencia nos impide reconocernos como los artífices de nuestras vidas y nos colocamos fuera del paraíso.

Una mente que vive con plena conciencia de que todo está interconectado es una mente que observa el mundo sin juzgar y, si se tiene que posicionar, nunca lo hace contra el otro, pues sabe que el otro es su polaridad complementaria y que le da sentido a la experiencia, llamada «vida». Es una mente que sabe que sin el otro no puede saber quién es. Es, en definitiva, una mente serena, libre de victimismos y de culpabilidades, una mente que sabe lo que es el perdón, expresándolo de una forma muy elevada: la compasión.

La compasión es un estado mental que proporciona bienestar emocional. Sabe proyectarse en los demás, utiliza la empatía correctamente, evita el sufrimiento, pues entiende que este es siempre una opción. Puede que resulte paradójico, pero la mejor forma de asegurar tu felicidad es pensar en la felicidad de los demás.

Pero ¿por qué nos cuesta tanto? Porque rechazamos la conciencia de unidad. Nos resistimos a aceptar que nos estamos proyectando constantemente en los demás, y de este error se deriva la percepción, que es una interpretación condicionada. La filosofía advaita —mente no-dos— nos enseña a desarrollar una mente no-dual, a comprender la importancia de nuestras percepciones, cómo estas se hallan relacionadas con nosotros, concretamente con la información inconsciente, y nos proporcionan perlas de sabiduría como las siguientes:

- «No sabes cuál es el significado de nada de lo que percibes. Ni uno solo de los pensamientos que albergas es completamente verdadero.»
- «De lo que más necesidad tienes es de aprender a percibir, pues no entiendes nada.»
- «Comprende que no reaccionas a nada directamente, sino a tu propia interpretación. Ello se convierte en la justificación de tus reacciones.»

El dolor como catalizador hacia la conciencia de unidad

La única manera de trascender las experiencias de dolor es eliminando cualquier juicio y afrontando la situación como una oportunidad para transformar nuestra historia. Cuando hacemos esto, la experiencia de dificultad es pura revelación y se convierte en una experiencia liberadora. Es entonces cuando sentimos la compasión: ya no hay nadie a quien culpar, ya no hay nada que perdonar. Con esta actitud mental elevamos nuestra conciencia y vivimos en la conciencia de unidad.

La filosofía advaita también nos enseña que no tenemos que pasar por el dolor para aprender y elevar nuestra conciencia. Hay que «despertar» a la realidad de que todo está unido y que todo está interconectado mediante una vibración —información— que llamamos «resonancia».

La persona compasiva actúa desde la integración, desde la noción de que no existe separada del otro, de que el bienestar de los demás es su propio bienestar y que la existencia de un yo individual fijo, estable, autónomo y separado del mundo es una ilusión.

La naturaleza, la inteligencia universal, pone todo en su sitio. No juzga, simplemente manifiesta un estado de vibración en sí misma y para sí misma, pues no hay nada que esté fuera de ella, como no hay nada que no esté fuera de su conciencia de unidad. Por ello se dice: «Múltiples moradas tiene la casa del Señor»; esto se puede entender como que tu conciencia te hará vivir en un estado de manifestación al que llamarás «tu universo», «tu realidad».

Como dijo el filósofo Manly P. Hall: «Una vez que violamos las leyes de la naturaleza, que son el espejo de la inteligencia divina, existe naturalmente una consecuencia y esto puede apreciarse generalmente en el estado de salud de un individuo o en el resultado de las cosas que emprende, tarde o temprano».

Vamos a tomarnos un respiro y veamos una serie de reflexiones:

- El mundo que nos rodea es la expresión de nuestra conciencia.
- No importa lo que hagas, sí importa la actitud, el sentimiento y la emoción con la que haces las cosas.
- Todos nuestros actos y su intención se registran en nuestro cuerpo-mente, permanentemente, en cada percepción, en cada pensamiento, aquí y ahora.
- No hay una inteligencia universal al margen de la tuya.
- No existe un juicio o un karma externo a ti.
- Tú solamente puedes trascender tus actos egoístas, esto se consigue elevando la vibración de tu conciencia.

— LA COMPASIÓN, LA FUERZA LIBERADORA DEL YUGO AL MIEDO —

El miedo nos hace ser egoístas; cuanto más miedo tengamos, más nos preocuparemos de nosotros y nos olvidaremos de los demás. Este miedo engendra todo tipo de violencia, nos arrastra a creer que liberándonos de nuestros enemigos alcanzaremos la paz. Una incongruencia de este mundo en el que vivimos es pensar que es necesario estar fuertemente armado para conseguir la paz.

La diferencia produce miedo; las ideas y las creencias que se expresan en las distintas religiones, lejos de llevar la paz de espíritu, nos adentran más en el miedo a que el otro nos imponga sus creencias, sus ritos y sus dioses. De este miedo se deriva el deseo de tener más influencia, más poder, más información, más conocimiento, y esto lleva a los gobiernos a escondernos información, a manipularnos con el miedo, a desarrollar la política del miedo, para paralizar el pensamiento y la creatividad de las personas. Cuando alguien se sale de la ortodoxia, se le intenta desacreditar y ridiculizar. Hay que erradicar cualquier manifestación que salga del guion establecido, y el mecanismo más común y más eficiente es el miedo. Dejarnos llevar por este miedo irracional, visceral, nos hace perder nuestra dignidad y nuestra libertad hasta el punto de tener miedo de expresar nuestras opiniones libremente.

El antídoto contra el miedo es la compasión. El miedo se alimenta de la creencia en la separación y de la diversidad. Todo lo que se percibe diferente genera miedo en una mente dual. La diversidad, lejos de atemorizarnos, tendría que alegrarnos, pues el miedo siempre engendra intolerancia. Cuando observamos con una mente compasiva, que no juzga lo que ve como mejor o peor, aparece la compasión. La compasión siempre invita a la convivencia y esta elimina el miedo. Hay que construir un mundo de paz, donde estemos todos involucrados en el bienestar emocional. Hemos de vivir desde la comprensión, entendiendo que todo ser humano se expresa en su diversidad cultural, a través de una información que se halla en el inconsciente colectivo y familiar, sabiendo que en el fondo no hay diferencias, que todos experimentamos dolor, sufrimiento y miedo.

El miedo, su raíz, está en la creencia en las diferencias.
La libertad emocional es comprender que sin ellas la vida
no tendría sentido. El estado de paz interior aprende de
las diferencias, de las polaridades, aprende a trascenderlas
y a elevar la conciencia a un nivel superior, que le permite
liberarse de este miedo.

Comprender que las diferencias nos fortalecen y que la igualdad debilita es trascender el miedo al cambio, a la aventura de vivir, al rechazo de la crítica por pensar diferente. Esta fortaleza favorece el pensamiento libre con respeto a los demás, trasciende las creencias que encadenan nuestras mentes y coartan nuestra libertad emocional.

La libertad emocional, por la que abogo, es consecuencia de una mente libre de creencias, que se cuestiona sus valores y sus verdades; una mente que se abre a lo nuevo, a las diferencias, a nuevas formas de pensar; una mente abierta a la exploración y comprensión de las múltiples formas de vivir y de sus manifestaciones; una mente que comprende que la diversidad se retroalimenta y se abre paso hacia otro nivel de conciencia donde el miedo no tiene cabida.

La libertad emocional desarrolla el valor hacia lo nuevo, se permite vivir otras experiencias en cualquier marco, siendo uno de los principales el de las relaciones interpersonales. Este se cristaliza en las relaciones de amistad y, sobre todo, en la construcción de un nido familiar que es la base de nuestra forma de vivir, donde la libertad emocional se materializa en el respeto al otro, y sobre todo en no querer cambiarlo con la creencia de que así seremos felices. La libertad emocional no ata al otro con manipulaciones emocionales, pues comprende que el otro es una magnífica oportunidad de expresión y de conocimiento de uno mismo. Aquí tenemos el crisol para desarrollar la conciencia de unidad, siendo la compasión el camino para llegar a ella.

— TU CONTROL Y EXIGENCIA SOLO REFLEJAN TU MIEDO INCONSCIENTE —

Si hay alguna faceta conductual y cognitiva que manifiesta la conciencia dual es la que expresa la creencia en el control.

El control es el deseo obsesivo de querer que las cosas sean como a uno le gustaría que fueran. El control, en su esencia, es puro miedo, una aversión a la pluralidad de ideas, de conductas y de formas de vivir. El control puede llegar a ser una patología y desembocar en ansiedades, adicciones, insomnio o en conductas extremas como el exceso de trabajo, o hacer que nos mostremos exigentes e inflexibles, siendo causa de «un sin vivir» para los demás y para uno mismo. El control contamina las relaciones, es motivo de desavenencias y desencuentros.

Hay que buscar las causas de este exceso en las herencias emocionales que hemos recibido. La experiencia profesional me ha demostrado que, en personas con gran carencia afectiva, dicho exceso se manifiesta en desvalorizaciones de todo tipo.

Motivo de la consulta

Una mujer acude a mi consulta y manifiesta que tiene insomnio.

«¿Desde cuándo?», le pregunto.

Recuerda que padece insomnio desde que tenía tres o cuatro años. Dice que normalmente duerme algo más de una hora.

Escenario del ambiente de pequeña

Veamos el ambiente emocional durante la gestación de la cliente. ¿Cuál es el estrés?

Lo que cuenta mi consultante es lo que conoce de la relación de sus padres durante el período de la gestación. Su madre se casó con su padre cuando tenía veinte años, y en aquel momento estaba embarazada de su hermano y al año siguiente nació ella. Vemos que hay –tal como me cuenta la consultante– tensión y estrés por abusos de todo tipo, hechos que quedan impresos en el inconsciente de la consultante como «momento semilla». Esta semilla tiene como esencia el miedo, que es el que pasaba su madre.

Resonancias

La vemos con la relación a los abuelos paternos. Dice que cree que su abuelo veía a otras mujeres, y que su abuela sentía que no servía para nada. La programación transgeneracional es que la mujer está al servicio del hombre. De hecho, su madre tuvo muchos embarazos durante la relación con su padre. Esta relación, la de sus padres, terminó cuando su padre murió.

Escenario del primer matrimonio

Mi consultante se casó a los diecinueve años, igual que su madre. Su pareja es un hombre violento, igual que la pareja de su madre y la de su abuela. Mi consultante tuvo una hija, que nació cuando ella tenía veintiún años, y de nuevo vemos cómo se repiten las historias. Su hija duerme muchísimo, a diferencia de mi consultante. Dormirse es otra forma de aislarse: es la solución que le brinda el inconsciente familiar, y un espejo para la consultante. Esta se divorció a los veintitrés años.

Escenario del segundo matrimonio

Se vuelve a casar a los treinta y dos años y el matrimonio dura hasta los cuarenta y nueve.

«¿Cuál es el estrés en esta situación?», pregunto.

Mi consultante dice que su pareja es adicta al juego y a las mujeres, y que además es violento y abusivo.

Reflexión

En todos los casos que nos encontramos en nuestras consultas, los hombres que se comportan así han sido sobreprotegidos por sus madres. En el caso de las mujeres, vemos lo contrario, sufren una falta de protección materna. Aquí vemos la complementariedad: el hecho de que la persona siga viviendo en los mismos ambientes, repitiendo situaciones, es la manifestación del inconsciente, lo que llamo «hipnosis». En este caso, es la causa de que sienta que siempre tiene que estar alerta y, por lo tanto, se mantiene la sintomatología, sigue sin dormir.

Escenario actual

Tiene cincuenta y cinco años, vive sola.

¿Cuál es el estrés?

Reflexión concreta: tiene que haber un estrés parecido porque se mantiene la sintomatología. El estrés puede ser real o imaginario. Dice que no encuentra su lugar en el mundo, siente angustia, dolor, no sabe hacia dónde ir..., todo son interpretaciones, es la historia explicada, con la que nos justificamos.

¿Cuál es el estrés concreto?

La persona dice que trabaja, que gana suficiente dinero para ser independiente. No hay estrés aparente. Sigue manteniendo una vigilancia inconsciente, persiste la sintomatología.

Reflexión general

La vida le está dando la oportunidad de tener la libertad para seguir viviendo y decidir por sí misma cómo quiere vivir la vida.

El problema que tiene esta persona es que no sabe dónde ir, tiene que hacer algo, pero no sabe qué. Su programación –su resonancia– es que las mujeres de su clan nunca pudieron decidir por ellas mismas sus vidas, y esto le lleva a que no sabe cómo pensar por sí misma; este es el estrés.

Toma de conciencia

Esta es la información que tiene que trascender: demostrar que ella es válida. El estrés que sufre se debe a que siente que debe hacer algo que no está haciendo, y no sabe qué. No tiene que enfrentarse a esta situación, sino dar las gracias, rindiéndose a lo que tenga que suceder, dejar de controlar, entregarse sin preocuparse de nada. El camino vendrá cuando deje de buscarlo, pero ella quiere controlarlo. Su control, su necesidad, fue impreso en el estado de gestación –momento semilla–. Ya no debe hacer cosas para sentirse válida, tiene que comprender que no será más válida por hacer cosas. Tiene ante sí la gran oportunidad de trascender el miedo de las mujeres del clan. Su hija expresa el mismo estrés en la polaridad complementaria: dormir.

La vida siempre nos muestra nuestras complementariedades, muchas veces en forma de polaridades aparentemente opuestas. Integrarlas es el gran salto de conciencia que nos lleva a un estado de libertad emocional y de paz interior. No hay un cómo, un cuándo o un de qué manera, solamente hay un saber vivir en un estado de incertidumbre: lo que tenga que suceder se abrirá paso en nuestras vidas en forma de otras experiencias; pues, como hemos comprobado, todo está interconectado en forma de vibración o resonancia.

— UN CANTO A LA LIBERTAD —

Para ser libre emocionalmente, uno debe comprender la raíz del miedo. Vivir sin miedo es el máximo anhelo que todos tenemos, y no somos conscientes de que este vive en las entrañas de nuestro inconsciente.

Para conseguir la tan ansiada libertad debemos cultivar la compasión, pues es un estado mental que proporciona bienestar emocional. La compasión es un estado mental que posee una vibración muy elevada. No consiste en pensar en el otro, sino en procurar el bienestar del otro, y nunca contra uno mismo, sino como prolongación de uno mismo. La compasión te lleva a ser generoso y altruista, te aleja del miedo y te acerca a tu poder interior. Sientes en ti mismo un poder que lo atraviesa todo. La compasión te eleva por encima de la dualidad vida/muerte, pues sientes que todo es vida.

La compasión produce en tu mente y en tu cuerpo una protección. Sientes lo que sucede a tu alrededor, el dolor, el miedo, el sufrimiento, el apego y todas las emociones que rodean cada situación, pero sobre todo sientes que no te pertenecen, tu mente y tu cuerpo son inmunes, pues vibran a una frecuencia altísima. Estudios científicos confirman esta apreciación y esta sensación: la compasión posee tal vibración, tal frecuencia, que todo tu organismo se beneficia, alejándote de estados mentales depresivos y dando vigor a tu corporalidad.

Una mente compasiva no mira a quién, simplemente actúa desde lo más profundo del corazón, allí donde reside la conciencia de unidad. Una mente compasiva no tiene necesidad de perdonar. Es una mente que no espera nada de nadie, porque sabe que todo lo que está haciendo es una expresión de un poder que mana de su interior. Es una mente que no teme a la muerte, pues sabe que solamente existe la vida. Debemos comprender que el hecho de saber que no existe la muerte no significa que uno quiera marcharse de este mundo. Esto no es así por un simple motivo: sabemos que todo tiene su razón de ser.

El poder de la compasión fluye a través de ti, vive en ti, te arroba, te hace soñar, te hacer sentir que eres vida, y que esta solo tiene un sentido: fluir. Una mente compasiva sabe que dar a otro es imposible, pues siempre te estás dando a ti mismo a través del otro. Todo está unido, todo está interrelacionado, todo empieza en uno.

Vivir la vida con una mente compasiva te aleja de todo miedo, su frecuencia te eleva por encima de avatares dolorosos y te conduce a la libertad emocional.

• RECORDEMOS •

- La persona compasiva actúa desde la integración.
- No importa lo que hagas, sino con qué sentimiento.
- La vida siempre te dará oportunidades para cambiar tu elección.
- Tus relaciones interpersonales hablan más de ti que del otro.
- El control, en su esencia, es puro miedo.
- La mejor forma de asegurar tu felicidad es pensar en la felicidad de los demás.
- La llama de tu compasión está en el corazón, allí no hay miedo.
- Sin el otro, tú nunca podrías saber quién eres.
- Tal como percibes, es como vivirás.
- La libertad emocional desarrolla el valor hacia lo nuevo.
- Comprende que no reaccionas a nada directamente, sino a tu propia interpretación, que se convierte en la justificación de tus reacciones.

PARA SABER MÁS

- **Stefano Mancuso**, de la Universidad de Florencia. Explica cómo las plantas se comunican y se relacionan entre ellas. Las plantas también tienen sentimientos y emociones.
(fuente: http://www.abc.es/ciencia/20150320/abci-plantas-inteligencia-macuso-201503181813.html)
- **Antonio R. Damasio**, en su libro *El error de Descartes,* explica claramente la relación entre emociones primarias y secundarias.
- **Paul Ekman** en su libro *El rostro de las emociones.* Doctor en psicología, antropología y sociología y ganador en seis ocasiones del premio de investigación científica del Instituto Nacional de Salud Mental (1971, 1976, 1981, 1987, 1991 y 1997).
- **Christian Boukaram**, *El poder anticáncer de las emociones.*
- **Bruce Lipton**, *La biología de la creencia.*
- **Bruce Lipton**, *La biología de la transformación.*
- **Pere Gascón**, en *El Periódico,* martes 18/07/2017. «El estrés y el cáncer».
- **Nessa Carey**, en su libro *Revolución epigenética,* recalca la importancia del estado emocional de la madre durante el período de gestación.
- **Laura Gutman**, *La biografía humana.*
- **Carl G. Jung**, *El hombre y sus símbolos.*
- **C. Zweig y J. Abram**, *Encuentro con la sombra.*
- **Sigmund Freud** en *Tótem y tabú:* «No es lícito entonces suponer que ninguna generación es capaz de ocultar a la que le sigue sus procesos anímicos de mayor sustantividad» (S. Freud, 1913, p. 160).
- **Anne Ancelin-Schützenberger**, entrevista realizada en 1999 en la revista *Nouvelles Clés.*

- **Anthony de Mello**, *Autoliberación interior.*
- **Enric Corbera**, *El arte de desaprender.*
- **Enric Corbera Institute**, *Bioneuroemoción: un método para la vida.*
- **Joseph Campbell**, *El héroe de las mil caras.*
- **David R. Hawkins**, *Dejar ir* y *El poder frente la fuerza.*
- **Robert Lanza,** *Biocentrismo.*
- **Ken Wilbert**, *La conciencia sin fronteras.*
- **Natalie Zammatteo**, *El impacto de las emociones en el ADN.*
- **Robert Waldinger**, experimento en el desarrollo de adultos, por la universidad de Harvard.
- **Robert A. Johnson**, *Aceptar la sombra de tu inconsciente.*
- **Jon Kabat-Zinn**, *Mindfulness.*
- **Albert Ellis**, *Terapia racional-emotiva.*
- **Karen Horney**, «La tiranía de los deberías».
- **Semántica General de Korzibski**
- **Nina Canault**, *Cómo pagamos los errores de nuestros antepasados.*
- **Michael Meaney** y **Moshe Szyf**, de la Universidad de McGill, Montreal (Canadá) experimentos sobre epigenética.
- **Rachel Yehuda**, directora de estudios de estrés traumático en Icahn School of Medicine en Mount Sinai (Nueva York).
- **Brian Dias y Kerry Ressler**, las experiencias de la familia.
- **Bruce Rosemblum y Fred Kutner**, El enigma cuántico.
- **M. Pilar Grande**, «La física cuántica: ¿un modelo para la psicología?»
- **Richard Davidson**, «Estudios sobre la autoindagación y los efectos neurológicos».

- **Ivan Boszormenyi-Nagy y Geraldine M. Spark**, *Lealtades invisibles. Reciprocidad en terapia familiar intergeneracional.*

Las personas interesadas en saber más sobre el método de la Bioneuroemoción pueden acceder a nuestra web: www.enriccorbera institute.com o a los mails: info@enricorberainstitute.com, y si están interesados en las consultas, pueden dirigirse a: consultas@enric corberainstitute.com

AGRADECIMIENTOS

Mi mayor agradecimiento va dirigido a todas las personas que me he encontrado en mi camino. A los que han estado a mi lado en todo momento, los que me han abierto puertas, los que me han animado a seguir gracias a su ejemplo y a los cambios que han realizado en sus vidas. Tengo siempre presentes a los que me han criticado y calumniado; sus esfuerzos han redoblado los míos. Tanto unos como otros me han ayudado a comprender lo que es el *camino del medio,* el camino que surge de saber vivir entre las luces y las sombras: aquí se encuentra el proceso de cambio que te lleva a la maestría.

Gracias a todos desde lo más profundo de mi corazón.

Enric Corbera (Barcelona, 1954) es licenciado en psicología, conferenciante internacional ante miles de asistentes y divulgador con millones de visionados online.

Tras dedicar más de veinte años a la investigación y formarse en diversas disciplinas, promueve de manera cercana y comprensible una visión holística del bienestar porque considera que nuestros pensamientos, emociones y creencias influyen en nuestro cuerpo y entorno.

Corbera es creador del método de la Bioneuroemoción® y fundador de Enric Corbera Institute, una organización educativa referente en conocimientos científicos, filosóficos y humanistas acerca de la gestión de las emociones y el bienestar personal. Este instituto ha formado a más de 15.000 alumnos de todo el mundo y cuenta con convenios de colaboración con distintas universidades.

En el año 2013 Corbera fue reconocido como Embajador de Paz, distinción otorgada por Mil Milenios de Paz y Fundación PEA.

A través de sus libros (de gran éxito internacional) *Yo soy tú*, *El arte de desaprender*, *El soñador del sueño* y *Un método para el bienestar emocional: Bioneuroemoción®*, Enric Corbera ofrece respuestas para todas aquellas personas que no creen en las casualidades y quieren elegir de qué manera vivir.